쟁점 한일사

일러두기

1. '일본군위안부'의 표기에 대해서 법률에서는 '일본군위안부'로 표기하고 학계에서는 '일본군'위안
   부''로 표기하는 경우가 많다. 이 책에서는 명칭에 대한 설명에서는 '일본군'위안부''로 표기하였
   으나 나머지 부분에서는 가독성을 위해 '일본군위안부'로 표기하였다.
2. 한국과 일본에서는 일본에 거주하고 있는 한반도 출신자 및 그 자녀들을 지칭하는 용어로 '재일
   한국인', '재일조선인', '재일한국·조선인', '재일코리안', '자이니치' 등을 혼용하고 있다. 이 책에
   서는 대한민국에서 일반적으로 사용하는 '재일한국인'으로 표기하였다.

분노하기 전에 알아야 할

쟁점 한일사

1판 1쇄 발행일 2016년 7월 18일 1판 6쇄 발행일 2020년 9월 21일
글 이경훈 펴낸곳 (주)도서출판 북멘토 펴낸이 김태완
편집장 이미숙 책임편집 이희주 편집 김정숙, 조정우 디자인 안상준 마케팅 최창호, 민지원
교정 박사례 사진진행 북앤포토 조혜민
출판등록 제6-800호(2006. 6. 13.)
주소 03990 서울시 마포구 월드컵북로 6길 69(연남동 567-11) IK빌딩 3층
전화 02-332-4885 팩스 02-6021-4885 이메일 bookmentorbooks@hanmail.net
페이스북 https://facebook.com/bookmentorbooks

ISBN 978-89-6319-161-4 03910

이 도서의 국립중앙도서관 출판예정도서목록(CIP)은 서지정보유통지원시스템 홈페이지
(http://seoji.nl.go.kr)와 국가자료공동목록시스템(http://www.nl.go.kr/kolisnet)에서
이용하실 수 있습니다. (CIP제어번호: CIP2016016216)

분 노 하 기 전 에 알 아 야 할

쟁점 한일사

이경훈 글

북멘토

머리말

　　2010년 일본에 있는 한국학교에서 근무할 때 인근에 있는 일본 고등학교에서 한국역사와 독도에 관해 수업할 기회가 몇 번 있었습니다. 당시는 동방신기와 소녀시대를 비롯한 k-pop을 선두로 한류가 크게 인기 있을 때였습니다. 학생들이 축제기간에 한국 부스를 설치해서 한국의 역사와 문화를 소개한다고 해서 친분이 있던 일본 선생님의 부탁으로 수업을 했습니다. 하지만 대장금과 동방신기에 큰 관심을 보였던 학생들은 정작 일제강점기와 독도, 위안부 등 한일 간의 민감한 역사적 갈등에 대해서는 잘 몰랐습니다. 수업이 끝나고 이유를 물었더니 '학교에서 배운 적이 없기 때문'이라고 답했습니다.

　　2013년 4월 한국의 한 방송사가 중고등학생의 역사인식을 알아보기 위해 인터뷰를 했습니다. "위안부가 뭔지 알아요?" 기자의 질문에 학생들은 "독립운동했던 곳 아니에요?"라고 답했습니다. "야스쿠니 신사, 들어봤어요?"라는 질문에는 "신사? 젠틀맨가요?"라는 답이 돌아왔습니다. 우리나라 중고등학생들이 일본군위안부나 야스쿠니 신사에 대한 한일 간 역사 갈등 내용은 고사하고 용어조차 잘 모르고 있는 것에 대해 기자를 비롯하여 TV를 시청했던 많은 사람들이 놀랐습니다.

우리는 거의 매일 TV와 신문, 인터넷을 통해 일본에 대해서 많이 보고 듣고 있습니다. 특히 매년 3월 1일과 8월 15일을 전후해서 접하게 되는 한일 관계에 대한 기사와 정보는 많은 사람들을 분노하게 합니다. 그러나 앞의 사례에서 보듯이 일본에서는 한국의 문제를 잘 모르고 우리도 실제로는 사실을 잘 모르고 있습니다. 일본 근무를 마치고 한국으로 돌아온 뒤 학생들과 역사수업을 할 때에도 일본에 대해 날카로운 적대감을 보이는 학생들을 많이 보았습니다. 그렇지만 일본군위안부나 강제동원 등 역사 갈등의 쟁점과 문제 해결에 대해서 생각해보거나 질문하는 학생들은 거의 없었습니다. 구체적인 사실에 대해 잘 모르기는 어른들도 마찬가지였습니다. 우리는 식민지 과거사를 비롯하여 한일 간 역사 갈등에 대해서 두 주먹을 불끈 쥐며 분노하지만 정작 구체적인 사실은 잘 모릅니다.

　　이러한 경험이 이 책을 쓰게 된 동기입니다. 구체적인 사실도 모른 채 무작정 분노만 표출하는 것은 상황을 더욱 악화시킬 뿐입니다. 문제를 해결하기 위해서는 무엇보다 먼저 한일 간 역사 갈등의 원인과 쟁점 등 사실을 구체적으로 알아야 합니다. 막연하게 알고 있거나 잘못 알고 있는 사실들을 명확하게 알아야 합니다. 또한, 한일 양국에는 역사 갈등 문제를 평화적으로 해결하려고 노력하는 사람들이 많다는 것도 이야기해 주고 싶었습니다. 이들의 활동 모습을 보면서 역사 갈등 해소와 역사 화해를 위해 개인들이 스스로 실천할 수 있는 것에 대해 생각해보기를 바랐습니다.

　　이 책은 일제강점기를 전후한 시기부터 시작된 한일 간의 역사 갈등 9가지를 다루고 있습니다. 일본군위안부, 강제동원, 사할린 한인, B·C급 전범, 야스쿠니 신사, 재일한국인, 문화재 환수, 독도, 역사교과서가 그것입니다. 역사적으로 각각의 갈등이 일어난 배경과 양국의 입장이 충돌하는 쟁점, 현재까지의 전개과정을 살펴보았습니다. 그리고 각각의 문제를 해결해 보려는 양국 시민들의 노력을 소개하였습니다.

한일 양국의 공동여론조사에 의하면 한일 양국 국민들은 상대 국가에 대해 좋지 않은 감정을 내보이면서도 양국의 관계개선이 중요하다고 여기고 있습니다. 한국과 일본이 미래에 평화적인 관계를 갖는 것이 양국뿐만 아니라 동아시아 전체를 보더라도 꼭 필요한 일이라는 것을 알고 있기 때문입니다. 그러기 위해서는 아픈 역사일수록 덮어두기보다 서로가 더 잘 알 수 있도록 드러내고 정확하게 알아야 합니다. 그리고 해결을 위해 함께 노력해야 합니다. 그래야 다시는 잘못된 역사를 되풀이하지 않을 수 있습니다.

2016년은 한국과 일본이 국교정상화를 한 뒤 새로운 반세기가 시작되는 해입니다. 지난해 양국 정부가 논의했던 일본군위안부 협상은 양국의 학자를 비롯한 시민사회로부터 문제 해결의 근원에 다가서지도 못한 정치적 협상이라는 비판을 많이 받았습니다. 이것은 한일 간 역사 갈등이 여전히 현재진행형이면서 깨어있는 시민들의 노력이 더 많이 필요하다는 것을 보여주는 사례입니다. 이제 우리는 역사를 구체적으로 알고 이를 바탕으로 새 출발을 준비해야 합니다. 한일 간 역사 갈등의 쟁점은 무엇일까? 갈등을 평화적으로 해소하고 또다시 비극적인 역사를 되풀이하지 않으려면 우리는 무엇을 기억하고 무엇을 해야 할까? 이 책이 그런 생각을 하고 실천으로 옮기는 데 도움이 되기를 바랍니다. 나아가 한중일을 비롯한 동아시아 평화를 위한 지역공동체 구현에 대해서도 생각해보는 기회가 되었으면 좋겠습니다.

책을 쓰는 동안 많은 분들의 도움을 받았습니다. 10년 넘게 한일역사교사모임 활동을 하면서 수업실천과 교류모임을 쉬지 않고 이어온 한국의 선생님들에게서는 지치지 않는 열정을 배웠습니다. 정년퇴직을 하고도 꾸준히 공부하면서 후배들을 이끌어주시는 일본 선생님들은 인생의 나침반 같은 분들이었습니다. 특히 책의 방향과 주제에 대한 넓은 시각을 보여주고 책을 쓰는 도중 난관에 부딪힐 때마다 조언을 아끼지 않았던 한일역사교사모임의 박중현 선생님과 동북아 역사재단의 남상구 선생님, 1년간 학습연구년 교사활동을 하면서 이 책을 위한 기초자료를 찾고 공부하는 데 많은 도움을 준 동북아 역사재단의 많은 분들께 감사드립니다. 서툴게 쓴 원고를 훌륭하게 한 권의 책으로 만들어 준 북멘토 편집부 여러분에게도 감사드립니다. 무엇보다 책을 쓴다는 핑계를 대고 주말에도 도서관과 학교에 틀어박혀 집안일에 소홀한 남편을 묵묵히 기다려준 아내와 많이 놀아주지 못해도 불평 한마디 없이 아빠를 응원해준 우리 딸 수하에게 고맙고 사랑한다는 말을 전합니다.

2016년 여름
이경훈

일제강점기 전후 주요 사건 연표

1910.8.	한일병합.
1914.~1918.	제1차세계대전.
1919.	3·1운동. 대한민국 임시정부 수립.
1931.9.	만주사변(일본의 중국 침략 전쟁 시작).
1932.1.	제1차 상하이 사변. 상해에 처음으로 해군 '위안소' 시범 설치.
1933.	독일 나치 정부 수립.
1937.	중일전쟁 발발. 총독부 '황국신민서사' 제정. 난징대학살.
1938.4.	'국가총동원법' 공포: 조선인 노동력 동원의 근거 마련.
	'근로보국대 실시 요강' 발표: 한반도 내 강제동원을 위한 법률적 근거 마련.
1939.	독일 폴란드 침공. 제2차세계대전 발발.
	'조선인 노무자 내지 이주에 관한 건', '국민징용령', '국민직업능력신고령' 공포.
1941.	독일 소련 침공. 진주만 공습, 아시아·태평양전쟁 시작.
	근로보국대 강제동원 시작.
1942.	일본 '노동자연금보험' 도입. 조선총독부 포로감시원 모집.
1944.2.	'국민징용령' 법률 개정: 징용 범위를 기술직에서 일반 노동자까지 확대.
1944.8.	'가라후토 및 구시로 탄광 근로자, 자재 등의 급속전환에 관한 건' 공포: 사할린 한인 이중징용의 근거 마련.
1945.5.	독일 항복.
1945.8.	사할린 가미시스카, 미즈호 조선인 학살사건.
	일본 히로시마와 나가사키에 원자폭탄 투하, 일본 항복. 제2차세계대전 종전.
1945.10.	B·C급 전범 재판 시작(~1951.4.).
1947.5.	일본 '외국인등록령' 시행.
1948.	대한민국 수립. 조선민주주의인민공화국 수립.
1948.	도쿄재판 판결. 한신교육투쟁.
1949.	중화인민공화국 수립.
1950.	한국전쟁(~1953).
1951.9.	샌프란시스코 강화조약 체결. 미일안보조약 체결.
1952.4.	샌프란시스코 강화조약 발효.
1965.6.	한일국교정상화. 한일기본조약(한일협정) 체결.

차례

머리말　　4
프롤로그　　12

쟁점1: 일본군위안부
성폭력 피해자에서 인권지킴이로　　　　　　　　　　　24

마사코라고 불렸던 할머니 • 어떤 여성들이 어떻게 끌려갔을까? • 일본군위안부는 위안소에서 어떻게 생활하였을까? • 전쟁이 끝난 후 피해자 할머니들은 어떻게 살았을까? • 일본은 일본군위안부 문제에 대해 어떤 태도를 취하고 있을까? • 일본군위안부 문제 해결을 위해 시민단체는 어떤 노력을 하고 있을까? • 일본군위안부 문제 해결을 위해 우리 정부는 어떤 노력을 하고 있을까? • 국제사회가 일본군위안부 문제에 관심을 갖는 이유는 무엇일까? • 우리는 문제 해결을 위해 무엇을 할 수 있을까?

쟁점2: 강제동원
전쟁, 총동원, 강제로 끌려간 사람들　　　　　　　　　58

기술자의 꿈을 안고 일본에 간 조선 청년 • 얼마나 많은 조선인들이 강제로 끌려갔을까? • 강제동원된 조선인 노동자들은 어떻게 생활하였을까? • 어떤 기업들이 조선인을 동원하였을까? • 강제동원된 노동자들이 받지 못한 임금은 어떻게 되었을까? • 문제 해결을 위해 어떤 노력을 하였을까? • 남은 문제 해결을 위해 무엇을 해야 할까?

쟁점3: 사할린 한인
일본이 가르고 소련이 묶어놓은 이중징용자들　　　　90

"사과라도 해야지 않습니까!" • 어떻게 두 번이나 강제징용을 당할 수 있을까? • 해방 이후 가족이 다시 만날 수 없었던 이유는 무엇일까? • 사할린에 버려진 조선인들은 해방 뒤에 어떻게 살았을까? • 사할린 한인들은 고향으로 돌아오기 위해 어떤 노력을 하였을까? • 사할린 한인은 고향으로 돌아왔을까? • 남아 있는 문제는 어떻게 해결할 수 있을까?

쟁점4: B·C급 전범

가해자로 몰린 피해자   *120*

"교수형 Death by hanging!" • 어떻게 조선인이 연합군포로감시원이 될 수 있었을까? • 조선인 포로감시원들은 어떤 일을 하였을까? • 일본군 포로수용소의 연합군포로들은 어떻게 생활하였을까? • 한국인이 어떻게 B·C급 전범이 되어 처벌을 받았을까? • 출소 후 한국인 B·C급 전범자들은 어떻게 생활하였을까? • 이들은 명예회복과 보상을 위해 어떤 노력을 하였을까? • 남아 있는 문제는 무엇일까?

쟁점5: 야스쿠니 신사

전쟁에 대한 서로 다른 기억   *150*

내 아버지를 돌려달라! • 야스쿠니 신사는 어떤 곳일까? • 일본 총리의 야스쿠니 신사 참배를 문제 삼는 이유는? • 한국이 야스쿠니 신사에 분노하는 또 다른 이유는? • 일본 정부는 총리의 야스쿠니 신사 참배에 대해 어떤 입장을 취하고 있을까? • 야스쿠니 신사는 침략전쟁을 어떻게 기억하고 있을까? • 같은 침략 국가였던 독일은 제2차세계대전을 어떻게 기억하고 있을까? • 야스쿠니 신사에 대해 일본 사람들은 어떻게 생각하고 있을까? • 야스쿠니 신사 문제를 해결할 수 있는 방법은 무엇일까?

쟁점6: 재일한국인

경계에 서 있는 동아시아인   *180*

나의 모국은 자이니치, '재일'입니다 • 재일한국인의 국적이 복잡하게 전개된 이유는? • 재일한국인은 어떻게 일본에 살게 되었을까? • 해방 이후 재일한국인들은 어떻게 생활하였을까? • 일본에 있는 조선학교와 한국학교는 뭐가 다를까? • 재일한국인은 민족차별을 극복하기 위해 어떤 노력을 하고 있을까? • 재일한국인이 지문날인등록제도 폐지와 지방참정권을 요구한 이유는? • 헤이트 스피치, 혐한시위는 어떻게 해결할 수 있을까?

쟁점7: 문화재 환수

식민지 역사극복을 위한 또 하나의 과제   *214*

쓰시마 불상은 돌려주어야 할까? • 일본에 있는 한국문화재는 얼마나 될까? • 일본이 한국의 문화재 약탈에 열을 올린 이유는? • 국제사회는 문화재 환수를 위해 어떻게 협력하고 있을까? • 1965년 한일협정은 문화재 반환 문제를 어떻게 다루었을까? • 한일협정 이후 한일 간 문화재 인도 사례가 있을까? • 일본 소재 한국문화재 환수가 어려운 이유는 무엇일까? • 문화재를 환수하기 위해 할 수 있는 일에는 무엇이 있을까?

쟁점8: 독도

독도와 다케시마   *248*

대나무도 없는 독도가 왜 다케시마(竹島)일까? • 독도는 언제부터 한일 간 역사 갈등의 중심에 놓이게 되었을까? • 한일협정 체결 당시 독도 문제는 어떻게 처리하였을까? • 독도가 다시 논란이 된 이유는? • 일본 교과서에서는 독도를 어떻게 기술하고 있을까? • 독도에 대해서 양국 국민들은 어떻게 생각하고 있을까? • 문제 해결을 위해 어떤 노력을 해야 할까?

쟁점9: 역사교과서

왜곡된 역사교과서로 강요하는 애국심   *282*

알고 있나요? • 일본의 '교과서 공격'은 어떻게 진행되었을까? • '새로운 역사교과서를 만드는 모임'이란? • '새로운 역사교과서'는 어떻게 제작되었을까? • 새역모 계열 교과서의 문제점은 무엇일까? • 새역모 계열 이외의 역사교과서는 괜찮을까? • 잘못된 교과서 확산을 막기 위해 일본 시민들은 어떤 노력을 하였을까? • 문제 해결을 위해 한국과 일본은 어떻게 연대하였을까? • 올바른 역사인식을 갖기 위해 어떻게 해야 할까?

참고도서   318
찾아보기   322

프롤로그 한일 간 역사 갈등, 그리고 화해의 길

잘못 끼운 첫 단추 – 샌프란시스코 강화조약

1945년 8월 일본의 항복으로 제2차세계대전이 끝났습니다. 연합군 총사령부는 일본을 점령하고, 제국주의 국가 일본을 비군사화와 민주화를 통해 새로운 일본으로 재건하려 하였습니다. 천황의 인간선언, 일본국 헌법(일명 평화헌법) 공포 등을 통해 군국주의 색채를 지우고 민주국가를 세우려 한 것입니다. 그러나 공산주의 국가인 소련과의 관계 악화, 중국의 공산화, 한국전쟁 발발 등 냉전이 심화되자 미국은 일본을 민주국가로 만드는 것에 앞서서 동아시아 반공의 교두보로 삼아야겠다고 결정하고 정책을 수정하였습니다. 이에 따라 승전국인 연합국과 패전국인 일본 간의 강화조약도 미국의 의도대로 진행되었습니다.

1951년 9월 8일 미국 샌프란시스코의 전쟁기념공연예술센터에서 일본은 연합국 48개국과 '대일평화조약(Treaty of Peace with Japan, 일명 '샌프란시스코 강화조약', 이하 '강화조약')'을 맺고 국제사회에 주권국가로 복귀하였습니다. 전후 동아시아 질서를 규정했다고 해도 과언이 아닌 이 강화조약은 평화와 화해의 정신이 관철된 '평화조약'으로 선전되었지만 제국주의 일본과 식민지배를 받았던 한국과의 문제에 대해서는 일절 언급하지 않아 이후 한일 간 문제해결을 어렵게 만든 주요 원인이 되었습니다.

강화조약 체결을 앞두고, 한국이 강화조약 체결과정에 참여하여 식민지배에 대한 막대한 배상을 요구할 것을 우려한 일본은 미국을 상대로 집요하게 로비를 하였습니다. 일본 정부는 1951년 4월 미 국무부 고문 덜레스가 방문하였을 때 "한국은 일본과 전쟁상태에 있지 않았기 때문에 연합국의 일원으로 인정할 수 없다. 한국이 (강화조약의) 조인국이 되면 한국인들은 연합국과 동등한 재산청구권과 배상금을 주장할 것이다. 재일한국인이 100만 명이나 되는데 이 사람들이 과도한 배상청구를 하면 일본은 혼란을 피할 수 없다."라고 하면서 한국이 강화조약 체결에 참여하는 것을 막았습니다.

미국도 1949년 12월 국무부 극동조사국 보고서에서 "일본의 통치에 대한 한국민의 저항은 제한된 지역에서의 단기간의 소요에 불과했다."라고 밝혀 한국의 교전국 지위를 부정하는 평가를 내렸습니다. 결국 한국은 강화조약 체결 당시 연합국의 일원으로 초청받지 못했습니다. 강화조약에서도 일본의 식민지배를 둘러싼 문제 해결에 대해 "일본국과 당사국 간의 특별협정의 주제로 한다."(강화조약 제4조 a항)라고 규정하여 전후 한일관계를 패전국 일본의 식민지배 문제 청산을 위한 관계가 아니라 일본의 패전과 한국의 독립에 따른 재정적·민사적 채권채무관계로 축소시켰습니다. 일제강점기 식민지배에 따른 피해문제는 완전히 누락되고 단순한 전후처리 대상으로 전락한 것입니다.

미국은 강화조약을 체결한 당일 미일안보조약을 체결하여 일본을 동아시아 반공의 교두보로 삼았습니다. 다음 수순은 한국을 냉전체제의 한 축에 포함시켜 동아시아 반공체제를 확고하게 구축하는 것이었습니다. 중국 국민당을 통해 소련이 동아시아로 영향력을 확장하려는 것을 막으려던 미국의 의도는 이미 1949년 중국의 공산화로 실패하였고, 1950년 한반도에서도 6·25전쟁이 벌어지면서 위기감을 느꼈기 때문입니다.

졸속으로 체결된 어설픈 매듭 – 한일협정

강화조약이 체결된 다음 달인 1951년 10월 일본에 주둔하고 있던 연합군총사령부의 주선으로 한국과 일본은 국교정상화를 위한 교섭을 시작하였습니다. 미국이 의도하는 동아시아 반공체제를 확고하게 구축하기 위해서는 한국과 일본의 관계회복이 급선무였기 때문입니다. 1952년 3월 제1차 본회담을 시작으로 7차례에 걸친 정식회담 결과 1965년 6월 22일 일본 도쿄에서 한일국교정상화를 위한 기본조약과 부속조약이 정식으로 조인되었습니다. '한일기본조약'(또는 '한일협정')은 '대한민국과 일본국 간의 기본관계에 관한 기본조약(기본조약)'과 이에 딸린 4개의 부속협정 및 25개의 문서를 총칭하는 말입니다. 4개의 부속협정은 '어업에 관한 협정(어업협정)', '재일교포의 법적 지위 및 대우에 관한 협정(재일한국인협정)', '재산 및 청구권에 관한 문제의 해결과 경제협력에 관한 협정(청구권협정)', '문화재 및 문화협력에 관한 협정(문화재협정)'입니다.

한일회담은 시작부터 양국의 입장차이로 인해 결렬과 정체를 반복하였습니다. 1952년 1차 회담 당시 일본은 식민지배에 대한 한국의 배상 요구액이 클 것을 우려했습니다. 그래서 일제강점기 한반도에 두고 온 일본인의 사유재산에 대해 보상을 해야 한다는 이른바 '역청구권'을 주장하였습니다. 1953년 3차 회담에서 일본 측 수석대표 구보타 간이치로는 "일본 측도 보상을 요구할 권리가 있다. 왜냐하면 일본은 36년간 벌거숭이산을 푸르게 바꾸었고, 철도를 건설하고, 논을 상당히 늘린 것 등 많은 이익을 한국인에게 주었다. 일본이 진출하지 않았더라면 한국은 중국이나 러시아에 점령당해 더욱 비참한 상태에 놓였을 것"이라는 망언을 해댔습니다.

한일기본조약은 일본의 식민지배로 인한 양국 간의 과거사 청산을 목적으로 하기보다 미국 주도의 동아시아 냉전체제 형성이라는 의도 아래 진행되었기 때문에 많은 문제를 내포한 채 체결되었습니다. 미국은 한국 측에 배상의 의미가 있는 청구권을 강조하지 말고 총액도 축소할 것을 강요하는 등 노골적으로 한일 간 외교문제에 간섭하기도 하였습니다. 1961년 5·16군사정변으로 들어선 박정희 정부는 미국으로부터 한국이 아시아 반공진영의 보루라는 가치를 재확인 받고 지속적인 원조를 이끌어낼 목적으로 협상에 적극적으로 임했습니다. 또한 일본으로부터 받는 배상금으로 심각한 경제난을 해결하여 쿠데타의 정당성을 확보하고자 하였습니다. 일본은 고도성장을 뒷받침해 줄 새로운 수출시장이 필요했기 때문에 정계와 재계에서 한국과의 국교수립을 희망하였습니다.

졸속으로 처리된 한일협상은 조약문의 해석을 둘러싸고 여기저기에서 문제를 드러냈습니다. 예를 들면 한일기본조약 제2조에는 1910년 8월 22일 이전에 체결된 조약·협정은 '이미 무효라는 것이 확인되었다.'라는 조항이 있습니다. 이에 대해 한국은 일본의 군사력을 바탕으로 강요된 한일병합 이전의 모든 조약이 무효라고 해석하고 있습니다. 그러나 일본은 체결은 합법이었으나 1948년 대한민국 정부 수립으로 무효가 되었다고 해석하고 있습니다. 제3조의 한국정부를 '조선에 있는 유일한 합법적 정부로 인정한다.'라는 규정도 한국은 '조선'이 한반도 전체를 의미한다고 보지만 일본은 한국과 북한 간의 군사경계선 남쪽으로 해석합니다.

청구권협정으로 일본이 한국에 제공한 무상 3억 달러, 유상차관 2억 달러의 성격에 대해서도 한국은 배상금이라고 주장하지만 일본은 '독립축하금'이라고 하여 식민지배에 대한 사죄와 배상을 인정하지 않았습니다. 한일 간의 재산·권리 등에 대한 청구권에 대해서도 '완전하고 최종적으로 해결되었음을 확인한다.'라고 하여 일제강점기 강제동원에 따른 한국국민들의 개인청구권 문제를 모호하게 만들었습니다. 그나마 일본군위안부, 사할린 한인, 원폭피해자 문제 등은 아예 언급조차 하지 않았습니다. B·C급 전범으로 몰려 억울하게 옥살이를 한 한국인들에 대한 피해보상에 관해서도 일본 측은 한일청구권협정을 내세우며 한국 측에 보상책임을 떠넘겼습니다. 졸속으로 체결된 재일한국인협정은 재일한국인의 법적 지위와 민족차별 문제를 매듭짓지 못하였습니다. 어업협정에서는 독도문제를 협정문에 명기하지도 않았고, 문화재협정에서는 협정 이후 새롭게 드러나는 일본인 개인이 소장한 한국 문화재의 환수에 대해서 한국정부에 '기증되도록 권장'한다고 하여 이후 약탈당한 문화재 환수에 적극적으로 나서기 어렵게 만들었습니다.

한일 협상의 진전 상황이 알려지면서 한국과 일본의 시민들은 협정체결에 강하게 반대하였습니다. 한국에서는 지난날의 침략과 식민지배에 대한 일본의 사죄가 없는 상황에서 국교를 수립하는 것은 굴욕적 외교라는 비판의 목소리가 높았습니다. 일본 시민들은 한일국교정상화가 한·미·일 군사동맹으로 이어져 일본의 평화를 위협할 것이라고 생각하여 반대하였습니다. 그럼에도 불구하고 한일협정은 식민지배의 책임과 반성, 사죄에 대한 후속조처는 일체 없이 미국과 한국, 일본 정부 당국자들의 정치·경제적 의도에 의해 졸속으로 체결되고 말았습니다.

문제 해결의 걸림돌 – 과거에 대한 서로 다른 기억과 '과거의 정치화'

한일협정이 체결된 지도 50년이 넘었습니다. 그런데 어째서 한일 양국의 역사 갈등은 그대로일까요? 2013년 8월 6일 히로시마 평화공원에서는 '히로시마 원자폭탄 투하 68주년 추모식'이 열렸습니다. 이 자리에서 히로시마 시장 마쓰이 가즈미는 '평화선언'을 통해 원폭피해자들의 비참한 생활과 고통을 이야기하면서 2020년까지 핵무기를 폐기하고 최대한 빨리 핵무기금지조약을 체결하기 위해 최선을 다할 것이라고 다짐하였습니다. 아베 총리도 기념행사 연설에서 '세계적으로 유일하게 원폭 피해를 받은 국민으로서 세계와 후손들에게 핵무기의 비인도성에 대해 알려 주어야 할 의무'가 있다고 하였습니다. 또한 일본정부는 비핵 3원칙("핵무기를 만들지도, 보유하지도, 반입하지도 않는다.")을 견지하며 핵무기를 폐기하여 세계의 항구적인 평화를 실현하기 위해 아낌없이 노력할 것이라고 하였습니다. 그러나 현재와 미래의 평화유지를 역설하는 이들의 연설에는 일본이 왜 이러한 비극적인 원폭 피해를 입었는지에 대한 언급이나 전쟁을 일으킨 가해자로서의 반성은 없었습니다.

2016년 4월 주요 7개국 외무장관 회담을 위해 히로시마를 방문한 존 케리 미국 국무장관은 평화기념자료관을 방문하고 헌화했습니다. 이에 대해 여덟 살 때 피폭을 당했다는 할머니는 NHK방송 인터뷰에서 "이번 방문은 큰 의미가 있지만 (미국의 히로시마 방문이) 왜 70년이나 걸렸나. 여기(히로시마)에 와도 미국이 피폭자의 얘기에 귀를 기울이지 않는다는 현실을 한번 생각해 봐야 할 필요가 있다. 케리 장관을 만나 원폭투하에 대해 어떻게 생각하냐고 묻고 싶었다."라고 말했습니다. 이와 같이 일본인들은 가해자로서의 기억은 멀리한 채 전쟁의 희생자, 피해자라는 의식에 갇혀 있습니다. 제2차세계대전의 전범들을 심판한 도쿄재판(극동국제군사재판)을 지켜본 일본국민들은 전쟁에 대한 책임은 군인을 중심으로 한 국가 지도자에게 있고 자신들은 '국가 지도자들의 잘못된 정책의 희생자'라고 생각합니다. 게다가 전후 냉전체제가 강화되는 분위기 속에서 미국이 일본을 반공의 교두보로 삼고자 피해 국가들과의 문제 해결을 재촉하면서 일본국민들은 과거 일본의 침략과 전쟁에 대해 곰곰이 생각하고 반성할 수 있는 기회를 충분히 갖지 못했습니다. 이처럼 과거에 대한 한국인과 일본인 사이의 기억에는 서로 건널 수 없는 강처럼 큰 간극이 존재합니다. 그 간극이 바로 한일 역사 갈등 해소를 가로막아 온 첫 번째 걸림돌입니다.

하지만 더 큰 걸림돌은 따로 있습니다. 한일 간 불편한 관계를 설명하기 위해 학자들은 역사적, 외교적, 정치적 관점에서 다각도로 연구를 하였습니다. 학자들은 원인을 한 가지로만 말할 수는 없지만 가장 큰 이유는 '과거의 정치화'라고 지목하였습니다. 일본군위안부, 야스쿠니 신사, 교과서 왜곡 등과 같은 역사적 갈등이 현재의 정치와 연결되면서 미래지향적인 한일관계를 가로막고 있다는 것입니다. 또한 한일 간의 역사적 갈등이 민족주의, 국가주의적 경향으로 국민들을 동원하는 유효한 수단으로 작용하기 때문에 한국과 일본의 정치권에서는 곤란한 정치적 이슈나 정권변화 등 국내 상황에 따라 한일 간 역사 갈등을 이용하는 사례가 많아 갈등이 해소되기보다 증폭되는 경향이 있다고 하였습니다.

역사 갈등 해소와 역사화해는 가능할까?

한국과 일본 사이에서 과연 역사화해가 가능할까요? 한일 양국의 학자와 시민들은 역사적 갈등이 더 이상 정치적으로 이용당하지 않고 역사화해를 통해 미래지향적인 한일관계로 발전하려면 과거 사실에 대한 정확한 인식을 바탕으로 가해에 대한 사과와 반성, 피해에 대한 상처 치유 등이 이루어져야 한다고 말합니다. 국가와 국가 간의 사과와 반성, 그리고 화해는 어떻게 이루어질 수 있을까요?

전후 국가 차원에서 이루어진 사과, 반성과 관련하여 가장 모범적인 사례는 독일입니다. 독일은 1953년 자신들이 저지른 범죄에 대해 도덕적, 물질적 보상의 의무가 있다고 밝히면서 '독일연방보상법'을 제정하였습니다. 이후 보상의 대상범위를 법인과 희생된 피해자의 가족, 그리고 피해자를 도운 사람이나 오인되어 피해를 받은 사람들에게까지 확대하였습니다. 또한 강제노동에 동원되었던 피해자들을 위한 '기업·책임·미래'라는 재단을 설립하였습니다. 이후 물질적 보상만이 아니라 국가와 사회, 기업의 정치적·도덕적 책임을 상기시킨다는 취지에서 '기억과 미래'

라는 기금을 따로 마련하여 가해자와 피해자의 상호 이해, 인권, 교육 등에 초점을 맞춘 사업을 진행하고 있습니다.

2013년 1월 보수정당 소속의 앙겔라 메르켈 독일총리는 폴란드 방문 당시, 43년 전 빌리 브란트 당시 서독 총리가 나치에 의해 희생된 유대인들을 기리는 위령탑 앞에서 무릎을 꿇고 사죄한 것처럼, 바르샤바의 유대인 게토 묘지 앞에 무릎을 꿇었습니다. 폴란드 사람들은 독일을 향해 말했습니다. 너무 계속 사과하는 것 아니냐고. 메르켈 총리의 대답은 너무나 간단했습니다. "당신들이 그만하라고 할 때까지 계속할 것입니다. 나치의 범죄는 무한책임이기 때문입니다." 독일 정부와 시민들의 자세가 전쟁피해자와 그 가족들의 마음을 완전히 치유해 주지는 못하겠지만 그들이 과거 잘못을 깊이 반성하고 있음을 충분히 느끼게 합니다.

한일 간 역사 갈등 해소와 역사화해가 독일의 사례와 반드시 같아야 하는 것은 아닙니다. 한국과 일본 두 나라에는 고유의 문화와 역사가 있고, 한국과 일본뿐 아니라 동아시아 여러 나라와의 관계도 고려해야 하기 때문입니다. 하지만 아무리 그런 차이를 고려한다 하더라도 '보통국가'를 위해 과거의 잘못을 인정하지 않고 무리하게 안보법안을 통과시키면서 세계에서 영향력을 확대하려는 현재의 일본 정부를 보면 역사 갈등 해소와 역사화해는 멀게만 보입니다. 현재 한일 양국 정부는 국가적 이익과 정권의 입장에서 역사 갈등을 바라보기 때문에 상호이해와 양보, 타협의 여지가 상당히 좁습니다. 하지만 포기해서는 안 됩니다. 포기한다고 해서 문제가 해결되는 것이 아니기 때문입니다. 이럴 때일수록 양국의 시민들이 갈등 해소를 위한 행동에 나서고, 역사화해를 위한 실천적 노력을 해나가야 합니다.

화해의 첫걸음은 진실을 아는 것입니다. 진실을 모르면 무엇이 잘 못된 것인지 알지 못하고, 누구에게, 혹은 무엇을 사과해야 하는지 알 수 없습니다.

"일본인들은 일본이 한 짓을 잘 몰라. 학교에서 안 가르치니까." 일 본의 저명한 역사학자 나카쓰카 아키라 교수는 2014년 3월 한국의 한 언 론사와의 인터뷰에서 이렇게 말했습니다. 나카쓰카 교수는 오늘날 일본 의 과거사 무시, 과거사에 대한 무지와 인식의 오류는 동아시아 침략과 식민지배로 얼룩진 근대 일본의 제국주의 팽창과정에 대한 일본인들의 무지에서 출발한다고 말합니다.

진실을 알기 위해서는 자국중심의 역사이해에서 벗어나 서로의 역 사인식을 공유하려는 노력이 필요합니다. 이것은 한국과 일본이 동일한 역사인식을 갖는다는 의미가 아닙니다. 지속적인 교류와 대화를 통해 서 로 다른 환경에서 살면서 역사에 대해 서로 다른 관점을 가지게 되었다 는 것을 이해하는 것입니다. 이를 바탕으로 일본이 과거 사실을 인정하 고 잘못을 청산하려는 의지를 갖고 동아시아 공동체를 위한 역사 만들기 를 시도할 수 있게 함께 노력해야 합니다.

이러한 생각으로 한·중·일 3국의 교사와 학자들은 '한중일3국공동 역사편찬위원회'를 만들고 공동 연구와 토론을 통해 3국 공통의 역사책 을 펴내고 있습니다. 2005년에 출간한 동아시아 3국의 근현대사 책인 『미래를 여는 역사』 집필에 참여했던 한 역사학자는 10년이 넘는 교류의 성과를 "만나야 친해진다."라는 한마디로 압축해서 표현했습니다. 함께 만나고 토론하며 지낸 시간은 각국의 역사경험과 정서, 역사인식의 차이를 깨닫는 소중한 기회였고, 넘지 못할 산 같은 역사인식의 차이도 지속적인 만남을 통해 생각과 마음을 나누면 결국 넘을 수 있다는 평범한 진리를 깨닫게 해준 시간이었다고 합니다.

2014년 한국의 천안에서 열린 '동아시아 청소년 역사체험캠프'에 참가한 일본학생은 "한중일 학생들이 모두 진지하게 역사적 사실에 대해서 생각하고 발표하였다. 토론 중에 다양한 역사인식에 대한 갈등이 있었다. 지금까지 믿어온 사실 자체가 뒤엎어지는 일도 있었다. 한국과 중국의 학생들이 믿고 있는 진실과 일본인인 내가 믿고 있는 진실에는 많은 차이가 있음을 알았다. 어떤 나라가 좋고 나쁨을 떠나서 그것을 교훈으로 한중일이 서로 싸우지 않게 하는 것이 중요하다는 것을 새삼 느끼게 되었다."라고 했습니다.

현재 한일 양국의 갈등이 격화되고 있지만 여러 설문조사에 따르면 시민들은 한일관계를 매우 중요하게 생각하고 있습니다. 이는 양국 모두 역사 갈등을 해소하고 양국의 관계가 개선되길 희망하고 있음을 의미합니다. 역사화해란 가해국가와 피해국가가 역사극복의 길을 함께 걷는 과정입니다. 이것은 가해국의 사죄로만 이루어지는 게 아닙니다. 가해국과 피해국이 함께하는 행동으로 실천하는 것입니다. 진정한 사죄에는 과거에 저지른 죄에 대한 책임을 직시하고 피해자의 상처를 치유하고 회복시키려는 의지와 행동이 수반되어야 합니다. 그리고 과거의 죄를 되풀이하지 않도록 그 죄의 근원을 함께 비판하고 성찰하여 해체해 나가야 합니다. 한국과 일본의 시민단체는 이미 역사화해를 위한 걸음을 힘차게 내

딛고 있습니다.

지금부터 한일 역사 갈등을 야기하고 있는 9가지 쟁점들에 대해 각 사건의 전개과정과 문제해결을 위한 노력들을 하나하나 살펴보려 합니다. 진실에 다가가기 위해 구체적 사실을 더듬는 일, 그것을 통해 역사화해로 이어지는 첫걸음을 함께 내딛기를 바랍니다.

쟁점1

: 일본군위안부

성폭력

피해자에서

인권지킴이로

마사코라고 불렸던 할머니

할머니는 끝내 이름 밝히기를 꺼리셨습니다. 일본군위안부 피해를 증언하는 것만으로도 엄청나게 큰 용기를 내신 일이었습니다. 대구 근처 농촌에 살던 할머니는 1941년 가을 공출°을 피해서 대구에 있는 친척집으로 피신을 갔습니다. 그때는 물건을 징발하는 것 이외에 사람을 잡아가는 것도 모두 공출이라고 했습니다. "옛날에 전부 다 공출간다 했어. 촌에서 여자들 막 무조건 잡아갔어. 그때 대구에 친척이 있었는데 할머니가 간다고 하니까 엄마가 날 데리고 가라고 해서 갔지." 열다섯 살에 대구 친척집에 와서 동네구경을 하던 할머니는 쉰 살이 조금 넘어 보이는 조선인 아저씨의 '잠깐 가보자'라는 말에 주저하면서도 끌려갔습니다. "요즘 아이들 같으면 안 따라가지. 우리 때는 얼마나 어리석었는지…. 그래 가지고 갔거든. 가서 뭐… 가만있었지. 겁이 나서. 죽일까 싶어 가지고." 그 조선

공출
제국주의 일본이 전쟁에 사용할 식량이나 금속류를 확보하기 위해 1930년대 후반부터 실시한 물자수탈정책

인은 일본인 한 명과 함께 이미 끌려온 할머니와 같은 또래의 여자아이들 열댓 명을 끌고 대구역에서 기차를 타고 봉천을 거쳐 하얼빈까지 갔습니다.

영문도 모르고 하얼빈 기차역에 내린 할머니 일행은 다시 트럭을 한두 시간쯤 타고 군대 막사 같은 곳으로 끌려갔습니다. 그곳에 있던 일본군은 소녀들을 복도식 건물로 데려가 방마다 한 명씩 집어넣었습니다. 방이라고 해야 일본식 다다미 한 개 반짜리 넓이에 이불 두 채가 전부였습니다. 할머니는 도착한 날부터 군인들을 받기 시작했습니다. 아랫도리가 너무 아파 못 받는다고 거부하면 관리자가 할머니를 두들겨 팼습니다. 소녀들은 군인 한 명을 받고 나면 '센조(せんじょう, 세정)'라고 해서 아랫도리를 씻고 다시 방문 앞에 서서 다른 군인을 받아야 했습니다. 주말에는 하루에 열 명도 넘게 받았습니다. 온순한 군인들도 있었지만 행패를 부리거나 술에 취한 군인도 있었습니다. 위안소 관리인은 할머니에게 '마사코'라는 이름을 지어주고 방문 위에 '마사코'라고 쓴 종이를 붙였습니다. 할머니는 그 후 돌아올 때까지 '마사코'라고 불리었습니다. 할머니가 있던 위안소에는 위안부가 50명쯤 있었고 모두 조선인 소녀들이었습니다.

보름에 한 번씩 성병검사를 했습니다. 위안소 가까이에 정식 병원도 아닌 '검사하는 집(임시 보건소)'이 있었습니다. 관리인이 인솔하여 그곳까지 가면 의사가 와서 검사를 했습니다. 군인들이 오지 않는 날은 '긴로호시(きんろほうし, 근로봉사)'라고

군표
외국에서 전쟁을 하거나 점령
지에 군대가 주둔했을 때, 군대
에 필요한 물품을 구입하기 위
해 정부나 군대가 발행하는 특
수 화폐

해서 군인들 옷가지를 수선하는 노동을 했습니다. 낮에 '긴로
호시'를 하고 밤에 군인들을 받기도 했습니다. 위안소로 찾아
온 군인들이 '군표*'를 주기도 했지만 모아 두거나 관리하지는
않았습니다. 외출이 자유롭지 못한 이유도 있지만 군표를 사용
할 수 있는 '점빵(상점)'도 가까이 없었기 때문입니다. 할머니는
너무 괴로워서 도망을 갈까 생각도 해봤지만 군인들이 지키고
서 있었고, 나가봤자 언어도 안 통하고 지리도 어두웠기 때문
에 엄두가 나지 않았습니다.

언젠가부터 군인들이 오지 않았습니다. 관리인은 할머니
를 비롯한 소녀들에게 모두 나가라고 했습니다. 이렇게 말한 뒤
관리인들은 하루 이틀 새 모두 슬그머니 사라졌습니다. 할머니
는 밖으로 나와 사람들이 하는 말을 듣고 나서야 해방이 되었다
는 것을 알았습니다. 대구에서 같이 온 위안부 소녀 몇 명과 함
께 하얼빈에서 기차 끝에 매달려 봉천까지 왔습니다. 할머니는
그곳에서 신의주를 거쳐 간신히 대구로 돌아왔습니다. 이때가
1945년 9월이었습니다.

할머니가 돌아오자 대구 집에서는 죽은 자식이 살아 돌아
왔다고 반가워했지만 모두 할머니가 위안소에 갔다 왔다는 것
을 눈치로 알았습니다. 할머니는 시집을 안 갔습니다. 위안부
생활로 골병이 들었기 때문이기도 했지만 하얼빈의 군인들 생
각에 남자라면 진저리가 났다고 했습니다. 할머니는 2005년
일본군위안부 피해자로 신고했습니다. 신고도 할머니 동생이

'우리 누님, 불쌍한 누님, 한이라도 푸시오. 한이라도 풉시다.'
라고 하면서 대신 신고했다고 합니다. 할머니는 "모르겠다. 신
고해라. 그렇지만 내 얼굴은 내보이지 마라. 그래도 내 아직 처
녀다."라고 했다며 증언하였습니다.

일본군위안부? 정신대? 성노예?

'일본군위안부'란 1931년 일본이 만주사변을 일으킨 이후부터 1945년 아시아·
태평양전쟁에서 패전할 때까지 전쟁을 효율적으로 수행한다는 명목으로 설치한
'위안소'에 강제동원되어 일본군의 성노예 생활을 강요당한 여성들을 말한다.

한국에서는 오랫동안 '정신대'로 불리기도 했다. 하지만 정신대는 1944년 이
후 군수공장 등지에서 일할 노동력 확보를 위해 동원된 '여자근로정신대'를 말
하는 것으로, '위안부'와는 성격이 달랐다. 다만 여자근로정신대로 동원된 여
성 중에 일본군위안부로 끌려간 이들이 있었기 때문에 용어 사용에 혼선이 있
었던 것이다.

일본에서는 지금도 '종군위안부'라는 명칭을 일반적으로 사용하고 있다. 하
지만 '종군'은 자발적으로 군대를 따라갔다는 의미가 강하고, '위안'이라는 표
현도 일본 군인들에게 성적 위로를 했다는 뜻이므로 동원의 강제성과 일본
군인들의 성폭력 가해를 인정하지 않으려는 의도가 숨어 있는 잘못된 용어
이다. 그러나 일본의 우익세력은 일본군과의 관계를 부정하기 위해 이마저
사용하지 않으려 하고 있다. 일본에서는 양심적인 시민단체들이 '위안부'와

일본군의 관계를 처음 밝히면서 사용한 역사적 의미가 있는 용어이기 때문에 현재도 이 용어를 쓴다.

UN을 비롯한 미국과 유럽 등 국제사회에서는 일본군위안부를 '군대성노예(military sexual slave)'로 표현하고 있다. 유엔 특별보고관도 명확하게 '전시 중 군대성노예제(military sexual slavery in wartime)'로 규정하였으며 일본 정부가 사용한 '위안부'라는 용어는 문제를 축소·은폐하기 위한 시도라고 지적하였다. 국제사회가 '군대성노예'라는 용어를 채택한 이유는 국가가 여성을 강압적으로 동원하여 집단적인 성폭력을 가했고, 피해여성들의 삶의 조건 또한 노예와 같은 상태였기 때문이다.

그럼에도 불구하고 현재 한국에서 '일본군위안부'라는 용어를 공식적으로 사용하는 까닭은 일본군이 '위안부'를 강제로 동원하고 '위안소'를 제도적으로 운영했다는 당시의 특수한 분위기를 전달하는 역사적 용어라는 점 때문이다. 또한 생존자 할머니들이 자신을 '성노예'라고 부르는 데에 정신적 상처를 입을 수 있기 때문이다.

어떤 여성들이 어떻게 끌려갔을까?

일본군 위안소는 1945년 8월 15일 일본이 패전할 때까지 일본의 점령지였던 중국과 인도네시아, 싱가포르, 파푸아뉴기니, 괌 등 아시아·태평양 각지에 설치되었습니다. 1930년대 초기만 하더라도 위안소는 중국 본토에만 있었고, 위안부로 동원된 여성들은 대부분 일본 여성이었습니다. 가난해서 유곽에 팔려갔거나 공창(창녀)이 된 여성들 중에서 부채를 빨리 없앨 수 있다는 업자의 말에 속아 전장으로 간 여성들이 대부분이었습니다. 개중에는 '병사 상대의 식당'에서 허드렛일을 한다거나 '식당 종업원'으로 일한다는 말에 속아서 위안부가 된 경우도 있었습니다.

그러나 동남아시아를 비롯해 태평양의 작은 섬들까지, 일본의 전쟁 지역이 각지로 확대됨에 따라 일본군위안부의 수요도 늘었습니다. 일본군은 수요를 충족시키기 위해 당시 일본의 식민지였던 조선과 타이완에서 '젊고 건강하며 성병에 걸리지 않은' 여성들을 강제로 동원하였습니다.

강제로 끌려간 대다수의 여성들은 가난한 농가의 딸들로 학교에도 가지 못한 미성년이었습니다. 당시 조선은 일제의 식민지 수탈정책으로 매우 피폐해져 빈곤층이 늘어난 데다 일자리를 얻으려는 여성들도 많았기 때문에 이들을 동원하는 데 큰 어려움이 없었습니다. 대부분 10대 미성년자였던 여성들은 '공장에 취직시켜주겠다.', '돈을 많이 벌게 해주겠다.'는 취업 알선업자들의 거짓말에 속아 위안소로 끌려갔습니다. 관리나 경찰, 군이 직접 개입하여 납치하거나 위안소 업자와 모집인들에 의해 유괴 또는 인신매매된 경우도 있었습니다. 이들은 대개 군용 트럭과 군용 열차에 실려서 위안소까지 끌려갔습니다.

동남아시아나 태평양 지역으로 끌려 갈 때에는 연락선으로 바다 건너 일본으로 가서 다시 군화물선이나 군함에 태워져 전장의 위안소까지 갔습니다.

아래 표는 2004년에 203명의 국내 일본군위안부 생존자들을 대상으로 '무슨 명목으로 동원되었는가?'를 조사한 결과입니다.

일본군위안부 동원 명목(한국피해자 사례)

동원 명목	응답자 수	비율(%)
일자리 - 공장, 간호사	100	49.3
아무 영문 몰랐다	56	27.6
정신대, 처녀공출, 근로정신대	30	14.8
먹이고 입혀준다	8	3.9
훈련시킨다	1	0.5
봉사간다	1	0.5
기타 및 파악불가	7	3.4
총계	203	100

(전쟁과여성인권박물관)

자신이 일본군위안부 피해자였음을 최초로 공개 증언한 김학순 할머니는 중국 베이징에서 일본 군인에게 연행되어 군용트럭에 강제로 태워져서 위안소로 끌려갔다고 증언하였습니다. 북한에서 태어난 박영심 할머니는 일본인 순사가 '돈을 벌

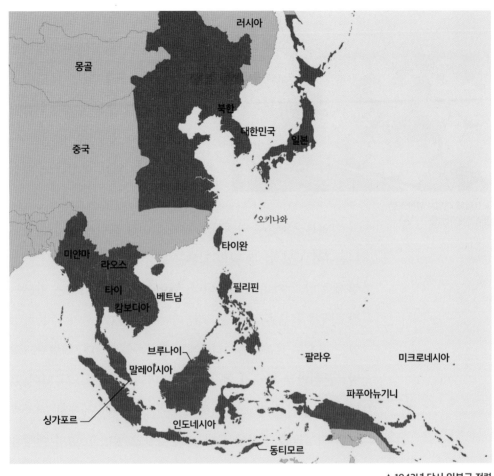

몽골

러시아

중국

북한

대한민국

일본

오키나와

타이완

미얀마

라오스

타이

캄보디아

베트남

필리핀

브루나이

말레이시아

팔라우

미크로네시아

파푸아뉴기니

싱가포르

인도네시아

동티모르

▲ 1942년 당시 일본군 점령 지역

수 있는 일이 있다.'고 하는 말에 속아 중국 난징의 위안소로 끌려갔습니다.

일본군은 전장의 확대로 위안부가 부족해지자 필리핀, 인도네시아, 미얀마(당시 버마), 말레이시아, 동티모르, 파푸아뉴기니 등 일본군이 점령하고 있던 지역의 여성들까지 강제로 납치하여 끌고 갔습니다. 일본군의 명령을 받은 현지 협력자와 촌

▲ 트럭에 태워져 위안소로
끌려가는 여성들

장 등에 의해 위안소로 끌려간 경우도 있었습니다. 인도네시아에서는 수용소에 억류되어 있던 네덜란드 여성들까지 위안부로 강제동원하였습니다. 젊은 여성들뿐만 아니라 아버지와 남편을 잃은 여성들도 대상이 되었습니다.

일본군위안부 피해자인 필리핀 여성 토마사 사리녹 할머니는 "어느 날 밤 두 명의 일본군 병사가 우리 집에 와서 나를 강제로 끌고 가려고 했습니다. 이에 저항한 아버지는 일본인 장교에게 목숨을 잃었습니다. 나는 일본군 병사가 주둔하고 있는 집으로 끌려갔습니다."라고 증언하였습니다. 네덜란드의 일본군위안부 피해자 얀 오혜른 할머니는 '내가 억류되어 있던 곳에 일본군 장교를 태운 군용차가 와서 17세에서 28세까지의 여성들을 광장에 모아놓고, 나를 포함한 16명의 여성을 선별하여 강제로 트럭에 태워 위안소로 끌고 갔다.'고 증언하였습니다.

일본군위안부 문제를 오랫동안 연구한 요시미 요시아키 교수의 연구에 따르면 일본군위안부의 수는 최소 8만 명에서 20만 명으로 추산되며 그중 조선인 여성의 비율이 절반을 넘습니다.

일본군이 위안소 제도를 만든 이유는?

첫째 이유는 강간방지였다. 일본군이 중국 각지를 점령한 이후 현지 여성에 대한 장교와 병사의 강간사건이 다수 발생하였다. 이는 군의 위신을 실추시키는 중대한 문제였고, 점령지에 계속 주둔해야 하는 상황에서 방치할 수 없었다. 일본군 지휘부는 점령지 여성에 대한 강간을 막을 목적으로 군위안소를 설치했다. 하지만 모든 전장에 위안소를 설치할 수는 없었고, 병사들의 강간 범죄도 끊이지 않았다.

두 번째 이유는 성병 감염에 의한 전투력 손실 방지였다. 장병들이 민간 매춘업소를 이용할 경우 성병에 감염될 가능성이 높고, 치료 기간이 길어지면 군의 병력 소모로 이어질 것을 우려했던 것이다. 그러나 이미 성병에 감염된 장병들이 있었기 때문에 군 위안소는 오히려 성병을 확산시키는 진원지가 되기도 하였다. 일본육군 자료에 의하면 성병 신규 감염자는 1942년 11,983명, 1943년 12,557명, 1944년 12,587명으로 계속 늘어났다.

세 번째 이유는 전쟁터라는 극한 상황에서 생활하는 장병들을 위해 '성적 위안'을 제공한다는 명목이었다. 위안이라고 하면 스포츠를 통한 스트레스 발산이나 영화, 연극, 책 같은 문화를 통한 마음의 위로 등 건전한 방법이 있음에도 불구하고, 일본군 지휘부는 여성의 인권을 도외시한 위안소 설립을 추진했다.

네 번째 이유는 '방첩(스파이 방지)'이었다. 병사들이 민간 매춘업소에 드나들며 군의 기밀을 발설할 우려가 있다고 생각한 지휘부는 민간 매춘업소 출입을 막는 대신 스스로 관리 감독이 가능한 군 전용 시설로서 위안소를 설치했던 것이다.

일본군위안부는 위안소에서 어떻게 생활하였을까?

공개된 일본군의 문서에 따르면 위안소는 '군위안소', '군인클럽', '군인오락소' 혹은 '위생적인 공중변소' 등으로 불렸습니다. 위안소의 크기나 형태는 일본군이 주둔한 지역과 시기에 따라 달랐습니다. 군이 신축한 위안소의 경우에는 널빤지로 칸을 막아 겨우 한 사람이 생활할 수 있을 정도로 방이 좁았으며, 방문은 담요로만 가려져 있는 경우도 있었습니다. 팔라우 등 열대 지방에서는 위안소를 야자수 잎으로 대충 만들기도 했습니다. 위안소에는 지역에 따라 위안부가 한 명 내지 서너 명 정도만 있기도 했고, 많게는 수십 명이 같이 생활하기도 했습니다.

위안소 문밖에는 '○○위안소'라는 문패가 있었습니다. 민간인 관리자들은 군인들의 눈길을 끌기 위해 일본말로 '身も心も捧ぐ大和撫子のサヴィス(몸도 마음도 바치는 일본 아가씨의 서비스)', '聖戦大勝の勇士大歓迎(성전대승의 용사 대환영)' 등의 선전문구를 써 붙이기도 했습니다. 방문 밖에는 방 번호나 위안부의 일본식 이름을 붙이고 방 안에는 위안부의 일상 용품 외에 삿쿠(콘돔)를 두었습니다. 또 별도의 세면장에는 질

▼ 상해 지역에 있던 일본군 위안소

위안소 입구에 일본군과 성병 진료관들이 서 있다. 입구 양쪽에는 "身も心も捧ぐ大和撫子のサヴィス(몸도 마음도 바치는 일본 아가씨의 서비스)", "聖戦大勝の勇士大歓迎(성전대승의 용사 대환영)"이라는 선전문구가 쓰여 있다.

세척용 소독약과 대야 등을 두었습니다.

일본군위안부 여성들은 위안소 규칙에 따라 생활했습니다. 위안소 이용규칙에는 군의 이용시간, 요금, 성병검사, 휴일 등에 관한 세부사항까지 규정되어 있었으며, 특히 위생

▲ 위안소 방 안

관련 규정이 많았습니다. 일본군에게 일본군위안부는 인간으로서의 존엄성을 존중받아야 하는 존재라는 인식은 애초부터 없었고 자신들의 성욕을 채우는 '군수물자'였기 때문입니다.

위안부들은 주간에는 부사관과 병사, 야간에는 장교를 상대하였습니다. 장교는 숙박도 가능했습니다. 몸이 아프거나 생리가 있는 시기에도 군인들을 거부할 수 없었습니다. 위안부들은 하루에 10명~20명, 많을 때는 그 이상의 군인을 상대할 것을 강요당하였습니다. 문필기 할머니의 증언에 따르면 "일본군이 방에 들어오면 일본도를 다다미바닥에 꽂아놓고 협박했다. 말하는 대로 하지 않으면 죽여 버린다."라고 하면서 강요했다고 합니다. 재일한국인 일본군위안부 피해자인 송신도 할머니는 상대 군인이 말을 듣지 않는다며 때려서 고막이 터지도록 두들겨 맞았다고 했습니다. '위안' 이외에 빨래나 군복수선, 식사준비 등 군대 내 허드렛일을 하거나 비상시에는 총알 운반과 같은 전쟁

수행에 필요한 일을 하기도 했습니다.

위안부들은 일주일 내지 열흘에 한 번씩 성병검사를 받아야 했습니다. 검사결과 합격된 위안부들만 군인을 받도록 되어 있었지만 이런 규칙은 무시되기 일쑤였습니다. 군인들도 성병 예방을 위하여 삿쿠를 사용해야 했지만 사용하지 않는 군인들도 많았습니다. 그 결과 위안부들의 상당수가 성병에 걸렸습니다. 그러면 매독 치료약인 606호 주사를 맞거나 중독 위험이 큰 수은으로 치료를 받기도 하였습니다.

위안부들이 위안소를 벗어나기란 극히 어려웠습니다. 위안소 경비가 삼엄하기도 하였지만 자신이 어디로 끌려왔는지 모르고, 언어와 지리도 모르는 곳에서 탈출은 상상하기 힘들었습니다. 탈출을 기도하다가 실패했을 경우에는 다른 위안부들이 보는 앞에서 본보기로 가혹한 체벌을 받아야 했습니다. 너무 괴로워서 자살한 위안부 여성들도 많았습니다. 위안부에 대한 감시가 엄격했던 것은 탈출을 방지하려는 이유도 있었지만 자살을 방지하려는 목적도 있었습니다. 인간답게 사는 것도 불가능하고, 탈출도 불가능하고, 자기 의지대로 죽지도 못하는 위안부의 삶은 지옥이나 다름없었습니다.

전쟁이 끝난 후 피해자 할머니들은 어떻게 살았을까?

일본의 패전으로 전쟁이 끝난 후 많은 위안부들은 현지에 그대로 버려진 경우가 많았습니다. 언어도 지리도 문화도 낯선 곳에서 목숨을 부지하기 위해 현지 남성과 결혼한 여성도 많았습니다. 전쟁 막바지에 전투에 휘말려 죽거나 일본군에 의해 살해당한 여성들도 있었습니다. 일본군의 '자결' 강요에 죽을 수밖에 없었던 위안부 여성들도 있었습니다. 동남아시아 및 태평양 섬 지역의 위안소에 있던 조선인과 타이완인 위안부 여성들 중에는 일본의 패전 후 연합군에게 붙잡혀 포로수용소에 갇히기도 하였으며 스파이로 몰려 심문을 받기도 하였습니다. 열네 살 때 일본군위안부가 되어 중국 길림성으로 끌려갔던 이옥선 할머니는 현지에 버려져 2000년까지 그곳에서 살았습니다. 할머니가 한국으로 돌아왔을 때 국내에서는 이미 사망신고가 되어 있었습니다.

고국으로 돌아온 위안부 여성들은 위안소 생활의 후유증으로 몸도 마음도 피폐해져 계속해서 고통을 겪었습니다. 대다수가 성병, 자궁이상, 불임, 가혹행위로 인한 외상 등으로 고통을 받았습니다. 일본군위안부라고 손가락질 받는 현실이 겁나 숨죽이고 살면서 대인공포증, 불안, 수치심, 자기비하 등의 심각한 심리적 고통을 겪기도 했습니다. 위안소 생활이 떠오를 때마다 두통과 경련, 악몽으로 괴로워하는 등 오랫동안 강한 PTSD(Post-Traumatic Stress Disorder: 외상후 스트레스 장애)로 고통 받았습니다.

1998년 부산광역시가 일본군위안부 피해자로 등록된 8명의 생활실태를 조사한 결과, 당시 70세에서 81세였던 할머니들은 모두 미혼이었고 그중 5명은 동거 가족이 없었습니다. 모두들 관절염과 신경통, 언어장애 등 최소 한 가지 이상의 지병이 있었으며 자기 집조차 없어서 월셋방에서 살거나 그보다 더 열악한 환경에서 살고 있었습니다.

피해 여성들은 '순결'을 중시하는 가부장적 사회 분위기 속에서 스스로를 죄인으로 여기며 숨죽여 살았습니다. 일본군위안부 피해사실로 인해 적극적으로 사회생활을 하지 못하고 결혼과 출산도 포기하면서 빈곤의 악순환에 내몰리게 되었습니다.

일본은 일본군위안부 문제에 대해 어떤 태도를 취하고 있을까?

윤정옥
전 이화여대 영문학과 교수. 일본군위안부 자료발굴과 진상규명을 위해 적극적으로 활동하였으며 1990년 「'정신대' 원혼 서린 발자취 취재기」를 『한겨레신문』에 연재함으로써 국내와 일본에 위안부 문제에 대한 사회적 관심을 불러일으켰다. 당시에는 일본군위안부 대신 '정신대'라는 용어를 사용했기 때문에 기사 제목에도 정신대가 들어갔다. 1991년 정신대 문제를 여론화시킨 공로로 올해의 동아여성상을 수상하였으며 정대협 공동대표를 지냈다.

1980년대 후반부터 한국의 시민단체들은 일본 정부에 일본군위안부의 진상규명을 요구하였습니다. 1990년 1월에는 윤정옥● 당시 이화여대 교수가 『한겨레신문』에 「'정신대' 원혼서린 발자취 취재기」를 4번에 걸쳐 연재하면서 일본군위안부 문제에 대한 시민사회단체의 관심은 더욱 커졌습니다. 하지만 1990년 6월 일본 정부는 '일본군은 군위안부 문제에 관여하지 않았다.'고 발표하였습니다. 이에 같은 해 11월 여러 여성단체와 개인들이 모여 '정대협(한국정신대문제대책협의회)'을 결성하고, 본격적으로 일본군위안부 문제를 제기하기 시작했습니다.

1991년 8월 14일에는 김학순 할머니가 "일본 정부의 발표가 뉴스에 나오는 걸 보고 단단히 결심했어요. 저렇게 거짓말을 하는데 왜 거짓말을 하는지 모르겠단 말이야. 내 나라를 잃어버려 억울한 일을 당할 수밖에 없었던 사람이 이렇게 살아있는데 일본에서는 그런 일이 없었다고 하니 가슴이 떨려 말을 할 수가 없습니다."라고 하면서 일본군위안부 피해자로서는 최초로 자신의 피해사실을 공개적으로 증언하였습니다.

▲ 1944.7.26. 『경성일보』 위안부 모집광고(좌)와 1944.10.27. 『매일신보』 위안부 모집광고(우)

당시 『경성일보』와 『매일신보』는 조선총독부 기관지로, 총독부가 일본군위안부 모집을 인정했음을 짐작할 수 있다. 아마도 광고주는 군이 선정한 모집업자였을 가능성이 높다. 광고에는 모집연령이 17~30세이고 월수입은 300원 이상이고 3000원까지 선불이 가능하다고 적혀있다.

김학순 할머니의 증언에도 일본 정부가 아무런 반응을 보이지 않자 정대협은 1992년 1월 8일 일본대사관 앞에서 일본 정부의 사과와 배상을 요구하는 수요시위*를 처음 열었습니다. 비슷한 때에 일본의 요시미 요시아키 교수는 일본 방위청 도서관에서 일본군이 위안부 모집과 이송에 관여한 자료를 찾아 공개했습니다. 같은 해 8월에는 아시아 각지의 피해자들과 활동가들이 일본군위안부 문제 관련 사안을 공동으로 고민하고 해결하기 위해 만든 '정신대 문제 해결을 위한 아시아연대회의(아시아연대회의)'가 서울에서 개최되었습니다.

더 이상 일본군위안부에 대해 모른 척하거나 부인할 수 없게 된 일본 정부는 1993년 8월 4일 마침내 공식입장인 '고노

수요시위

1992년 1월 8일 미야자와 기이치 일본 총리의 한국 방문을 앞두고 일본군위안부 문제 해결을 촉구하기 위해 시작되었고, 이후 정기적인 시위로 자리 잡았다. 공식 명칭은 '일본군위안부 문제 해결을 위한 정기 수요시위'로 매주 수요일 일본 대사관 앞에서 열린다.

담화'를 발표하였습니다. 고노담화에는 위안소가 일본군의 요청으로 설치되었으며, 위안소의 설치와 관리, 위안부의 이송에 일본군이 직간접적으로 관여했다는 것, 또한 위안부 모집은 군의 요청을 받은 민간업자가 주로 담당했지만 이 경우에도 감언과 강압에 의하는 등 본인의 의사에 반하여 모집된 경우가 대다수였고 일본 관헌이 직접 가담한 경우도 있다는 내용이 담겼습니다. 일본 정부와 군이 일본군위안부 운영에 관여했음을 인정한 것입니다. 그러나 일본 정부의 공식적인 법적 책임에 대해서는 명확하게 밝히지 않았습니다.

고노담화를 통해 일본군위안부 문제에 대한 사과와 반성을 표명한 일본 정부는 이듬해인 1994년 8월 무라야마 총리가 민간기금을 설립해 위안부 관련자들에게 위로금을 지급하는 구상을 발표하였습니다. 이에 따라 1995년 7월 '여성을 위한 아시아 평화국민기금(아시아 여성기금)'을 발족시켰으며 12월 총리부와 외무성이 공동 관리하는 법인으로 설립을 허가하였습니다. 아시아 여성기금은 일본군위안부와 관련된 정부의 공문서를 모아 자료집으로 편찬하고 피해자들에게 1인당 2백만 엔의 위로금 지급과 정부예산에 의한 의료·복지지원 사업, 총리의 사과 편지 전달 등의 사업을 추진하였습니다. 그러나 이 사업은 일본 정부 차원의 공식적인 법적 배상이 아니라 인도적 차원에서 책임을 지겠다는 입장이었기 때문에 대부분의 일본군위안부 피해자 할머니들은 일본 정부의 공식 사과와 배상을 요구하며 위로금 수령을 거부하였습니다.

　한편, 김학순 할머니의 증언 이후 용기를 얻은 일본군위안부 피해자 할머니들의 증언이 계속 나왔고, 일본 정부에 법적 책임과 직접적인 피해배상을 요구하는 소송을 일본 법원에 제기하기에 이르렀습니다. 그러나 일본 최고재판소는 원고의 청구권이 20년이 지나면 자동으로 소멸한다는 '제척기간[*]'이 지났고, 한일 간의 개인청구권 문제는 1965년 한일국교정상화 당시 '청구권협정'으로 모두 해결되었다는 이유로 원고 패소 판결을 내렸습니다.

제척기간
어떤 권리에 대하여 법률로 정해진 존속기간. 제척기간이 지나면 그 권리는 소멸된다.

대표적인 일본군위안부 관련 소송

소송의 명칭	소송의 내용과 법원의 판결
아시아·태평양전쟁 한국인 희생자 보상청구소송	1991년 12월 김학순 할머니를 비롯한 위안부 피해여성 3명이 일본 정부를 상대로 손해배상 청구소송 제기 → '한일청구권협정과 제척기간 경과'로 기각, 패소 ⇒ 이 소송은 일본 내에서 위안부 문제에 대한 여론과 시민단체 결성에 큰 영향을 미쳤다.
부산'종군위안부' 공식사죄 청구소송 (시모노세키 판결)	1992년 12월 위안부 피해자 박두리 외 2인이 야마구치 지방재판소 시모노세키 분소에 소송 → 1998년 4월 시모노세키 분소가 일본 정부의 책임을 인정하고 위안부 피해자에 배상 판결 → 일본 정부 항소 → '한일청구권협정'으로 패소 판결
재일한국인'종군위안부' 국가보상청구소송(송신도 재판)	1993년 4월 재일한국인 위안부 피해자 송신도 할머니가 일본 정부 상대로 소송 제기 → '제척기간 경과'로 인해 기각, 패소

　2007년에는 당시 자민당 총재였던 아베 신조가 "강제성에 대해서는 종래로부터 논의가 있어 왔다. 당초 정의되어진 강제

성을 뒷받침하는 것이 없었던 것은 사실 아닌가?" 하고 위안부의 강제연행을 부인하는 발언을 함으로써 고노담화마저 부정하는 태도를 보였습니다. 이후 2012년 9월 자민당 총재 선거 토론회에서 "고노담화로 인해 일본군이 마치 여성을 유괴하여 강제로 위안부로 삼은 듯한 불명예를 일본이 짊어지게 되었기 때문에 고노담화를 검증할 필요가 있다."라고 하였습니다. 이후 일본의 총리가 된 아베 신조는 2014년 6월 이른바 고노담화 검증 결과 보고서를 발표하며 '고노담화는 한국 정부와 긴밀하게 교섭하여 발표된 것이며, 위안부 동원에 '강제연행'은 없었고, 아시아 여성기금도 한국 정부의 동의 아래 추진하였다.'라고 주장하였습니다.

일본 정부가 고노담화를 '수정', '부정'하려는 것은 국가의 '법적 책임'을 부정하고 유감 표명 정도의 '도의적 책임'으로 무마하여 역사적 책임을 벗기 위해서입니다. 그러나 국제사회에서는 이러한 일본 정부의 입장에 대해 동의하지 않고 있습니다. 일본 정부의 고노담화 검증 보고서 발표 직후 미국 국무부는 "아베 정부에서도 고노담화는 계승될 것이라는 일본 관방장관의 발언에 주목하며 미국은 일본이 주변국과의 관계 강화에 도움이 될 수 있도록 위안부 문제를 다뤄나갈 것을 독려해왔고 앞으로도 이러한 노력을 계속할 것"이라고 하였습니다. 중국 정부도 "역사를 뒤집으려는 시도는 인심을 얻을 수 없다. 일본의 이른바 고노담화 조사 보고서는 역사를 직시하지 않고

침략 범죄 행위를 희석하려는 일본 측의 진짜 의도를 폭로하고
있다."라고 유감을 표명하였습니다.

일본군위안부 문제 해결을 위해
시민단체는 어떤 노력을 하고 있을까?

1992년 1월 8일에 처음 열렸던 수요시
위는 그 뒤로 죽 이어져 2016년 현재도 계속
되고 있습니다. 지금도 매주 수요일이면 일
본군위안부 피해자 할머니들과 시민사회단
체, 여성과 학생, 일반시민 등 다양한 사람들
이 일본대사관 앞에 모여 수요시위를 합니다.
2011년 12월 14일에는 1,000번째 수요시위
를 맞아 일본대사관 앞에 '평화비(소녀상)'를
세우고 일본 정부의 사과와 배상을 촉구하였
습니다. 이 밖에도 정대협은 세계연대집회를
해마다 열고, 추모제 등의 특별집회도 진행하
고 있습니다.

▲ 일본 대사관 앞에 세워진
평화비(소녀상)

2014년 5월 30일부터 6월 3일까지 일본 도쿄에서 열린 제
12차 아시아연대회의에서는 일본군위안부에 관한 역사적 사실
을 왜곡하고, 고노담화 수정을 시도하면서 국가적 책임을 부정
하고, '전쟁이 가능한 국가'로 폭주하고 있는 아베정권을 향해

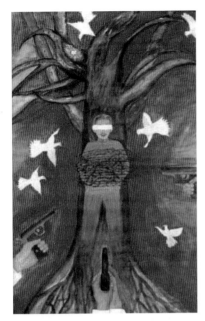

▲ 강덕경 할머니 〈책임자를 처벌하라 평화를 위하여〉

▲ 김순덕 할머니 〈만남〉

일본군위안부 문제 해결을 촉구하였습니다.

　　피해자 할머니들을 위한 움직임도 있었습니다. 일본군위안부 문제가 본격적으로 제기되던 1990년대 초 당시 생계조차 어려웠던 위안부 피해자 할머니들을 위해 보금자리를 마련해 주자는 취지로 불교계를 비롯해 국민들이 성금을 모았고, 마침내 1992년 10월 서울 마포에 '나눔의 집'을 마련하였습니다. 이후 1995년 12월 경기도 광주의 현 위치로 이사하였고, 현재 생존해 계신 일부 할머니들이 이곳에서 생활하고 있습니다. 나눔의 집에서는 '일본군위안부 역사관'과 비영리단체인 '국제평화인권센터'를 건립, 운영하고 있습니다.

　　1993년부터는 나눔의 집을 중심으로 자원봉사자들이 미술을 통한 심리치료와 그림수업을 진행하였습니다. 할머니들은 어린 시절 엄청난 충격을 경험하면서 정신적인 분노와 우울, 편집장애가 심한 상태였습니다. 그런 할머니들의 과거는 항상 검정 아니면 빨강이었습니다. 하지만 미술 심리치료를 통해 마음의 색깔에 조금씩 변화가 나타났습니다. 할머니들은 일본군에게 끌려가는 모습, 위안소의 모습 등 치유와 고발의 성격을 담은 작품을 그렸습니다. 이 작품들은 1998년~1999년 일본에서 〈할머니 그림전〉을 시작으로 미국 순회전, 국내 순회전 등을 통해 세상에 공개되었고, 일본군위안부의 실상을 알리는 중요한 매개체가 되었습니다.

2000년 12월 8일 일본 도쿄에서는 어느 국가와 정부도 실행하지 못한 역사적 사건이 일어났습니다. 바우넷 재팬(vaww-net japan, 전쟁과 폭력에 반대하는 일본여성네트워크)을 포함한 세계인권 단체들과 정대협에서 주최하고 아시아·태평양지역의 총 8개국에서 온 64명의 희생자, 2명의 용기있는 일본군위안부 가해자, 천 명 이상의 방청객, 3백 명이 넘는 기자들이 참석한 가운데 '일본군 성노예 전범 국제여성법정(여성국제전범법정)'이 개최된 것입니다. '이 재판은 50년 동안 연기된 정의의 실현이자 민중에 의한 재판이다.'라는 말로 재판이 시작되었습니다. 검사단은 사건 당시 일본 천황이었던 히로히토를 비롯한 8명의 피고인을 전쟁 범죄 혐의로 고발하였습니다. 12월 12일 여성국제전범법정은 '일본 천황 히로히토 및 일본국에 대해 강간 및 성노예 제도에 관한 인도 죄'로 유죄 판결을 선고하였습니다. 민간법정이었기 때문에 법적 구속력은 없었지만 일본군위안부 문제의 범죄성에 대해서 체계적으로 국제법적 판단을 시도한 사례였습니다.

2003년에는 그동안 할머니들의 증언과 각종 자료를 바탕으로 일본군위안부의 진실을 알려온 시민단체들이 박물관 건립 위원회를 발족하였습니다. 그리고 약 9년간의 모금과 노력 끝에 2012년 5월 5일 '전쟁과 여성인권 박물관'을 개관하였습니다. 이곳은 일본군위안부뿐 아니라 세계 곳곳의 전쟁 지역에서 벌어지는 여성 폭력에 관한 자료를 수집하고, 관련 내용을 조사 연구하는 한편, 교육 사업을 통해 미래세대에게 평화와 인권을 가르치는 배움터 역할도 하는 활동적인 박물관입니다.

일본군위안부 문제 해결을 위해
우리 정부는 어떤 노력을 하고 있을까?

한국 정부는 1991년 김학순 할머니의 증언이 나온 이후 피해자 할머니들에 대한 '생활안정지원법' 제정, 생활비 지원, 피해자 심리치료 등을 통해 지원을 시작하였습니다. 하지만 정작 일본의 사죄와 배상을 통한 일본군위안부 할머니들의 명예 회복에 관해서는 아무런 대응책을 마련하지 않고 있었습니다. 피해자 할머니들과 시민단체들은 2006년 헌법재판소에 한국 정부가 문제 해결을 위한 외교적 노력을 적극적으로 추진하지 않는다는 헌법부작위* 위헌소송을 제기하였습니다.

2011년 8월 30일 헌법재판소는 제기된 소송에 대해 "한국 정부가 문제 해결을 위한 국가의 의무를 충실하게 이행하지 않아 청구인들의 기본권을 침해했다고 하여 위헌임을 확인한다."고 판결함으로써 정부의 미흡한 조치에 대한 반성과 적극적 행동을 촉구하였습니다.

이후 한국 정부는 일본군위안부 문제가 국제법상 인도

헌법부작위
마땅히 해야 할 헌법상의 의무를 이행하지 않는 것. 여기서는 국가가 국민의 권리회복을 위해 마땅히 해야 할 일을 하지 않음을 말한다.

에 반하는 중대한 불법행위로서 '1965년 한일청구권협정'에서 해결된 것으로 볼 수 없으며 일본 정부의 법적 책임이 존재한다는 입장을 표명하고, 일본 정부에 일본군위안부 문제 해결을 위한 외교협의체 구성을 촉구하였습니다. 그때까지 일본 정부는 1965년 한일청구권협정에 근거하여 한국 및 한국인의 재산 청구권이 '완전히 그리고 최종적으로' 소멸되었다는 입장이었습니다. 이에 대해 한국 정부는 한일협정 당시 일본군위안부 문제는 논의의 대상도 되지 않은 채 은폐되었던 사건이고, 한일청구권협정은 한국과 일본 간의 재산 처분에 관련된 경제조약이지 일본의 인권법 위반 행위를 다루는 조약이 아니었다며 일본의 논리를 반박하였습니다.

급기야 한일 양국은 2014년부터 위안부 문제 해결을 위한 외교부 국장급 회의를 시작하였고, 2015년 12월 28일에 외교부 장관의 회담 형식으로 일본군위안부 피해자 문제 해결 방안에 합의했습니다. '위안부 문제는 당시 군의 관여가 있었고 일본 정부는 책임을 통감한다. 아베 내각총리대신이 마음으로부터 사죄와 반성을 표명한다. 한국 정부가 위안부 피해자들의 지원을 위한 재단을 설립할 때 일본 정부예산으로 10억 엔을 제공한다.'라고 일본 정부는 발표하였습니다. 한국 정부는 이에 대해 '일본 정부의 조처를 전제로 최종적·불가역적 해결을 확인한다. 주한일본대사관 앞에 설치되어 있는 소녀상 문제가 적절히 해결될 수 있도록 노력한다. 일본 정부의 조처를 전제로 국제사회에서 비난과 비판을 자제한다.'라고 하였습니다. 이번 합의가 '최종적·불가역적 해결'이라고 한일 양국은 선언하였습니다.

이와 같은 합의에 대해서 위안부 피해 당사자들은 물론 한일 양국의 시민단체와 학자와 개인들은 거세게 반발했습니다. 일본 정부의 발표문에 나오는 '일본 정부의 책임 통감'이라는 표현은 일본 정부의 '법적 책임'을 명확하게 표현한 것이 아니기 때문에 이전의 고노담화보다도 못하다는 평가입니다. '강제성=도의적 책임=(민간 업자에 의한) 인신매매'를 인정하고, 이를 제대로 관리 감독하지 못한 책임도 인정하지만 일본 정부의 '강제연행=법적 책임=전쟁범죄'는 인정하지 않은 것이기 때문입니다. 이를 증명이라도 하듯 아베 총리는 합의 발표 이후인 2016년 1월 의회에서 '지금까지 발견된 자료 중 강제연행을 직접 보여주는 기술은 없다.'라고 발언하였습니다.

한국 정부는 이처럼 중대한 합의를 하면서도 막상 피해자 할머니들이나 지금까지 문제 해결을 위해 노력해온 시민단체들과는 한마디 상의도 하지 않았습니다. 때문에 범죄 사실의 인정과 법적 책임, 그에 따른 법적 배상이라는 생존자들과 지원단체의 오랜 요구를 배제한, 가해자와 동조자들 간의 야합이라는 비판의 목소리까지 나오고 있습니다. 1965년 한일협정에 빗대 '백기를 든 한국 정부의 역사적 과오 되풀이'라는 비판도 있습니다. 일본군위안부 문제를 해결하려는 노력은 현재진행형으로 앞으로도 계속될 것입니다.

국제사회가 일본군위안부 문제에
관심을 갖는 이유는 무엇일까?

1991년 8월 김학순 할머니의 증언 이후 국제사회는 일본군위안부 문제에 대해 깊은 관심을 갖기 시작했습니다. 1992년 2월 유엔인권위원회는 라디카 쿠마라스와미를 여성폭력 문제 특별보고관으로 임명하여 일본군위안부 문제에 대한 조사를 시작하였고, 1996년 이에 대한 보고서인 '쿠마라스와미 보고서'를 채택하였습니다. 보고서에서는 문제 해결을 위해 일본군에 의하여 설치된 위안소가 국제법 위반임을 인정하고 법적 책임을 질 것, 일본군위안부 피해자들에게 공식 사죄와 배상을 할 것 등을 일본 정부에 제시하였습니다.

1998년 8월에는 유엔 차별방지·소수자보호 소위원회에서 '맥두걸 보고서'를 채택하였습니다. 이 보고서에서는 일본 정부가 인권법 및 인도에 관한 법에 중대한 책임이 있고 피해자 구제를 위해 결정적 조치를 취할 책임이 있다고 명시하면서 일본군위안부 책임자 처벌과 피해자에 대한 배상을 촉구하고 있습니다. 2014년 8월 나비 필레이 유엔 인권최고대표는 '사법 정의 및 배상이 이루어지지 않는 한 일본군위안부 문제는 피해자에 대한 인권침해가 계속되고 있는 현재의 문제'라는 인식을 바탕으로 일본 정부가 포괄적이고 영구적인 해결책을 강구해야 한다고 권고하였습니다.

국가가 조직적으로 여성에게 성노예의 삶을 강요함으로써 인권을 침해한 전례 없는 행위인 일본군위안부 문제에 대해 세계 각국이 격분하면서 문제 해결을 촉구하고 있습니다. 2007년 7월 미국 하원에서는 만장일치로 '위안부 결의안 제121호'를 채택하였습니다. 결의안에서는 일본 정부가 젊은 여성들을 '위안부'로 알려진 성노예로 만든 사실을 공식 인정하고 사과하며 역사적 책임을 질 것, 현세대와 미래세대를 대상으로 끔찍한 범죄에 대한 교육을 실시할 것을 촉구하였습니다. 그 뒤 2007년 9월에는 호주 상원, 11월에는 네덜란드 하원과 캐나다 하원, 12월에는 유럽의회에서 '위안부 결의안'을 채택하였습니다.

2008년 3월에는 일본 효고 현의 다카라즈카 시 지방의회에서도 '위안부 결의안'을 채택하였으며 2014년 1월까지 42개 지방의회에서 일본군위안부 문제 해결을 위한 의견서 혹은 결의안을 채택하였습니다. 일본에서도 의견서 또는 결의안을 채택했다는 것은 이 문제가 국가와 국가 간의 문제라기보다 인류 보편의 인권문제로 국적을 떠나 해결해야 하는 문제임을 의미합니다.

2010년 10월 23일, 해외에서는 최초로 미국 뉴저지 주 팰리세이즈 파크 도서관 앞에 일본군위안부 기림비가 세워졌습니다. 기림비는 일본군위안부 피해를 입은 여성들을 추모하고 인권보호 메시지를 지역사회에 널리 알리는 동시에 후세들에게 올바른 역사를 가르친다는 취지를 담고 있습니다. 팰리세이

▲ 전 세계에 세워지고 있는
'평화의 소녀상'과 '위안부 기
림비' 2014년 5월 현재(비주
얼 다이브 참고)

즈 파크 기림비를 시작으로 다른 지역에도 기림비와 소녀상이
세워지고 있습니다. 이는 일본군위안부 문제가 단순히 한일 간
의 문제가 아니라 인류 보편의 인권문제로 인식되고 있다는 증
거입니다.

우리는 문제 해결을 위해
무엇을 할 수 있을까?

열다섯 살에 중국으로 끌려가 일본군위안부 피해를 입은
이옥선 할머니는 우리들에게 이렇게 말했습니다. "내 이야기는
꼭 알려져야 합니다. 사실 너무나 고통스럽기에 이야기를 하고
싶지 않습니다만, 우리는 반드시 이야기를 해야 합니다. 이러한
일들이 다시 자행되지 않도록, 다른 여성들을 보호하기 위해서
말입니다. 진실은 반드시 알려져야 합니다."

2011년 서울의 일본대사관 앞에 세워진 평화비와 똑같은 평화비를 세운 글렌데일 시는 2007년 미 하원 결의안이 채택된 7월 30일을 일본군위안부 기념일로 제정해 기념하고 있습니다. 팰리세이즈 파크 기림비에는 "1931년부터 1945년 사이에 일본군위안부라는 이름으로 일본 제국주의 군대에 끌려갔던 수많은 여성들과 소녀들을 기리며. 그들은 어느 누구도 묵인해서는 안 될 인권 침해를 겪었습니다. 반인간적인 범죄를 절대로 잊지 맙시다."라고 쓰여 있습니다.

"우리가 원하는 건 진정한 사과뿐", "꽃은 아직 지지 않았다!", "역사를 잊은 민족에게 미래는 없다!", "더 늦기 전에 할머니들께 공식 사죄하고 법적 배상하라. 또래 친구들에게 왜곡된 역사를 가르치지 말라." 2014년 12월 24일 서울 종로구 일본대사관 앞에서 열린 제1,158차 일본군위안부 문제 해결을 위한 수요시위에 참가한 초등학생들은 추운 날씨에도 불구하고 일본군위안부 피해자 할머니들과 함께 피켓을 들고 일본대사관을 향해 소리쳤습니다. 일본 교토에서 온 야마모토 아유미 씨는 "예전에 위안부 문제에 대해 잘 알고 있다고 생각했지만 어제 나눔의 집에 가서 큰 충격을 받았다."며 "일본국민의 한 사람으로서 너무 창피하고 죄송해서 눈물이 나왔다."라고 말했습니다. 이어서 "할머니는 눈물을 흘리는 제게 오히려 '나쁜 것은 일본국민이 아니라 정부'라고 위로해 주셨다."며 "일본 정부는 왜 이 간단한 것을 알지 못하는지 화가 났다."라고 목소리를 높였습니다. 1992년 1월 시작된 수요시위는 2016년 2월 23일로 1,217번째를 맞이하였습니다.

국가차원의 진정한 사과란 무엇일까요? 일본 정부가 제국주의 침략전쟁 시기에 일본이 저지른 범죄행위를 인정하고 이에 대해 책임 있는 사과를 하는 것이 먼저입니다. '책임 있는 사과'에는 정부 책임자의 공식적인 사과와 배상, 재발방지를 위한 후속조처가 뒤따라야 합니다. 과거 범죄행위에 대한 진상규명, 역사교육을 통한 반성과 재발방지를 위한 의지 표현이 그것입니다. 하지만 일본 정부는 현재 이러한 사과를 외면하고 있습니다. 과거 범죄사실에 대한 인정이 눈부신 발전을 이룩한 근대 일본의 역사 전체를 부정하는 것은 아닐까 하는 우려 때문입니다.

국내와 세계에서 진행되고 있는 시위와 기념일 제정, 기념비 건립과 같은 행동은 일본군위안부 문제를 우리 모두가 기억하고 다시는 되풀이되지 않게 하기 위해 일본 정부에 사과와 배상을 촉구하는 중요한 일입니다. 또한 일본군위안부 문제가 보편적인 여성 인권 문제임을 인식시키고 평화롭고 인권이 존중받는 사회를 만들어가는 데 일본 시민 사회의 동참을 요청하는 일이기도 합니다.

2014년 8월 한국을 방문한 프란치스코 교황은 "평화란 단순히 전쟁이 없는 것이 아니라 '정의가 이루어진 상태'입니다. 정의는 우리가 과거의 불의를 잊지 않되, 용서와 관용과 협력을 통해 그 불의를 극복하라고 요구하는 것이지요."라고 말하였습니다. 일본 정부에 요구하는 진정한 사과에는 단순히 과거 범죄사실에 대한 인정과 반성뿐만 아니라 이를 토대로 인류 보편의 인권을 보호하고 평화를 수호하는 일에 일본이 앞장서 달라는 의미도 포함되어 있습니다. 일본 정부가 이러한 의미를 이해하고 받아들일 때 일본군위안부 문제에 대한 진정한 사과는 가능할 것입니다.

우리는 매주 열리는 수요시위에 참여할 수도 있고, 할머니들이 살고 계시는 '나눔의 집'이나 일본군위안부 역사를 기억하고 교육하는 '전쟁과 여성인권 박물관'에 가볼 수도 있습니다. 또한 각 지역의 시민단체 활동에 관심을 갖고 참여하거나 단체의 홈페이지에 들어가 할머니들을 비롯한 활동가들에게 응원의 글을 남길 수도 있습니다. 이 모든 행동은 일본의 사죄와 배상을 요구하는 것을 넘어 '보편적인 인권이 보장되고 정의가 이루어진 세계 평화'를 이루기 위한 한 걸음이 될 것입니다.

일본군위안부 문제 관련 사건 연표

1932.1. 제1차 상하이 사변. 일본 해군이 최초로 위안소 설치.

1990.11. 한국정신대문제대책협의회 결성. 일본군위안부 피해 문제 본격적으로 제기 시작.

1991.8.14. 김학순 할머니(당시 67세) 증언. 일본군위안부 피해자 최초 증언.

1991.12. 아시아·태평양전쟁 한국인 희생자 보상청구소송. 김학순 할머니를 비롯한 위안부 피해자가
일본 정부를 상대로 최초 소송 제기.

1992.1.8. 수요시위 시작.

1992.8. '정신대 문제 해결을 위한 아시아연대회의' 개최(서울). 피해국인 한국, 타이완, 필리핀, 홍콩과
일본의 시민단체가 참가.

1992.10. 나눔의 집 개소. 불교계를 비롯한 국민성금을 통해 서울 마포에 공간 마련.
(1995년 경기도 광주로 이전).

1993.8.4. 고노담화 발표. 일본 정부와 군이 일본군위안부 운영에 관여했음을 인정.

1995.7. 여성을 위한 아시아평화국민기금 발족. 일본 정부가 민간기금을 설립하여 위안부 문제 해결 시도.

1995.8.15. 무라야마 담화. 일본 정부가 전후 최초로 아시아·태평양전쟁과 그 이전의 침략,
식민지배에 대해 공식적으로 사죄.

1996.4. 쿠마라스와미 보고서 채택. 국제 단위에서 일본군위안부 문제 해결에 대한 촉구.

1998.8. 맥두걸 보고서 채택. 유엔 차별방지·소수자보호 소위원회에서 일본 정부에
인권문제에 중대한 책임이 있음을 지적하고 일본군위안부 책임자 처벌과 피해자 배상 촉구.

2000.12. 일본 도쿄에서 '여성국제전범법정' 개최. 일본 천황과 일본 정부에 유죄 판결을 내린 민간법정.

2007.7. '위안부 결의안 제121호' 채택. 미국 하원에서 만장일치로 일본군위안부 문제에 대한
일본 정부의 해결을 촉구.

2010.10. 해외 최초로 미국 뉴저지 주 팰리세이즈 파크에 위안부 기림비 건립.

2011.8.30. 일본군위안부 헌법부작위 판결. 일본군위안부 문제 해결을 위한 정부의 미흡한 조치에 대해
반성과 적극적 조치를 촉구.

2011.12.14. 1,000번째 수요시위, 일본대사관 앞에 평화의 소녀상 건립.

2012.5.5. 전쟁과 여성인권 박물관 개관.

2014.6. 고노담화 검증 보고서 발표. 일본 정부가 고노담화의 내용을 수정하려 시도함.

2015.12.28. 일본군위안부 문제 해결에 대한 한일 외교부장관 합의. 피해자와 연구자, 시민단체의 의견을
무시한 졸속 합의로 비판받음.

쟁점2

: 강제동원

전쟁, 총동원,
강제로 끌려간
사람들

기술자의 꿈을 안고 일본에 간
조선 청년

　　일곱 살에 아버지가 돌아가시고 가난에 끼니조차 해결하기 어려웠던 여운택 할아버지는 이발사 조수로 일하고 있었지만 벌이가 시원치 않았습니다. 할아버지는 20세가 되던 1943년 9월 우연히 일본제철 오사카 공장에서 노동자를 모집한다는 신문광고를 봤습니다. 거기에는 '2년간 근무하면 기술자 자격을 딸 수 있고 일을 마치고 조선으로 돌아오면 제철소에서 기술자로 대우받을 수 있다.'고 되어 있었습니다. 할아버지는 광고를 보자마자 모집 장소로 가서 간단한 심사를 거친 뒤 오사카로 갔습니다.

　　오사카 공장에 도착해서 4인 1조 기숙사 배정을 받은 할아버지는 창문에 나무로 만든 창살이 설치되어 있는 것을 보고, 순간 뭔가 잘못된 것 같다는 느낌을 받았습니다. "참 힘들었어. 감금상태에서 야구방망이 같은 '정신봉'으로 맞아가며

온종일 일만 했어. 하루 치 식량을 사흘로 나눠주는 통에 배고
픈 기억밖에 없어. 그래도 벽에다 저금 액수를 적어주면서 열
심히 일하면 나중에 준다고 하니까 그런 줄만 알고 손이 발이
되게 일만 했지."

할아버지는 뜨거운 용광로에 고철을 넣고 녹이는 작업을
했습니다. 한번 시작하면 뜨거운 열기 속에서 꼬박 3시간을 계
속해서 일해야 하는 무척 고통스러운 일이었습니다. 기숙사 사
감은 월급조차 '그대로 다 주면 모두 쓸데없는 데 써버린다.'라
고 하면서 강제로 저금을 시켰습니다. 1945년 3월부터 공습이
시작되어 공장이 파괴되자 6월에 조선인 노동자들은 함경북
도 청진의 공장으로 옮겨졌습니다. "계약기간(2년)이 끝나면 임
금을 준다."는 제철소 말만 믿고 계속 일했지만 전쟁이 끝나자
일본인 공장 직원들은 일본으로 도망을 갔습니다. 할아버지는
1945년 9월에 간신히 고향으로 돌아왔습니다.

1997년 12월, 할아버지는 그때까지 받지 못했던 2년 치
임금 495.52엔*이 오사카 공탁소*에 남아있다는 사실을 알았
습니다. 속아서 강제로 끌려갔지만 정당하게 일한 임금은 돌려
받아야겠다는 생각에, 할아버지는 당시의 동료들과 함께 오사
카 지방법원에 임금반환 소송을 제기했습니다. 2003년 10월
일본 최고재판소는 '한일협정 체결로 인해 일본 정부의 배상책
임은 없다.'면서 할아버지의 패소를 선고하였습니다. 하지만 할
아버지는 재판과정에서 3년 3개월간 후생연금*에 가입했던 사

495.52엔
당시에는 쌀 10킬로그램이 약
3.5엔이었다. 그때와 지금 쌀의
가치가 다르긴 하지만 오늘날
로 따지면 대략 2000만 원이
넘는 금액이다.

공탁소
지방법원이 관리 감독하는 기관
으로 채무자가 채권자를 잘 모
르거나 채권자가 수령하기 어려
운 경우, 유가증권이나 물품 등
을 맡겨두는 곳으로, 채무를 면
할 수 있게 해주는 기관이다.

후생연금
1942년 일본 정부는 노동자연
금보험을 만들고, 모든 노동자
들에게 의무적으로 가입하게 하
였다. 표면상으로는 노동자들에
게 은퇴 후 연금을 지급한다는
취지였지만 실제로는 전쟁비용
조달이 목적이었다. 1944년에
노동자연금보험은 후생연금으
로 이름이 바뀌었다.

실을 확인하고, 이번에는 연금반환을 요청하였습니다. 우여곡절 끝에 돈을 돌려받았지만 일본 정부는 60년 넘는 기간의 화폐가치 변화를 무시하고 당시 액면가 그대로 316엔, 우리 돈 3,420원을 지급하였습니다. 할아버지는 2012년 한국 법원에 다시 임금반환 소송을 제기하였고, 승소하여 피해자 1인당 1억원의 위자료를 지급하라는 판결을 이끌어내 일본 전범기업으로부터 최초로 배상 판결을 받았습니다. 그러나 신일본제철(옛 일본제철) 측이 항소하여 2016년 3월 현재 아직도 재판이 진행 중입니다. 여운택 할아버지는 17년간 끌어온 소송의 끝을 보지 못하고 2013년 12월에 안타깝게 숨을 거두었습니다. 그러나 할아버지의 뜻을 이어받은 유족과 생존한 다른 동료들이 소송을 이어가고 있습니다.

강제동원이란?

1930년대 후반부터 1945년 일본이 패전할 때까지 각종 법률에 근거하여 조선인을 전쟁물자 생산에 강제로 동원한 정책 및 활동을 '강제동원'이라고 한다.

일본은 1930년대 후반부터 아시아·태평양 전역으로 전쟁을 확대하였고, 이로 인해 노동인력이 부족해지자 식민지 조선인을 전쟁물자 생산에 동원하기로 결정했다. 1938년 4월 '국가총동원법'으로 조선인 노동력 동원의 근거를 마련한 일본 정부는 1939년 7월 '조선인 노무자 내지 이주에 관한 건'을 발령하여 '모집·관 알선·징용'과 '근로보국대' 형식으로 조선인을 동원하고, 노동력을 착취했다.

모집과 알선(소개)의 형식임에도 불구하고 '강제동원'이라고 하는 것은 당시 일본 정부와 조선총독부가 사용한 강제적인 정책 수행 방식 때문이다. '징병', '징용'의 '징(徵)'은 '자신의 의사와는 상관없는 동원'을 의미하는 것으로, 협박과 폭력을 동원한 물리적 강제뿐만 아니라 사기와 거짓말 등을 통해 본인의 자유로운 의사에 반하여 이루어진 모든 종류의 행위는 '강제' 행위이다. 조선인 강제동원은 한반도뿐 아니라 일본, 사할린, 만주, 중국, 동남아, 태평양의 작은 섬 등 당시 일본이 점령하고 있던 모든 지역에서 이루어졌다.

강제동원 방법

1) 모집

기업체가 일본 후생성(한국의 보건복지부에 해당)으로부터 노동력 할당 인원수와 고용허가를 받고, 조선총독부로부터 모집허가를 취득한 다음, 지정받은 지역에서 노동자를 모집하여 일본으로 동원하는 방식.

초창기 모집 지역은 조선 남부의 곡창지대였다. 1939년 경기, 충청, 전라, 경상 각도에 불어닥친 큰 가뭄으로 흉년이 들어 경제적으로 어려운 상태에 놓인 사람들이 많았기 때문이다. 조선총독부는 가뭄으로 인한 이재민을 처리하기 위해 가뭄피해가 큰 지역을 모집 할당 지역으로 지정하였고, 사업주들은 농민들의 궁핍한 참상을 이용하여 노동자를 모집하였다. 처음에는 멋진 광산시설, 높은 임금, 계약기간 2년, 일본 유학, 가족동반 등 거짓선전에 순순히 따라나선 사람들이 많았으나 막상 작업장에 도착해 보니 선전했던 것과는 완전히 딴판이었기 때문에 도망자가 속출하였다.

2) 관(官) 알선

사업자 혹은 대행단체(청부업자)가 조선총독부에 조선인 노동자를 신청하면, 조선총독부가 모집 지역과 인원을 허가하고, 행정기관과 경찰 등을 동원하여 노동자를 선정하여 보내는 방식으로 정부기관이 적극적으로 개입한 조직적인 동원 방식.

전쟁 확대로 노동력 부족은 더욱 심각해졌으나 노동현장의 가혹한 환경이 알려지면서 '모집'으로 인한 동원 인력이 줄자 조선총독부는 1940년 「노동자 알선 요강」을 공포하고 '관 알선'으로 노동력을 동원하기 시작했다. '관 알선'은 조선총독부 책임 아래 지방관청이 직접 할당인원을 모아 사업주에게 인도하는 방식이었기 때문에 해당 지역 경찰과 면 직원이 할당인원을 채우기 위해 납치하다시피 끌고 간 강제연행이었다. 지역도 강원도와 황해도가 추가되었다.

3) 징용

'징용(徵用)'이란 국가권력이 강제로 군수산업에 노동자를 동원하는 정책이다. 일본 정부는 1939년 7월 '국민징용령'과 '국민직업능력신고령'을 발표하여 초기에는 기술직 중심으로 징용을 하였으나 침략전쟁이 막바지에 이른 1944년 2월 '국민징용령'을 개정하여 일반 노동자까지 징용 범위를 확대하였다.

일반 노동자 징용은 조선총독부가 '중점산업'으로 인정한 공장 등지에서 일하는 현직 노동자를 그대로 징용하는 '현원징용'과 조선총독부가 노동자를 행정처분으로 직접 동원하여 사업장에 강제 배치하는 '일반징용', 두 가지 방식으로 이루어졌다. 징용은 모집이나 관 알선과 달리 법적 의무가 있었기 때문에 징용을 거부할 경우 1년 이하의 징역이나 1,000엔 이하의 벌금을 부과받았다.

▲ 징용고지서
1944년 4월 홋카이도청장관 발행. 김병택에게 홋카이도 유바리 탄광에 군수사업종사자로 근무하라는 내용이 적혀있다.

4) 근로보국대

동원 명령이 있을 때마다 한반도 내에서 차출하여 강제동원하는 방식. 동원 기간은 대부분 연 1개월 또는 2개월로 일반인뿐만 아니라 학생들도 대상이 되었다. 근로보국대는 1938년 6월 일본 정부의 '근로보국대실시요강' 발표로 시작되었지만 1941년 12월 '국민근로보국협력령'을 발표하며 본격적인 근로보국대 강제동원이 이루어졌다. 동원 대상은 14세~50세 미만의 남자와 14세~25세 미만의 미혼 여자로 공장, 토목건축, 도로교량건설, 하천수리, 황무지개척 등에 동원되었다.

얼마나 많은 조선인들이 강제로 끌려갔을까?

전쟁 시에는 막대한 병력 외에도 이들에게 필요한 군수품을 보급하기 위한 산업, 특히 공업과 운수업에 다수의 노동력이 필요합니다. 제1차세계대전 때는 병사 1명당 약 3명의 군수

노동자가 필요했으나, 제2차세계대전 때는 무기의 발달로 인해 병사 1명당 13명의 노동자가 필요했습니다. 전차 1대를 생산하기 위해서는 50명이면 족했지만, 비행기 1대를 생산하는 데는 100명가량의 노동자가 필요했습니다.

일본 정부는 만주사변과 중일전쟁으로 노동력이 부족해지자 조선을 가장 중요한 노동력 공급지로 생각했습니다. 지리적으로도 가깝고 노동자의 질도 다른 동아시아 민족에 비해 뛰어나다고 평가했기 때문입니다.

강제동원의 규모는 정확히 밝혀지지 않았습니다. 그 이유는 1945년 패전 후 일본 정부가 사실을 감추기 위해 고의적으로 자료를 없애버리기도 했지만 당시 조선인 강제동원이 무차별적으로 진행되었기 때문이기도 합니다.

규슈의 미이케 탄광에서 인사과장으로 일하던 도미타 와타루는 1993년 자신이 강제동원한 우판근 씨에게 기업의 강제동원 사례에 대해 다음과 같이 증언하였습니다.

"내가 조선 현지에 직접 가서 사람들을 데려왔어요. 직접 가야 많이 모을 수 있기 때문이었지요. 여러 번 가서 총 4,000명을 데려왔습니다. 말이 데려온 것이지 실제로는 잡아온 셈입니다. 갈 때마다 지역 면장, 일본 헌병 등 힘깨나 있는 사람들을 만나 돈과 선물을 건네주고 협조를 받았어요. 대낮에 면 단위 시골마을에 가면 미리 소식을 들은 남자들이 다 도망가고 없었는데 조선인 면장이 '걱정 마라. 결혼한 지 일주일밖에 안 된 남자도 있는데, 밤이 되면 집에 온다.'라고 정보를 주었어요. 밤중에 면장이 알려 준 집에 헌병과 같이 가서 일본도를 들이대고 잡아온 경우도 있어요. 길에서 지나가는 조선인을 잡아 트럭에 실어오기도 했고요. 마을을 떠날 때는 협조한 사람들한테 '다음에 또 올 테니까 그때 또 부탁드립니다.' 하고 얘기해 두고 왔습니다."

강제동원 규모(연인원, 중복 동원인원 포함)

(단위: 명)

노무동원			계	군무원 동원		계
한반도 내	도내동원	5,782,581	6,508,802	일본	7,213	63,312
	관 알선	422,397		조선	15,112	
				만주	3,852	
	국민징용	303,824		중국	735	
				남방	36,400	
한반도 외	국민징용	222,217	1,045,962	군인동원		계
				육군특별 지원병	16,830	209,279
				학도 지원병	3,893	
	모집·알선	823,745		육군징병	166,257	
				해군 (지원병 포함)	22,299	
총계			7,827,355			

(정혜경, 「일제말기 강제동원 문제 해결을 위한 한국 정부의 역할」, 2014)

한국과 일본의 연구 성과에 따르면 1939년부터 1945년까지 약 6년간 강제동원된 조선인은 연인원 700만 명을 넘습니다. 국내동원의 경우 1인당 두세 차례씩 여러 번 차출된 경우가 대부분이었기 때문에 연인원이 아닌 실제 인원수는 200만 명 정도로 추정합니다. 그렇다 하더라도 당시 약 2000만 명이었던 한반도 인구를 감안하면 조선인 강제동원은 '전 민족적 수난'이었습니다. 이렇게 끌려간 조선인들은 일본, 남사할린, 동남아시아, 중국 만주, 태평양의 작은 섬들에 산재해 있던 탄광, 광산, 공장, 농장 등지에서 침략전쟁을 위한 도구로 이용되었습니다.

강제동원된 조선인 노동자들은
어떻게 생활하였을까?

"나는 열네 살에 징용을 갔어. 매일 12시간씩 2교대로 일을 했지. 막장이 좁아서 서 있지도 못하고 바닥에 엎드리거나 옆으로 누워서 탄을 캤어. 매일 노르마(할당량)가 있는데 그걸 채우지 못하면 나올 수도 없었어. 너무 힘들어서 제방 위로 멀리 조선 쪽을 보면서 몇 번이나 바다에 뛰어들어 죽으려고 생각했었어."

일본 규슈의 하시마 탄광(일명 '군함도')으로 끌려갔던 서정우 할아버지는 당시 생활을 이렇게 증언했습니다. 시모노세

키의 후지코시 군수공장으로 끌려갔던 김정주 할머니는 월급
을 한 번도 받아본 적이 없었다고 했습니다. 밥도 너무 적게 줘
서 들판에 자라는 쑥을 캐서 먹은 게 한두 번이 아니었다고 합
니다.

2003년 출간된 한수산의 소설 『까마귀』에는 강제동원된
노동자들의 삶이 다음과 같이 묘사되어 있습니다.

『까마귀』
2016년 5월 『군함도』라는 제목
으로 재출간되었다.

우석은 젖은 머리를 털며 된장국 속으로 텀벙 들어섰다. 먹
는 된장국이 아니다. 욕탕의 대형욕조 속으로 들어가는 것
을 된장국에 들어간다고들 했다. 묵은 때를 불리거나 더운물
에 피로를 빼기에는 너무 더럽고 껄쩍지근할 정도로 거무튀
튀했다. 수많은 인부들이 탄가루가 가시지 않은 몸으로 욕조
에 들어가는 것이 원인의 하나이기도 했지만 워낙 물이 부족
한 시설이어서 탕의 물을 자주 갈아 댈 수가 없었다. (중략)
매일 아침 4시에 기상하여 세수하고 점호 받고 급히 밥을 먹
고는 화장실 갈 틈도 없이 내몰려 갱내 전차를 타고 현장으
로 갔다. 날이 갈수록 밥 상태가 점점 나빠졌다. 콩밥은 그나
마 괜찮은 편이었는데, 무밥이나 당근밥으로 바뀌고서는 동
료들이 영양실조로 쓰러지기 시작하였다.

탄광으로 끌려간 조선인의 90%는 일본인이 위험하다고
기피하는 갱내 인부로 일했습니다. 제강소에서는 가장 힘든 용

광로 작업이나 프레스 작업에 종사했습니다. 제공되는 식사는
조선에서 먹던 양의 1/3에도 미치지 못했습니다. 그것도 주로
기름을 짜고 찌꺼기만 남은 콩깻묵에 극소량의 쌀을 섞은 것이
거나 밥보다 콩이 많은 콩밥이었습니다. 반찬은 멀건 된장국과
단무지 정도였습니다.

조선인 노동자들의 숙소는 일본어로 '다코베야(タコ部屋)'
라고 불렀는데 '다코(タコ)'는 일본어로 '문어', '헤야(部屋)'는
'방'입니다. '다코베야'는 문어를 잡는 데 사용하는 항아리처럼
한번 들어가면 나올 수 없다는 뜻으로 쓰인 말입니다. 숙소는
열악하기 짝이 없었습니다. 창문에는 모두 쇠창살이나 나무창
살이 설치되어 있었고, 탈출을 막
기 위해 밤새 경비원이 감시견을
데리고 건물 주변을 감시하였습
니다. 수용인원을 초과한 거주자
들로 인해 화장실, 욕실에서는 늘
악취가 진동했습니다. 일본 측 자
료에 따르면 의료시설을 갖춘 곳
도 열 곳 중 한두 곳뿐이었습니다.
생활필수품 배급도 매우 부족하
여 작업복 배급량이 1인당 공장노
동자 0.53벌, 광산노동자 0.16벌,
토목건축노동자 0.06벌에 지나지

▼ **다코베야 내부 도면**
다코베야의 구조는 지역, 시기
등에 따라 다양하였다. 도면은
일본 홋카이도 소재 송전선 공사
장 다코베야의 내부 구조이다.

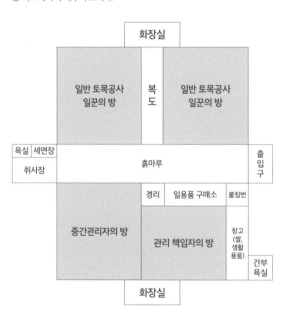

않았습니다. 작업복을 한 벌도 받지 못한 노동자가 더 많았던 것입니다.

애초에 기업 측이 조선인 노동자들에게 선전한 월급은 50~70엔 전후로 당시 교사월급이 20여 엔, 군수 월급이 105엔인 것과 비교하면 상당히 높은 수준이었습니다. 그러나 작업현장에서 조선인 노동자는 미숙련자로 분류되어 약속한 월급의 70%인 35~50엔밖에 받지 못했습니다. 게다가 조선에서 해외 각 지역의 작업장까지 이동할 때 들어간 교통비, 식비 등의 모든 비용과 작업복과 신발값 등이 '선대금(先貸金)'이라는 명목으로 청구되었습니다. 심지어 삽과 곡괭이 같은 작업도구도 회사에 돈을 내고 빌리는 구조였습니다. 그래서 숙식비, 용품 대여비, 각종 명목의 강제저축 등을 공제하고 나면 실제 받는 돈은 얼마 없었습니다. 조선인들이 매월 손에 쥐는 돈은 고작해야 3~5엔으로 최소한의 용돈 수준이었고, 심지어 단돈 1엔도 지급하지 않는 작업장도 있었습니다. 현금을 갖고 있으면 도망간다고 생각해서 주지 않았기 때문입니다. 강제저축시킨 예금통장은 회사가 보관하였고 인출은 관할 경찰서장의 승인을 받아야 했습니다. 「반도인노무자에 관한 조사보고」(1940, 일본광산협회)에는 조선인 노동자 평균 월수입(70.67엔) 가운데 32.09엔(45.9%)을 공제한 38.58엔 중에서 5엔만을 지급하고 나머지는 각종 명목으로 예금하여 노무계가 보관하였다는 기록이 있습니다.

홋카이도 가모이 탄광에서 광부로 일했던 조선인 노동자의 1945년 3월 급여명세서. 총 임금 31엔 60전, 공제금은 37엔 2전으로 공제금이 임금을 초과하였다. 차액인 5엔 42전은 붉은 글씨로 기재되어 있다.

조선인들은 일본인들이 위험하다고 기피하는 일을 떠맡아 했기 때문에 희생자도 많았습니다. 홋카이도 탄광에서 사망한 조선인은 일본 측이 남긴 문서에서 확인된 인원만 1,200명이 넘습니다. 광산이나 토목공사장 등에서 사망한 숫자를 합하면 2,000명이 넘고, 같은 시기 일본인을 포함한 홋카이도 지역 전체에서 사망한 노동자 수(약 3,500명)의 반이 훨씬 넘습니다.

야마구치 현의 주요 탄광 중 하나인 조세이 탄광은 바다 밑 10여 킬로미터까지 갱도가 뚫려있는 해저탄광입니다. 조세이 탄광은 당시 야마구치 현 59개 탄광에서 채탄량 3위를 기록할 정도로 중요한 탄광이었지만 천장에 갱목도 대지 않을 정도로 관리가 허술했습니다. 이곳은 '조선탄광'이라고 불릴 정도로 조선인 노동자가 많았습니다. 작업이 위험하고 환경도 열악하여 일본인 광부들이 꺼리자 1939년부터 조선인 노동자들을 강제동원하여 일을 시켰기 때문입니다. 1942년 2월 이곳에서 바닷물의 수압을 견디지 못하고 탄광 갱도가 무너지는 사고가 일어나 183명이 사망했는데, 그중 무려 136명(74%)이 조선인이 었습니다. 하지만 70년이 지난 현재까지도 사고로 매몰된 희생 자들에 대한 유골발굴조사는 이루어지지 않았습니다. 탄광이 있던 바다에는 당시 사용되던 검은 굴뚝 같은 환기구가 그때의 참상을 말없이 보여주고 있습니다.

어떤 기업들이
조선인을 동원하였을까?

1937년 중일전쟁 이후 일본인 남성들이 전쟁터로 끌려가 자 일본 기업계는 정부에 일손 부족과 노동력 보충을 호소하였 습니다. 일본 탄광사업주들의 모임인 석탄광업연합회 상무이 사는 "이번 중일전쟁에 탄광에서 명예로운 출정자들을 많이 보 냈습니다. 이로 인해 작업상의 타격이 그 어느 산업보다 큽니 다. 당국에 이에 대한 응급책으로 '반도(한반도) 노무자의 단체 이입' 등을 간청합니다. 또한 석탄광업은 다른 공장에 비해 노 동자 모집에서 항상 불리하기 때문에 매년 상당수의 조선인 노 동자 이입을 단행해야 합니다."라고 하였습니다.

한국 정부는 강제동원조사위원회를 통해 2005년 2월부 터 2010년 2월까지 노무동원 피해신고를 받았습니다. 이때 신

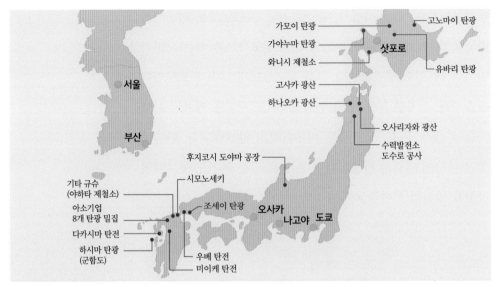

가모이 탄광
가야누마 탄광
와니시 제철소
삿포로
고노마이 탄광
유바리 탄광

고사카 광산
하나오카 광산
오사리자와 광산
수력발전소
도수로 공사

후지코시 도야마 공장
시모노세키
기타 규슈
(야하타 제철소)
아소기업
8개 탄광 밀집
다카시마 탄전
하시마 탄광
(군함도)
조세이 탄광
우베 탄전
미이케 탄전
오사카
나고야
도쿄

서울
부산

▲ 주요 강제동원 지역

고된 6만 3574건을 기초로 정리한 '국외 강제동원 주요기업 현황'에 따르면 지금도 일본 최대 재벌기업으로 손꼽히는 미쓰비시, 미쓰이, 스미토모, 신일본제철(옛 일본제철)이 조선인을 가장 많이 동원한 것으로 나타났습니다. 이들 재벌을 포함하여 23개 기업에서 1만 2598명을 강제동원한 것이 밝혀졌는데 위원회가 분석하여 발표한 자료는 전체 강제동원 피해자 규모에 비하면 빙산의 일각에 지나지 않습니다. 2014년 12월 위원회가 새롭게 발간한 「강제징용 기업 명단 및 일본 내 강제노역지 현황조사 보고서」에 따르면 조선인을 강제동원한 일본 기업 중 현재까지 존속하는 기업은 총 291개로 닛산, 도요타, 니콘, 도시바 등이 포함되어 있습니다.

일본에서 2006년 발간한 『전쟁책임연구』에 따르면 우리

나라가 아리랑3호 위성 발사 사업자로 선정한 미쓰비시 중공업의 모기업인 미쓰비시도 총 10만 명에 달하는 조선인을 강제동원하였습니다. 1944년 당시 미쓰비시 기업의 본거지였던 나가사키 현에 조선인 노동자와 그 가족 7만 5000명이 거주하였고, 조선소에만 4,700명이 배치되어 있었다고 합니다. 이 밖에도 미쓰비시 광업에 소속된 다카시마 탄광, 하시마 탄광에 강제동원된 조선인 광부 및 가족의 수는 3,500명에 달했습니다.

1946년 연합군총사령부 명령에 따라 일본 후생성이 작성한 '조선인 노동자에 관한 조사결과'에 따르면 아소 다로 전 일본 총리 가문이 경영하고 있는 아소 탄광은 1939년~1945년 동안 1만 623명의 조선인을 강제동원하였습니다. 1944년 후쿠오카 현청의 기록에 따르면 아소 탄광에서 일하는 조선인 노동자는 총 7,996명으로 당시 단일 기업에 강제동원된 숫자로는 일본 최대 규모였습니다. 그러나 탈주 4,919명, 발견재취로(탈주자를 잡아서 다시 탄광에 보냄) 643명, 사망 56명 등으로 인해 실제로 일하는 조선인 노동자는 2,903명뿐이라고 기록되어 있습니다. 이러한 내용은 월급은 적고 노동자들을 가혹하게 다루는 것으로 악명 높았던 아소 탄광의 실태를 짐작하게 해 줍니다. 실제로 아소 탄광에 강제동원되었던 공재수(92세) 할아버지는 "석탄가루 날리는 막장에서 하루 12시간 넘게 일했지. 한숨 돌릴라치면 어김없이 몽둥이가 날아왔어. 도망치다 붙잡히면 죽도록 매질을 당했지. 매질도 직접 하지 않고 조선인들에게 동료를 때리도록 시켰어. 혹독하게 일을 시키면서도 하루 두 끼 콩깻묵도 제대로 주지 않았어."라며 끔찍했던 당시 상황을 증언했습니다.

일본 주요 기업별 국외 강제동원 현황

(단위: 명)

기업명	동원자 수	주요 사업장(동원 인원)
미쓰비시	3,355	히로시마 조선소(95)
		나가사키 조선소(77)
		하시마 탄광(71)
		다카시마 탄광(51)
미쓰이	1,479	미이케 탄광(288)
		다마노 조선소(143)
		도요고압 공업(26)
스미토모	1,074	고노마이 탄광(254)
		이나우시 광산(4)
		야소시 광산(1)
아소	189	아카사카 탄광(53)
		요시쿠마 탄광(45)
		구바라 탄광(15)
후지코시	116	후지코시 공장(116)
일본제철	657	야하타 제철소(351)
		와니시 제철소(158)
		가마이시 제철소(170)
도와광업	113	하나오카 광산(113)
북해도 탄광기선	1,875	유바리 탄광(703)
		호로나이 탄광(662)
		소라치 광업소(134)

(『국민일보』)

강제동원된 노동자들이 받지 못한 임금은
어떻게 되었을까?

'50엔 1개, 10엔 4개, 5엔 1개, 1엔짜리 동전 4개, 총 99엔'

우리 돈 1,000원쯤 되는 이 돈은 1944년 5월 30일, 전남 나주에서 징용되어 일본 나고야에 있던 '미쓰비시 중공업 나고야 항공기 제작소'에서 강제 노동을 했던 양금덕 할머니가 2009년 12월 일본 정부로부터 받은 후생연금 탈퇴수당입니다. 1940년대에 99엔은 소 두 마리 값에 해당하는 돈이었습니다. 그런데 일본 정부는 65년간의 물가 인상을 고려하지 않고 달랑 99엔을 할머니에게 지급한 것입니다.

"일본만 가면 학교도 보내 주고 돈도 벌 수 있다고 했어. 그래서 갔는데 월급이 다 뭐야, 아무것도 못 받고 개돼지처럼 일했어. 월급을 달라고 하니까 니네들 월급은 우리가 잘 보관하고 있다. 귀국할 때 다 주겠다고 하는 거야. 일본 사람들 정직하고 착하다길래 그 말만 믿고, 정말 인간 이하의 취급을 받아가면서 일을 했는데… 99엔이 뭐야, 99엔이 뭐냐고!"

열네 살에 끌려갔던 양금덕 할머니는 일본 정부로부터 받은 후생연금 탈퇴수당 99엔을 갖고 미쓰비

▲ 양금덕 할머니 99엔 시위

시에 반성과 사죄를 촉구하러 가는 길에 이렇게 외쳤습니다.

전쟁이 한창이던 1942년 일본 정부는 '노동자연금보험'을 도입했습니다. 이 제도를 도입한 가장 큰 목적은 전쟁비용 조달이었습니다. 민간기업에 근무하는 모든 종업원은 노동자연금보험에 필수적으로 가입해야 했고, 월급에서 무려 11%가 원천 징수되었습니다. 일본 정부가 민간인에게서 전쟁비용을 강제로 가져간 것과 다를 바 없는 일이었습니다. 노동자연금보험은 1944년에 후생연금으로 이름이 바뀌었습니다. 1944년 당시 후생연금 가입자 수는 844만 명으로, 강제동원되어 일본 기업체에서 일하던 조선인들도 대부분 가입했습니다.

강제동원 피해자들은 일본 정부와 기업체를 상대로 손해배상청구소송을 제기하면서 소송과 별도로 일본 정부에 후생연금 탈퇴수당을 돌려달라고 요구하였습니다. 그러자 일본 후생성은 검토 끝에 본인이 신청할 경우 탈퇴수당을 지급하기로 결정하고 1996년부터 지급을 시작하였습니다. 후생연금 탈퇴수당은 한일회담 청구권협정으로 '소멸'된 재산·권리에 포함되지 않는다고 판단했기 때문입니다. 하지만 양금덕 할머니의 사례에서 보듯 이마저 제대로 된 지급은 아니었습니다.

일본 시민단체인 '강제동원 진상규명 네트워크*'는 2008년 11월 일본국립공문서관 쓰쿠바 분관에 보관되어 있던 「노동성 조사 조선인에 대한 임금미불 채무조」라는 조선인 강제동원 피해자들에게 미지불된 임금 내역에 관한 자료를 찾았습니다. 이

강제동원 진상규명 네트워크
2004년 정부에서 '일제강점하 강제동원 피해 진상규명을 위한 특별법'을 제정한 이후, 2005년 7월 일본인들이 자체적으로 강제동원 실태조사를 위해 조직한 시민단체.

자료에 따르면 1949년 말 일본 대장성이 조사한 미불임금은 당시 액면가로 2억 4135만 엔, 현재 화폐 가치로 따지면 우리 돈으로 무려 3~4조 원이나 됩니다.

1945년 패전 이후 일본을 통치하고 있던 연합군총사령부 (GHQ)*는 '일본 탄광 조선인 노동자의 예금·적금과 임금의 지불'이라는 각서를 통해 일본 기업체들에게 조선인에게 지급해야 할 임금을 연합군총사령부 감독 아래 있던 법원에 맡길 것(공탁)을 명령하였습니다. 공탁(供託)이란 채무변제 등을 위해 돈을 줘야 하는데 채권자의 신원이나 소재를 정확히 알 수 없는 경우 법령에 따라 금전이나 유가증권 등을 법원에 맡겨두는 제도입니다. 이 돈은 1952년 일본 정부에 양도되어 현재 일본은행에 예치되어 있습니다.

한국의 강제동원 피해자들은 미불임금을 받기 위해 일본 법원에 소송을 제기하였습니다. 그러나 일본 최고재판소는 법원의 공탁 시효는 10년이고, 1965년 한일청구권협정을 통해 한일 양국 간의 청구권 문제가 해결되었다는 입장을 이유로 모두 원고 패소 판결을 내렸습니다. 그러나 일본 정부는 판결 후에도 일반적으로 시효가 지난 공탁금을 국가재정에 흡수시키는 것과 달리 이 돈을 국고에 귀속시키거나 소멸시키지 않고 법무국 소관으로 계속 보관하고 있습니다. 정당한 임금과 저축인 공탁금을 한국인 강제동원 피해자들에게 돌려주자니 그동안 한일청구권협정으로 관련 문제가 다 해결되었다고 했던 자

연합군총사령부
(GHQ, General Headquarters / SCAP, Supreme Commander for Allied Powers)

1945년 10월 2일부터 샌프란시스코 강화조약이 발효된 1952년 4월 28일까지 6년 반 동안 일본에 있었던 연합군의 최고위 사령부. 최고기관은 아시아·태평양전쟁에 참가했던 11개국 대표로 구성된 극동위원회였으며, 미·영·중·소 4개국 대표로 구성된 대일이사회가 정책집행을 감독하였다. 그러나 실제로는 연합군총사령부 사령관인 맥아더가 전권을 행사하였다.

신들의 주장을 뒤집는 꼴이요, 그렇다고 국고에 귀속시켜 소멸시켜 버리자니 미래의 한일관계에 어떤 부담으로 작용할지 몰라 그냥 방치하고 있는 셈입니다. 미불임금은 강제동원 피해자 개개인의 노동에 대한 임금이기 때문에 지급을 거부하고 있는 일본 정부와 기업체는 반인도적 불법행위를 저지르고 있는 것이라는 의견이 사회적으로 강하게 대두되고 있습니다.

문제 해결을 위해
어떤 노력을 하였을까?

국외 강제동원 생존자들은 대개 돌아와서도 가난을 벗어나지 못하였습니다. 이들은 강제동원되기 이전에도 가난했었고, 노동 중 부상으로 인해 장애를 짊어지게 된 사람도 많았기 때문입니다. 게다가 강제동원 피해자들 대부분은 18~24세에 끌려가 학업과 생산 활동의 기회를 갖지 못해서 본인뿐 아니라 후손에게도 가난이 대물림되는 경우가 많았습니다.

2003년 보건복지부가 한국정신문화연구원에 의뢰한 '일제하 피강제동원 생존자 생활실태조사'에 따르면 월 소득이 한 푼도 없는 생존자가 조사대상 171명 중 93명(54.4%)으로 반을 넘었습니다. 한국의 65세 이상 노인가구 소득분포율(통계청 조사, 1999년)에서 월 50~100만 원 수입을 가진 사람이 27.4%인 것에 비하면 강제동원 피해자들의 삶이 얼마나 어려운지 쉽게 짐작할 수 있습니다.

한국 정부는 1965년 한일국교정상화를 위한 협상 당시 강제징용 생존자, 부상자, 사망자, 행방불명자 등 피해자에 대한 정신적·육체적 고통에 대한 보상이 필요하다고 주장했습니다. 일본 정부는 강제징용 피해자들에 대한 보상에는 원칙적으로 동의하였으나 금액을 비롯한 세부사항에는 입장 차이를 보였습니다. 협상이 난항을 겪자 한일 양국 정부는 피해자에 대한 보상액 산정 기준 등 명확한 기준도 없이 청구권협정을 통해 정치적으로 합의하였습니다.

한국 정부는 1971년 강제징용 사망자와 재산피해에 대해 10개월의 신고기간을 두어 접수를 받은 후 1975년 7월부터 2년간 보상금을 지급함으로써 피해보상을 종결하였습니다. 부상자와 생존자들에 대한 피해보상, 강제동원 피해자들의 미불임금, 당시 일본에 거주하고 있던 재일한국인 피해자들에 대한 피해보상은 제외되었습니다. 그나마 신고기간이 촉박한 데다 확실한 증거서류가 있어야만 접수가 가능했기 때문에 한국전쟁 때 자료를 분실하거나 호적기록이 불분명한 대다수 피해자들은 제대로 신고를 하지 못했습니다. 결국 10개월간 사망자 신고 건수는 고작 1만 1787건으로 한일협정 회담 때 한국 정부가 예상했던 사망자 추정치인 10만 명의 10% 정도에 불과하였습니다.

강제동원 피해자들은 한국 정부의 졸속적인 문제 해결 방법에 대해 지속적으로 문제제기를 했습니다. 1990년대에 일본 정부와 기업을 상대로 피해자 개인이 소송을 제기했을 때도 한국 정부는 아무런 지원을 하지 않아 피해자들의 분노를 샀습니다. 마침내 2003년 '태평양전쟁 희생자 유족회', '일제 강제연행 한국 생존자 협회', '시베리아 삭풍회' 등 피해자 단체들은 "한국 정부가 1965년 체결된 한일협정과 대일관계를 이유로 희생자들을 외면하고 있다."라고 절규하며 청와대 앞에서 국적 포기선언을 하는 지경에 이르렀습니다.

2004년, 급기야 한국 정부는 특별법을 제정하고 1970년대 보상의 미흡함을 보완하는 취지에서 강제동원 인적 피해자들에 대한 보상에 나섰습니다. 2007년에는 '태평양전쟁 전후 국외 강제동원 희생자 지원법'(지원법)을 제정하여 국외 강제동원 피해자와 그 유족에게 위로금을 지원하기 시작했습니다. 지원법에 따라 국외로 강제동원되어 숨지거나 행방불명된 희생자의 유족들과 장애판정을 받은 피해자들에게 2000만 원까지 위로금을 지급하였습니다. 또한 현재까지 생존한 피해자들에게는 연간 80만 원의 의료비를 지원하였습니다. 그러나 위로금 지급 대상을 국외 동원 피해자로 한정하여 이들과 똑같이 강제 노역을 했지만 장소가 한반도였던 피해자들은 지원 대상에서 제외되었습니다.

2012년 5월 24일 대한민국 대법원은 강제동원 피해자의 개인청구권을 인정하는 역사적인 판결을 내렸습니다. 1965년 한일청구권협정의 적용대상에 '일본의 국가권력이 관여한 반인도적 불법행위나 식민지배와 직결된 불법행위로 인한 손해배상청구권은 포함되지 않는다.'라고 판결함으로써 강제동원 피해자 개인이 전범기업들에게 피해보상을 받을 수 있는 길이 열렸습니다.

이 판결 이후 이근목 재판, 여운택 재판, 양금덕 재판 등 한국에서 제기한 일본 기업에 대한 손해배상 판결에서 승소가 이어지고 있습니다. 2013년 11월 광주지법은 양금덕 할머니 등 5명이 미쓰비시를 상대로 제기한 손해배상 청구소송에서 미쓰비시가 피해자 4명에게 1억 5000만 원, 유족 1명에게 8000만 원 등 위자료 6억 8000만 원을 지급하라고 판결을 내렸습니다. 일본 기업들은 항소를 하며 최종판결을 지켜보고 있지만 한국 내 기업 이미지와 기업활동 위축을 우려하여 고심하고 있습니다. 일본 정부도 "기업들과 연락을 취해 일치된 행동을 취하겠다."라며 기업들의 개별 대응을 금지하고 있는 상황입니다.

2012년 대법원 판결 이후 강제동원 피해자 관련 주요 소송 경과

일시	재판부	피고	소송명	소송 결과
2013.7.10.	서울 고등법원	신일철주금	강제동원에 대한 손해배상청구소송	원고에게 각 1억 원 배상 판결 했으나 대법원에 재상고
2013.7.30.	부산 고등법원	미쓰비시 중공업	강제동원에 대한 손해배상청구소송	원고에게 각 8천만 원 배상 판결 했으나 대법원에 재상고

2014.6.24.	광주 고등법원	미쓰비시 중공업	근로정신대 강제동원에 대한 손해배상청구소송	원고 5명에게 1억 2천만~1억 원 배상 판결 대법원에 재상고
2014. 10.30.	서울 중앙지법	후지코시	근로정신대 강제동원에 대한 손해배상청구소송	피해자 1인당 8천만~1억 원 배상 판결 고등법원에 항소
2015.4.7.	서울 중앙지법	후지코시	근로정신대 강제동원에 대한 정신적, 육체적 고통에 대한 손해배상청구소송(2차)	

(『대한변협신문』 2015.5.26. 참고, 2016.5. 현재 상황)

남은 문제 해결을 위해 무엇을 해야 할까?

1965년 한일청구권협정 체결 이후 조선인 강제동원 피해 사실을 규명하고 문제를 해결하려는 시민사회단체는 일본에 있는 것만 200여 개에 달합니다. '강제동원 진상규명 네트워크', '후지코시 강제연행·강제노동 소송을 지원하는 연락회', '조세이 탄광 물비상을 역사에 새기는 모임' 등 국내 희생자 및 연구자들과 지속적으로 연대하고 활동하는 단체만 해도 30여 개가 넘습니다.

일본 정부는 아직까지 1965년 한일청구권협정으로 피해 보상 문제가 완전히 해결됐다는 입장에서 한 발짝도 움직이지 않고 있지만 시민사회단체의 활동은 일본의 양심적인 시민들과 정치인들의 마음을 움직이고 있습니다. 일본변호사협회는 강제동원 문제에 대한 한국과의 공동 조사·연구, 관련된 여러 문제와 해결책에 대한 법적 검토가 이루어져야 한다고 주장하고 있습니다. 일본 기업에게 배상을 권고하거나 피해자 지원을 위한 기금 조성의 필요성을 주장하는 정치인들도 있습니다.

강제동원 문제가 해결되기 위해서는 무엇보다도 일본 정부의 전향적인 결단이 필요합니다. 현재 상당수의 일본국민은 강제동원 사실 자체를 잘 모르고 있습니다. 따라서 일본 정부가 먼저 기업과 국민에게 사실을 알리고 사죄와 보상의 필요성을 납득시켜야 합니다. 또한 전후 65년 넘게 은행에서 잠자고 있는 조선인 미불임금(공탁금)을 어떻게 처리할 것인지 결정해야 합니다.

우리 정부는 1965년 한일청구권협정을 체결한 당사자로서 자국민 피해자에 대한 지원책을 마련함과 동시에 일본 정부가 '전후처리'에 나서도록 외교적으로 설득해야 합니다. 일본 정부는 강제동원 전반을 관리하였고, 관련된 자료들을 가지고 있습니다. 따라서 우리 정부는 일본 정부와 전범기업들에게 자료 공개와 제공을 요청하고, 이를 바탕으로 강제동원 피해자 명단과 피해자 개개인의 체불임금 액수를 명확하게 밝힐 책임이 있습니다.

전범기업 대부분은 여전히 강제징용을 인정하지 않고 있습니다. 그러나 2000년 소송 당시 피해자들과 합의를 하고 보상금을 지불한 후지코시 기업, 중국인 피해자들과 '화해'하고 보상을 한 니시마츠 건설 사례에서 보듯이 기업의 배상이 실현

불가능한 것은 아닙니다. 다만 개별 기업이 피해자 개개인에게 보상을 하게 될 경우 강제징용 문제가 1965년 한일청구권협정으로 해결되었다는 입장을 고수하고 있는 일본 정부와 충돌하는 것이기에 어려움이 있습니다.

이에 한국과 일본의 법조계와 시민단체들은 포괄적 해결책으로 일본 정부와 전범기업, 한국 정부와 한국의 청구권 수혜기업 등이 참여하는 기금을 마련하여 피해자들에게 보상하는 방안을 제안하기도 했습니다. 물론 이 기금에는 일본 전범기업들이 일본 정부에 공탁한 미불임금도 포함되어야 한다고 주장했습니다. 독일에서 나치에 협력한 대기업들이 소송과 불매운동으로 압박을 받자 먼저 머리를 맞대고 기금을 창설한 것처럼, 일본에서도 책임이 큰 전범기업들이 함께 사죄와 보상대책을 논의하도록 분위기를 이끄는 것도 중요합니다.

한일청구권협정 체결 당시 한국 정부가 일본 정부로부터 받은 배상금 중에는 강제징용 피해자들의 보상금이 포함되어 있습니다. 한국 정부는 피해자들에게 개별 보상을 충분하게 하지 않고 포항제철공장(현 포스코), 경부고속도로 건설 등 경제개발 사업에 활용하였습니다. 따라서 국내의 청구권 수혜 기업들도 강제동원 피해자들에게 갚아야 할 빚이 있습니다. 2006년 한국의 '강제동원 진상규명 시민연대'(시민연대)는 수많은 청구권 수혜기업 중 가장 상징성이 크다고 여긴 포스코를 상대로 위자료 청구소송을 제기하였습니다. 재판부는 '포스코는 적법한 절차에 따라 청구권 자금 일부를 투자받았다.'라며 시민연대의 청구를 기각하였지만 '포스코의 설립 경위와 사회 윤리적 책임 등에 비춰 강제동원 피해자나 유족들에게 상당한 노력을 하는 것이 바람직하다.'라고 권고하였습니다. 피해자 측 소송대리인이었던 최봉태 변호사는 '청구권 수혜기업들이 매출액의 1%를 피해자들을 위한 기금으로 출연한다면 명분도 실리도 있을 것이다.'라며 기업체의 행동을 촉구하였습니다.

강제동원 피해자 문제를 푸는 과정은 동아시아 공동체를 민주적으로 가꾸는 중요한 작업입니다. 최봉태 변호사는 2010년 『국민일보』와의 인터뷰에서 이렇게 말했습니다. "국치 100년이다. 일제침략으로 인한 전쟁의 상처와 피해자 문제를 해결하지 않고서 새로운 100년은 없다. 우선 강제동원 명부 공개가 필요하다. 또 일본 정부가 한일청구권협정 문서를 모두 공개하여 자국민에게 진실을 알려야 한다. 그래야 화해의 물꼬가 터진다. 강제동원은 과거사가 아니다. 피해자가 살아있는 한 현재의 문제다. 우리 정부가 일본의 단순한 반성 촉구를 넘어, 일본 사회의 민주화와 동아시아 평화공동체 건설을 위해 강제동원 문제부터 풀어야 한다고 설득할 수 있어야 한다."

강제동원 피해자들의 피해회복은 한국과 일본의 평화적인 미래를 위해 반드시 해결되어야 할 과제입니다. 문제 해결을 위한 한일 양국의 노력 자체가 동아시아 평화공동체를 위한 미래지향적인 작업입니다.

강제동원 시설을 세계문화유산으로?

2014년 1월 일본 정부는 '메이지 일본의 산업혁명 유산 - 제철·제강, 조선, 석탄 산업'(산업혁명 유산)이라는 제목으로 총 8개 지역에 있는 근대 일본 산업혁명 관련 문화재 23개에 대해 유네스코 세계문화유산 등재를 신청했다. 하지만 그중 최소 5곳은 조선인 강제노동이 있었던 곳으로 일본의 역사 미화를 우려한 한국 정부는 "강제징용의 한이 서린 시설의 유산등록을 반대한다."는 성명을 발표하였다.

특히 나가사키에서 약 23킬로미터 떨어진 섬에 위치한 하시마 해저탄광은 '지옥의 섬'으로 불릴 만큼 악명 높았던 작업장으로, 이곳에서 일했던 600명의 강제동원 노동자 중 122명이 질병과 익사와 탄광사고로 사망했다. 그럼에도 불구하고 일본 정부는 산업혁명 유산이 1850년부터 1910년까지의 시설이라며 강제동원과는 관련이 없다고 주장했다. 그러나 하시마 탄광의 경우 일본 최초의 콘크리트 건물이 세워지고 탄광이 있던 섬이 군함의 모습을 갖추기 시작한 것이 1916년 이후라는 사실이 알려지면서 일본 정부는 강제동원과 관련된 어두운 역사를 숨기기 위해 사실을 왜곡했다는 비판에 직면했다.

한편, 한국의 민족문제연구소는 "세계문화유산에는 아우슈비츠 수용소처럼 인류에게 다시 이런 일이 일어나면 안 된다는 교훈을 주는 부정적 유산도 있다. 일본에 정확한 역사를 기록하게 요구하는 것이 현시점에서는 오히려 좋을 수 있다."며 세계유산 등재를 일본이 어두운 역사를 반성하는 계기로 삼도록 하자는 의견을 제시했다.

2015년 7월, 결국 일본의 산업혁명 유산은 세계문화유산으로 등재되었다. 등

▲ 하시마 탄광

군함처럼 생겨 일명 '군함도'라고 하는 하시마는 섬 전체가 탄광으로, 바닷속 곳곳으로 갱도를 내 수백 미터씩
파내려간 해저탄광이다. 생김새가 특이하여 영화 〈인셉션〉과 〈007 스카이폴〉의 촬영지가 되기도 했다.

재가 결정되는 회의석상에서 일본 대표는 "(일본은) 1940년대 일부 시설에서 많은 한국인 등이 '자신의 의사에 반해' 동원되어 가혹한 환경에서 '강제로 노동한 (forced to work)' 사실이 있다."고 밝히고 "해당시설에 정보센터 등을 세워 희생자들을 기리겠다."며 사실을 인정했다. 일본의 일간지들도 '이 시설의 좋은 모습뿐만 아니라 강제노동 사실을 포함한 어두운 측면도 함께 알려나가야 할 것'이라는 논조의 기사를 내놓았다. 우리는 앞으로 일본 정부가 실제로 위와 같은 약속을 지켜나가는지 주의 깊게 살펴보아야 할 것이다.

쟁점3

: 사할린 한인

일본이 가르고
소련이 묶어놓은
이중징용자들

"사과라도 해야지 않습니까!"

안명복 할아버지는 사할린에서 살다가 2000년 안산 고향마을로 영주귀국하여 살고 있는 사할린 동포입니다. 일제강점기에 강제징용을 실시했던 많은 지역 가운데 사할린은 강제징용자 가족들의 이주를 허용했던 몇 안 되는 지역이었습니다. 안명복 할아버지는 강제징용된 아버지가 있는 사할린으로 가족 모두 이주했다가 강제로 이산가족이 되어버린 아픔을 담담하게 풀어놓았습니다.

"내 고향은 충청도야. 그러다가 1940년 6월 어머니는 어린 우리 남매 4명을 다 데리고 (1년 전에 징용 간) 아버지가 계시는 가라후토, 사할린이란 말이지, 기타네요시 도요하라(러시아 지명 유즈노사할린스크)로 왔어." 아버지를 찾아 온가족이 함께 간 사할린, 그곳에서는 일본 아이들이 조센징, 조선배추라고 놀렸고 항상 먹을 것이 부족했습니다. 병원은 고사하고 약조차 없어서 아파도 자연적으로 낫길 기다려야 하는 곳이었습니다. 그렇지만 할아버지는 "그런 고된 생활 속에서도 가족이 모두 모여 슬픔과 즐거움을 나눈다는 것이 그렇게 행복할 수가 없었어요."라고 말하였습니다.

"1944년 9월 도요하타 탄광에서 근무하던 150명의 한인 광부들이 갑자기 연행되었어. 그중에 42명은 가족이 있었는데 봇짐 하나만 들고 끌려갔어. (중략) 후에는 또 못 만났단 말이야. 당시 어머니는 32세 젊은 여성이었고, 나는 장남으로 열세 살이었어요. 그랬는데 아버지는 떠나면서 너는 장남이니까 남은 가족들의 책임을 너에게 남기고 간다. 나는 나라를 위해 떠난다고 했어요. 이것이 아버지의 마지막 유언이 될 것이라고는 생각지도 못했지. 그때 아버지가 한 말씀이 끝인 거라. 내 인생에서."

젊은 어머니가 어린 자식 넷을 데리고 남편을 찾아 사할린 땅까지 왔는데 또다시 징용을 당해 이산가족이 되었습니다. 할아버지는 그 후로 아버지를 다시 만나지 못했습니다. 1945년 해방이 된 이후에 한국으로 돌아오지 못했던 할아버지의 남은 식구들은 사할린에서 어렵게 살았습니다. "처음엔 사무소에서 청소하고 불 때고 여름에는 말을 먹이는 일을 하고 80루블을 받았어. 이 돈으로는 암시장에서 빵 여덟 덩이를 살 수 있었어요. 2킬로그램짜리. 우리말에 아무리 서럽다고 해도 배고픈 것보다 더 서러운 것이 없다고 했는데 우리가 그랬어요. 이렇게 고된 생활 속에서 열네 살짜리 여동생하고 일곱 살 된 여동생은 결국 먹지 못해서 죽었어요. (중략) 아버지가 있는 사람들은 소련 중학교, 고등학교, 대학교까지 다니면서 우수한 인재로 성장할 수 있었는데 우리 형제자매들은 그렇지도 못했어요.”

안명복 할아버지의 아버지는 1946년 한국으로 왔습니다. 그러나 할아버지의 아버지도 당시에는 한국과 적대국이었던 소련 땅, 사할린에 있는 가족들과 연락할 방법이 없었습니다. 1984년 3월 할아버지의 아버지는 결국 가족의 소식을 듣지 못한 채 눈을 감았습니다.

1990년대 초 한소수교*가 이루어질 무렵 대한적십자사의 고국방문 계획에 따라 사할린 한인들이 한국에 올 수 있는 기회가 마련되었습니다. 할아버지는 이때부터 사할린 한인들의 이중징용 문제를 본격적으로 제기하기 시작하였습니다. 123명의 피해자를 찾아냈고, 1992년에는 이중징용 광부 유가족회를 만들기도 하였습니다. 2004년 ‘일제강점하 강제동원 피해 진상규명 등에 관한 특별법’이 제정되었을 때 안명복 할아버지의 아버지는 강제동원 피해자로 인정받았음에도 불구하고 위로금 지급 대상에서 제외되었습니다. 사할린 한인의 경우 ‘1990년 9월 이전 사할린에서 사망한 사람들’만 대상으로 한다는 규정 때문이었습니다.

2013년에는 안명복 할아버지에 이어 유가족회의 회장을 맡고 있던 서정길 할아버지가 사할린 한인회 단체장들, 한국

한소수교
1990년 6월 4일 북방외교를 추진하던 노태우 대통령과 개혁개방정책을 펴던 소련의 미하일 고르바초프 공산당 서기장이 수교 원칙에 합의하면서 한소수교가 이루어졌다.

의 시민단체 대표들과 함께 일본 외무성과 적십자사를 방문하
였습니다. 이중징용 피해자들의 정확한 명단을 파악하기 위해
서였습니다. 일본 정부의 형식적인 답변만을 들은 서정길 할아
버지는 "이런 일이 있었고, 이에 대한 진상을 밝혀 달라고 하면
최소한 먼저 사과부터 해야 하는 것이 사람의 도리 아닙니까?"
라며 울분을 토했습니다.

극동의 외딴섬, 사할린이 주목받게 된 이유는?

사할린은 러시아의 극동, 오호츠크해 연안에 위치해 있는 섬으로 겨울에 얼음이
얼면 러시아 본토에서 섬 북쪽까지 걸어서 이동이 가능할 정도로 가깝다. 남쪽으
로는 일본 홋카이도와 50킬로미터가 채 안 되는 거리에 있는데, 일본인들은 이곳
을 '가라후토(樺太, 아이누인들의 언어인 아이누어로 '자작나무의 섬'이라는 뜻)'라고 불렀다.

사할린은 18세기에 들어서 쿠릴열도의 지정학적 중요성과 천연자원의 가치가
부각되면서 주목 받기 시작했다. 일본은 홋카이도에 살던 일본 원주민인 아이누
인들이 이주해서 살았다는 이유로 자국의 영토라고 주장했다. 이에 맞서, 일찍부
터 사할린을 자국의 영토처럼 이용했던 러시아는 확실한 자국 영토로 만들기 위
해 죄수들과 그 가족을 매년 수백 명씩 정착시키는 정책을 추진하였다.

1855년 러시아와 일본은 시모다 조약(러일 간 최초 평화우호조약)을 체결하면서 사할
린을 양국 국민이 함께 거주하는 지역으로 규정하였다. 그러나 사할린이 석탄과
석유, 목재자원 등 천연자원의 보고라는 것이 속속 밝혀지면서 양국은 다시 첨예

▲ 사할린 섬의 위치

하게 대립하기 시작했다. 1875년, 오랜 협상과 논의 끝에 사할린을 러시아 영토로 하는 대신 사할린 주변의 어업권과 쿠릴열도 전체에 대한 영유권은 일본이 갖는 것으로 두 나라가 합의했다. 그러나 1905년 러일전쟁에서 승리한 일본은 포츠머스 조약을 통해 북위 50도 이남의 사할린 남부에 대한 영유권을 가져갔다. 일본은 1917년 일어난 러시아 혁명의 혼란을 틈타 1920년에 북사할린을 침공하고 1925년까지 점령하기도 했다. 그러나 제2차세계대전에서 패망한 이후 사할린 섬 전체는 소련 영토가 되었다.

조선 사람들은 언제부터 사할린에 살았을까?

1897년 러시아의 인구조사에 따르면 당시 사할린에는 67명의 조선인이 거주했다. 이들은 새로운 삶의 터전을 찾아 자발적으로 이주한 조선인들로 대부분 만주를 통해 건너가 북사할린에 살면서 농업과 수렵, 어업에 종사했다.

1920년에는 사할린 거주 조선인이 934명으로 급증했다. 일본이 사할린을 본격적으로 개발하면서 일자리가 늘었으나 열악한 노동조건으로 인해 일본인 노동자들이 기피하자 경제적으로 어려운 조선인들의 이주가 증가했기 때문이다. 일본 정부는 사할린 이주를 권장하며 1919년부터 이주자들에게 약간의 보조금을 지급했고 이후 토지 제공과 난방시설 구비 등의 혜택을 주었다.

 이후 사할린에서 광산업이 크게 발전하면서 더 많은 노동인력이 필요해졌다. 이에 따라 1931년에는 5,880명에 이르는 조선인들이 남사할린에 살게 되었다. 북사할린에도 유전과 탄광개발 등으로 일자리를 찾아 이주한 1,700여 명의 조선인들이 살았다. 그러나 1937년 소련의 강제이주정책으로 연해주의 조선인들과 함께 북사할린의 조선인 1,155명이 중앙아시아로 강제이주를 당했다. 그 후 주로 일본 점령지였던 남사할린에만 조선인이 거주하게 되었다.

사할린 강제징용은 언제부터 시작되었을까?

일본 정부가 1938년 4월 '국가총동원법'을 제정하였을 때 사할린도 예외 지역은 아니었다. 조선인들은 1939년부터는 모집, 1942년부터는 관 알선, 1944년부터는 징용의 형태로 당시 일본령인 남사할린으로 강제로 끌려갔다. 이 시기에 강제동원된 조선인들은 30여 개의 탄광과 벌목장은 물론 비행장과 도로, 철도 등의 건설현장에 이르기까지 다양한 분야에서 강제노동에 시달렸다. 일본 정부는 1939년 이전에 사할린으로 자발적으로 이주한 사람들에게도 국가총동원법을 적용하여 소위 '현지징용'을 실시하였다.

이렇게 끌려온 노동자들의 정확한 수치는 알 수 없지만 일본 정부가 남긴 자료의 숫자로 보면 1943년까지 사할린으로 강제동원된 조선인 노동자는 1만 6113명으로 파악되고 있다.

사할린 강제이주 조선인 노동자(1939~1943)

	연도	1939	1940	1941	1942	1943	합계
	계획	-	8,500	1,200	6,500	3,300	19,500
실행	총인원	3,301	2,605	1,451	5,945	2,811	16,113
	광산노동자	2,587	1,311	800	3,986	1,835	10,519
	건설노동자	533	1,294	651	1,960	976	5,414

(이신철, 2012)

어떻게 두 번이나
강제징용을 당할 수 있을까?

필리핀에서 미얀마(당시 버마)까지 전선을 확대했던 일본은 전쟁물자와 인력이 부족해지자 대책을 강구해야만 했습니다. 식민지 조선에서는 식량 공출과 징병, 징용 등 인력충원을 실시하였고, 일본 본토와 사할린 등지에서는 산업현장의 효율적인 생산과 인력관리를 위한 통폐합, 노동력 재배치를 추진하였습니다.

▼ 사할린 브이코프 탄광마을
조선인 노동자들

사할린에서는 1940년대 초까지 남사할린에 있던 9개의 제지공장과 34개의 탄광을 1944년 탄광 9개만 남기고 모두 없앴습니다. 미국의 해상공격 강화로 캐낸 석탄을 본토로 운송하는 것이 어려워지고 수송선이 부족해지자 일본 정부가 1944년 7월 작전계획을 변경하였기 때문입니다. 일본 정부는 본토 북쪽 방어선을 쿠릴열도와 홋카이도로 설정하고 사할린을 최후 방어선에서 제외하였습니다. 또한, 사할린 탄광 개발 당시 일본 정부가 기업들에게 세 가지 보조금(석탄증산 장려금, 석탄신갱 개발 보조금, 석탄 매입가격 보상금)을 지급하였는데 보조금 지급에 비해 생산성이 낮은 탄광들을 폐광시켰습니다. 본토의 노동력 확보가 시급해지면서 사할린의 노동력을 계속 유지하기 어려운 것도 큰 이유였습니다.

1944년 8월 11일 일본 정부는 '가라후토(사할린) 및 구시로(홋카이도) 탄광 근로자, 자재 등의 급속 전환에 관한 건'을 결정하였습니다. 그리고 논의 대상이 되었던 총 26개 탄광 중 14개 탄광을 휴광 또는 폐광하고 일본인 6,000명, 조선인 3,000명에 대하여 전환배치*를 실시하였습니다. 이에 따라 사할린에 강제동원된 조선인 노동자들은 1944년 9월부터 12월까지 일본 본토의 규슈 남부, 후쿠오카,

나가사키 등지의 탄광으로 또 다시 끌려갔습니다. 이것은 징용자가 다시 징용되는 이중징용(재징용)이었습니다.

2010년에 발족한 '대일 항쟁기 강제동원 피해조사 및 국외 강제동원 희생자 등 지원

전환배치
이중징용에 대해 일본 기업이 사용한 용어. 일본 정부의 법률 용어로는 '현원징용'이라고 한다. 사할린 한인들은 '전환배치'를 '이중징용'이라고 불렀다.

▼ 사할린 도요하타 탄광의 조선인 노동자들
1944년 9월 도요하타 탄광의 조선인 노동자 다수가 일본 본토로 이중징용되었다.

위원회(이하 지원위원회)'의 조사에 의하면 실제 이중징용 인원은 3,191명이었습니다. 이들 중 가족이 있는 인원은 약 1,000명으로 가족 구성원의 수는 약 3,500명이었고, 2,000여 명은 독신 노동자였다고 합니다. 하지만 이중징용 때는 노동자들만 징용되었기 때문에 사할린에 남아 있던 가족들은 졸지에 이산가족이 되었습니다. 일본 정부와 기업들은 이중징용 당시 조선인 노동자를 가족으로부터 떼어 내기 위해 '가족원호', '징용원호' 등으로 설득하였습니다. 이것은 별거수당, 생활비 지급, 사망여부 고지와 유골봉환 등을 약속하는 것이었습니다. 그러나 이러한 정책은 초기에만 일부 시행되었을 뿐 전쟁이 막바지에 치닫자 대부분 규정대로 시행되지 못하였습니다.

　이중징용당한 조선인들의 노동조건은 사할린보다 더 열악했습니다. 사할린 탄광의 경우 대량 채탄과 수송을 위해 기계 설비를 갖추고 있었지만, 본토의 탄광은 대부분 인력에 의존하였고 시설도 노후화되어 사고가 빈번했습니다. 게다가 북쪽에 위치한 사할린과 달리 남쪽인 본토는 날씨가 덥고 습하여 이중, 삼중으로 힘들었습니다.

　1942년 사할린에 강제로 끌려갔다가 나가사키 현의 하시마 해저탄광으로 이중징용된 김영길 할아버지는 당시의 상황을 이렇게 증언하였습니다. "채굴현장에 들어가면, 그 속은 온도가 40도가 넘어 더워서 견딜 수 없었어요. 셔츠는 벗어버리고 훈도시(일본 남성의 전통 속옷)만 입었어요. 그래도 덥고 훈도시 안에 석탄이 들어가거나 소금물(바닷물)이 스며들면 아파서 그것조차 필요가 없었습니다. 채탄은 목표량을 달성하지 못하면 시간이 되어도 못 올라오게 했기 때문에 10~12시간, 때로는 15시간도 일했습니다. (중략) 탄광에는 마실 물이 없어서 섬까지 배로 싣고 와서 배급했어요. 밥 먹기 전에 한 컵뿐, 더 마시고 싶어도 주지 않았어요. 미국 비행기가 날아와서 공습경보가 계속되면, 며칠 동안 물이 없었던 적도 있었습니다."

이중징용된 조선인 노동자들은 1945년 해방이 되고 나서도 패전의 혼란 속에서 사할린으로 다시 돌아갈 수 없었습니다. 극히 일부의 조선인들이 사할린으로 돌아갔는데 증언에 의하면 규슈의 후쿠오카에서 사할린으로 돌아가는 데 무려 3개월 가까이 걸렸다고 합니다. 당시 소련이 점령하였던 사할린으로 다시 들어가는 것은 쉬운 일이 아니었습니다. 그래서 대부분의 조선인 노동자들은 해방이 되었으니까 가족들이 귀국선을 타고 올 것이라고 생각하여 조선의 고향으로 돌아갔습니다.

해방 이후 가족이
다시 만날 수 없었던 이유는 무엇일까?

1945년 8월 8일 소련은 대일선전포고를 한 후 신속하게 남사할린을 점령하고, 8월 23일 일본인의 출국을 금지시키고 억류하였습니다. 이때 사할린에는 약 4만 3000명의 식민지 조선인들과 약 30만 명의 일본인이 있었습니다. 소련이 일본인들을 억류하기 직전인 8월 12일부터 8월 23일까지 일본 정부는 13세 이하의 아동들과 14세 이상의 부녀자 등 일본인을 귀국시키는 작전을 수행하여 일본인 7만 6000명을 홋카이도로 귀환시켰는데 이때 조선인은 배제되었습니다. 일본 정부는 조선인을 일본인과 같은 '황국신민'이라며 강제동원하였지만 실제로는 차별하면서 방치한 것입니다.

미국과 소련은 제2차세계대전 전후 처리과정의 일환으로 1946년 12월 '소련지구 인양(국민송환)에 관한 미소협정'을 맺었습니다. 이 협정에 의해 사할린과 쿠릴열도에 억류되어 있던 일본인 약 29만 명이 본토로 귀환하였습니다. 남아 있는 일본인은 외국인과 결혼한 여성, 소수의 기술자, 수감자들뿐이었습니다. 그러나 이때 사할린 한인들은 송환에서 제외되었습니다.

그 이유는 첫째, 당시 협정에서는 귀환대상자를 '일본인 포로', '일반 일본인'으로 규정하였는데 일본 정부는 일본 호적에 등재된 사람만을 일본인으로 간주하여 일본 국적이라도 조선 호적을 갖고 있던 조선인은 제외하였기 때문입니다. 이 일에 대해 소련 적십자사 총재는 이렇게 말하였습니다. "1945년부터 1948년까지 조선인에 대해서는 일본공민으로 간주하지 말 것을 일본 당국이 공식 요청하였습니다. 그래서 조선인은 무국적자로 소련에 영주하게 되었습니다."

둘째, 노동력이 부족한 사할린 개발을 위해 소련 당국이 노동력을 확보하기 위한 전략으로 조선인 귀환에 소극적이었기 때문입니다. 이미 제정 러시아 시기부터 사할린 개발에 필요한 노동력 확보에 큰 어려움을 겪었던 소련은 노동력 부족을 해소하기 위해 노동계약을 맺고 1946년부터 1949년까지 북한지역 노동자 약 2만 6000명을 제공받기도 하였습니다. 실제로 일본인 귀환사업을 진행하면서 사할린의 각 공장과 생산현장의 책임자들은 소련 정부에 일본인 귀환으로 인한 노동력 부족을 우려하는 보고서를 다수 제출하였습니다.

셋째, 북한이 재일조선인들을 비롯한 사할린 한인에 대해 '재외공민*'이라는 입장으로 강력한 재외교민정책을 추진하였기 때문입니다. 냉전체제였던 당시 소련은 북한의 입장을 옹호할 수밖에 없었고, 따라서 소련은 대다수가 남한 출신인 사할린 한인들이 남한 정착을 전제로 출국하거나 이주하도록 적극 나설 수가 없었습니다. 이들의 귀환문제는 북한과 소련 간의 문제라는 것이 소련 정부의 공식적인 입장이었습니다.

재외공민
외국에 거주하는 자국 국민.

1956년 10월 일본과 소련은 양국의 외교관계 회복을 위한 일소공동선언을 발표하였습니다. 이 선언 이후 일본은 사할린에 남아 있던 미귀환 일본국민에 대한 후기 집단 귀환사업을 실시하였습니다. 이때도 조선인은 1952년 샌프란시스코 강화조약에 의해 일본 국적을 상실하였다는 이유로 송환 대상에서 제외되었습니다. 단지 일본인과 결혼한 조선인 1,541명만이

20세 미만의 자녀 등과 함께 귀환할 수 있었습니다.

　1950년대 후반 일본 정부는 당시 총련이 실시한 재일동포 북송사업을 지원하는 등 본토에 살고 있는 재일조선인들조차 밖으로 추방하는 프로젝트를 추진하였습니다. 당시 일본 정부는 사할린의 비일본인이 여전히 미수교국가인 한국으로 귀환하는 문제에 굳이 관여할 이유가 없다고 판단했기 때문에 사할린에 남아 있는 조선인들에 대해 책임을 지지도, 인도적 지원을 하지도 않았습니다.

　당시 남한을 점령하고 있던 미군정은 귀환민들이 급격하게 증가할 경우 발생할 사회경제적 혼란(식량, 주택문제 등)을 우려하여 사할린 조선인들의 귀환에 소극적이었습니다. 1950년대 초 이승만 정부는 일본과의 국교정상화를 위해 한일교섭을 진행하였습니다. 그런데 일본이 소련과 국교를 회복하고 재일한국인들의 북한 송환문제로 북한과 교섭하자 이승만 정부는 이에 항의하는 뜻으로 대일교섭을 중단하였습니다. 이 때문에 사할린 조선인들의 귀환과 관련하여 어떠한 성과도 얻지 못했습니다.

　결국 사할린에 강제로 끌려갔던 조선인들은 일본 정부의 비인도적 방치와 소련의 정책적 억류, 미군정과 한국 정부의 무관심 등으로 동토의 땅에 그대로 갇히는 신세가 되었습니다.

사할린에 버려진 조선인들은
해방 뒤에 어떻게 살았을까?

사할린 국립문서보존소가 공개한 1946년 러시아 정부의 보고서에는 제2차세계대전 이전 사할린 우글레고르스크 지역의 한인이 1만 229명이었는데 전쟁 후에 5,332명밖에 남지 않았다는 기록이 있습니다. 조선인 인구가 갑자기 반으로 줄어든 것입니다. 무슨 일이 일어났던 것일까요? 보고서는 그 이유로 피난·귀환 외에 일본인들의 학살을 지목하였습니다.

1945년 8월 소련의 사할린 점령 과정에서 소련군과 일본군의 전투가 곳곳에서 벌어졌습니다. 이때 사할린 주둔 일본군과 일본 주민들은 조선인들을 스파이로 의심하여 무자비하게 폭력을 가하고 학살을 자행하였습니다. 대표적인 사건이 '가미시스카 학살사건'과 '미즈호 학살사건'입니다.

가미시스카(러시아 지명 포로나이스크)는 북위 50° 근처 소련 국경과 인접한 곳으로 제지공장과 탄광이 있던 산업적·군사적 요충지였습니다. 1945년 8월 9일 소련군이 사할린으로 들어온다는 소식을 듣고 일본군은 주민대피와 주요시설 파괴를

▲ 사할린 미즈호에서 학살당한 조선인 시신(사할린 「새고려신문」 1991.6.22.)

명령했습니다. 이때 가미시스카에는 '조선인들이 폭동을 일으

킬 수 있다. 조선인들은 소련군을 도울 것이다. 조선인들은 소련의 스파이다.'라는 유언비어가 돌았습니다. 일본헌병대는 소련 사회주의자에 동조할 것 같은 조선인들에 대한 예비 구금°을 지시하였고, 유치장에 구금되어 있던 조선인 18명을 '군사보안'을 이유로 학살하였습니다.

남사할린의 미즈호(러시아 지명 포자르스코예) 지역은 농업개척 이민을 온 일본인 농촌마을이었습니다. 이곳의 조선인들은 일본인 농가의 소작인이거나 계절농사와 공사현장을 전전하면서 일하던 노동자들이었습니다. 1945년 8월 20일 소련군의 진격으로 일본인이 피난을 떠날 때 '조선인이 스파이다.'라는 소문이 돌았습니다. 일본군의 패배가 조선인 밀정 때문이라고 생각한 마을의 일본청년단과 재향군인회 소속 일본인들은 8월 20일부터 25일 사이에 서로 알고 지내던 조선인 27명을 일본군도와 죽창 등으로 처참하게 학살하였습니다. 학살된 조선인 중에는 여성 3명과 어린이 6명이 포함되어 있었습니다.

귀환사업에서 제외되어 방치되고 학살에서 간신히 살아남은 사할린 한인은 2만 2700여 명이었습니다. 소련 정부는 이들에 대해 1946년부터 거주등록°을 실시하였고, 1952년에는 소련 국적과 북한 국적을 취득할 수 있도록 하였습니다. 사할린 이산가족회 통계에 따르면 1991년 당시 약 3만 6000명의 조선인 중 무국적 조선인은 4,000명, 러시아 국적 3만 1500명, 북한 국적 500명이었습니다.

예비 구금

'구금'이란 피의자가 도주 또는 증거를 인멸할 가능성이 있다고 판단될 때 일정 기간 동안 교도소나 구치소에 가둬두는 법원의 합법적인 강제조치를 말한다. 그러나 이 당시 예비 구금은 조선인이 소련군에 동조할지도 모른다는 '의심'만으로 불법적으로 이루어졌다.

거주등록

7일 이상 러시아에 체류하거나 러시아 내에서 이동하여 새로운 장소에서 7일 이상 체류하고자 하는 외국인과 무국적자는 모두 러시아 이민법에 따라 거주등록을 해야 한다. 이는 외국인과 무국적자의 러시아 거주 장소 및 러시아 내에서의 이동을 관리하기 위해 만든 제도이다.

▲ 사할린 돌린스크 시 탄광 마을 조선학교 진급 기념 사진
해방 이후부터 1963년 소련 당국의 폐쇄 결정으로 문을 닫을 때까지 남사할린 전역에서
조선학교가 운영되었다.

▲ 사할린 최초의 한인신문
1949년 6월 1일 하바롭스크에서 발간됨.
현재는 『새고려신문』으로 개칭되었다.

소련 정부는 노동력 확보를 위해 이들의 귀환에 소극적
이었지만 한편으로는 잠재적 위험요소가 있는 사람들로 여겼
습니다. 사할린 국립문서보관소에 있는 소련정부 문서에는 '쿠
릴의 여러 섬에 거주하는 986명의 한인들은 국경 안보의 관점
에서 월경하거나 외국 첩자로 이용될 수 있는 가능성이 높기
때문에 모두 사할린 본섬으로 이주시켜야 할 것', '전반적으로
'친일본적인' 태도에 경도된 조선인들은 러시아어를 구사하지
못하므로 한글신문과 이동극장 등을 조직하여 공산주의 사상
으로 교화해 나가야 할 대상'이라고 적혀 있습니다. 또한 1952년
11월 소련 정부의 국가기밀 서류에는 '공개적인 언론에서는 조
선인 귀환 할당이나 귀환에 관한 모든 정보(의 공개)를 금지한

다.'고 명시되어 있습니다. 사할린 한인을 계속적인 억류와 감시, 노동력 활용의 대상으로 보았던 것입니다.

사할린 한인들은 고향으로 돌아갈 기약은 없었지만 1950년대 초반까지 향우회나 계모임 같은 한인조직을 만들어 다양한 체육행사와 문화활동을 하였고, 자녀들의 모국어 교육에도 노력을 기울였습니다. 소련 당국 자료에는 '1946~47년 일본 및 한인학교가 모두 313개로 러시아 학교 수(89개)를 압도한다.', '교사는 대개 1명이었지만 학생은 23~70명, 평균 40~50명 선이었다.'라는 기록이 있습니다.

1950년대 후반 일본인 여성과 결혼한 한인들까지 귀환이 마무리되도록 남한 정부나 일본 정부는 사할린에 남아 있는 한인에 대한 어떠한 조처도 취하지 않았습니다. 이 틈을 타서 북한은 이들에게 북한 국적을 받게 해줄 테니 북으로 가자며 온갖 압박과 회유를 하였습니다. 사할린 한인들 중에는 귀환의 희망을 잃고 술만 마시다 폐인이 되거나 자살하는 안타까운 일이 발생하기도 하였습니다. 러시아인과 결혼하여 정착하는 사람들이 늘어났고, 북한 국적을 받고 북으로 가는 사람도 늘어났습니다.

고향으로 가는 길이 좌절된 사할린 한인들은 그리운 가족과도 생이별을 해야 했습니다. 한국전쟁과 냉전체제로 서신 왕래조차 어렵게 되자 남아 있던 가족들은 이중징용으로 끌려간 남편이나 아버지가 한국으로 돌아간 줄도 모르고 죽은 것으로

만 여겨 제사를 지내다가 40여 년이 지나서야 만난 기막힌 사연도 있습니다. 아내와 남편이 따로따로 재혼을 했다가 모국 방문 시기에 다시 만나기도 했습니다. 사할린에 강제 징용되었던 한인들은 대개 3개 국어를 합니다. 태어나서 부모에게 배운 한국말, 학교에서 배운 일본말, 살기 위해 배운 러시아말. 사할린 한인 1세인 동포 할머니는 "할아버지 마가진('상점'의 러시아말) 이키마쇼('가요~'의 일본말)"라고 하면서 이렇게 말했습니다. "나는 조선말도 할 줄 알고, 일본말도 하고, 노국말(러시아말)도 하지만 그 어느 하나 내 말이 없어요."

사할린 한인들은 고향으로 돌아오기 위해 어떤 노력을 하였을까?

1956년 '일소공동선언'에 의해 일본에 들어온 사할린 한인들 중 박노학, 이희팔, 심계섭 씨 등이 주축이 되어 '가라후토 억류 귀환자동맹'(뒤에 '가라후토 귀환 재일한국인회'로 명칭 변경)을 도쿄에서 결성하였습니다. 회장을 맡았던 박노학 씨는 1958년 1월 사할린에서 귀국할 때 배 안에서 귀환하는 동포들과 함께 남아 있는 동포들의 귀환을 요구하는 탄원서를 작성하여 도착하자마자 이승만 대통령에게 보냈습니다. 8월에는 일본적십자사, 일본 외무성과 법무성 등을 찾아다니면서 사할린 한인의 귀환을 호소하였고, 한국 정부와 대한적십자사에도 귀환진정

▲ 박노학 수신편지

가라후토 억류 귀환자동맹 회장이었던 박노학 씨가 1966~1976년 사이에 일본에서 받아 한국으로 전달한 사할린 동포들의 편지로, 총 1,350통이 확인되었다. 일명 '박노학 수신편지'로 불린다.

서를 제출하였습니다. 12월에는 국제적십자사에 탄원서를 보내 일본과 한국 정부의 무책임함, 소련 정부의 가혹함 등을 폭로하기도 하였습니다.

'가라후토 귀환 재일한국인회'는 사할린 한인들이 친지들에게 보내는 편지를 전달받아 한국에 보내는 활동을 하였습니다. 이 활동은 1958년 한국에서 결성된 '가라후토 억류 교포 귀환촉진회'(뒤에 '중소이산가족회'로 개칭)가 이어받았습니다. 1967년 박노학 씨는 그동안의 편지들을 근거로 1,744세대, 6,924명의 귀환희망자 명단을 완성하여 한국, 일본, 소련 정부에 제출하였습니다. 이 명부는 이후 한국 정부의 귀환협상에 중요한 근거 자료로 활용되었습니다.

민간차원의 이러한 노력에도 불구하고 당시는 반공-반일주의가 극심했던 시기였기 때문에 한국과 일본, 소련 정부는 전혀 움직이지 않았습니다. 1965년 한일협정을 위한 논의가 있을 때에도 '가라후토 귀환 재일한국인회'가 귀환을 요청하는 진성서를 보냈지만 사할린 한인의 귀환 문제는 아예 회담내용에 포함조차 되지 않았습니다.

사할린 현지의 귀환 요구 목소리가 날로 고조되자 1973년부터 일소적십자회담에서 이들의 한국 귀환을 논의하였습니다. 1976년 소련은 남한에 대한 정치적, 경제적 우월감, 자신감을 갖고 유연한 입장에서 사할린 한인 문제를 해결하겠다며 사할린 주 출입국 관리사무소를 통해 '출국희망자는 신청하라'는 공고를 냈습니다. 사할린 일부 대도시에만 이 소식이 알려졌음에도 불구하고 일주일 사이에 1천여 명 가까운 한인들이 접수하였습니다. 소련 당국은 예상 외로 신청자가 몰리고 북한이 항의하자 출국수속을 진행하지 않았습니다. 이에 격분한 한인들은 항의 시위에 나섰습니다. 그러자 소련 당국은 남한으로의 귀환을 주장하며 코르사코프 시청사 앞에서 시위를 벌이는 등 귀환운동에 앞장섰던 도만상 씨 가족을 포함하여 40여 명의 한인들을 북한으로 강제 추방해 버렸습니다. 이 사건을 계기로 사할린 한인들은 1990년대 초에 한소수교가 이루어질 때까지 귀환에 대한 얘기는 입 밖으로 꺼내지도 못하였습니다.

당시 시위에 나섰던 안태식 씨는 훗날 죽음을 앞두고 한국의 아들에게 이런 편지를 남긴 채 눈을 감았습니다.

"오랫동안 소식이 없어서 궁금하구나. 이곳 아비는 고향에 돌아가서 너희들을 보고 싶어 견딜 수가 없는 심정이다. 힘을 다해 노력해 봤지만 뜻대로 되지 않아 보람이 없구나. 날개라도 있으면 날아가겠는데, 가슴만 타지. 아마 여기서 죽을 수밖에 없는 운명인가 보다. 죽으면 사망 날짜는 누군가 전할 것이다. 그런 줄 알거라."

사할린 한인은
고향으로 돌아왔을까?

    '가라후토 귀환 재일한국인회'의 귀환운동 참가자들은 1975년 일본에서 일본 국가를 상대로 '사할린 잔류자 청구소송'을 제기하였습니다. 이 소송은 1945년 이후 사할린 한인들을 사할린에 방치한 일본 정부의 책임을 묻는 것이었습니다. 소송이 14년간 지속되면서 일본에서는 큰 반향을 일으켰습니다. 일본 정부의 책임을 끝까지 묻지는 못했지만 1983년 양심적인 학자와 변호사들을 중심으로 '아시아에 대한 전후책임연구회'가 결성되고 한국으로의 모국방문, 일본에서의 가족 재회 등이 이루어지면서 1989년에 소송은 취하되었습니다.

    '사할린 잔류자 청구소송'의 영향으로 1987년 일본 국회 의원을 중심으로 '사할린 잔류 한국·조선인 문제 의원간담회'가 발족되었고, 1988년 일본 외상이 사할린 잔류 한인에 대한 일본의 도의적 책임을 인정하기에 이르렀습니다. 이를 배경으로 1989년 7월 한일 양국 적십자사로 구성된 '사할린 거주 한국인 지원 공동사업체'가 설립되었습니다.

    한국에서는 1966년 국회에서 사할린에 억류되어 있는 교포 송환 문제를 논의하기 시작하였고 1968년 '사할린 억류교포 송환촉진에 관한 건의안'을 의결하였으나 귀환을 위한 별다른 조치는 취하지 않았습니다. 한국 정부는 반일, 반공의 분위기 속에서 사할린 한인 문제를 정권의 위기 극복 수단으로 이용했을 뿐 타국에 버려진 동포들의 슬픔에는 무관심했습니다. 또한 사할린 한인에 대한 일차적 책임은 일본에 있으므로 일본이 먼저 책임을 지겠다고 나서면 한국도 그에 응하여 나서겠다는 소극적인 입장을 견지했습니다. 그뿐만 아니라 일본에 일차적인 책임이 있다 해도 그건 법적 책임이 아니라 역사적, 도덕적, 인도적 책임에 불과하다는 일본 정부의 주장을 수용해 일본에 법적 책임을 추궁하지 않는다는 입장을 취하였습니다. 이에 따라 일본이 제안한 대로 한일 양국 정부가 아닌 적십자라는 민간기구를 통해 사할린 한인들의 귀국사업을 진행하였습니다.

1985년 소련에서 고르바초프 공산당 서기장이 페레스트로이카(개혁)를 선언하고 1988년 서울 올림픽에 소련이 참가하기로 하면서 사할린 한인에 대한 소련의 입장이 완화되었습니다. 한국에서도 북방외교정책으로 공산권 국가들과의 수교활동이 활발해지면서 사할린 한인에 대한 귀환사업이 본격적으로 시작되었습니다.

1994년에는 한일 정상회담에서 사할린 한인 문제에 대한 포괄적 해결방안을 조속히 마련하고, 사할린 한인 1세의 영주귀국을 위

▼ 안산 고향마을에 세워진 임미경 작가의 〈기다림〉
항구의 계류석에 기대어 부모를 기다리는 오누이의 모습으로 고향에 대한 그리움을 표현한 작품이다.

한 시범 사업으로 '100명 수용 요양원' 및 '500세대 아파트'를 건립하기로 합의하였습니다. 이에 따라 1989년부터 1995년까지 연인원 7,000명의 사할린 한인이 고향을 일시방문하였고 1991년부터 2013년까지 총 4,116명의 사할린 한인이 영주귀국하여 경북 고령 대창 양로원, 인천 사할린 복지관, 안산 고향마을과 전국에 산재한 임대아파트에 거주하게 되었습니다.

영주귀국 연표

연도	관련 사항
1988	· 구소련, 서울 올림픽을 계기로 사할린 한인의 친족방문 목적 출국을 원칙적으로 허용
1989	· 구소련, 사할린 한인의 일시 모국방문과 영주귀국 허용 · 첫 일가족 9명 영주귀국, 450명 한국 일시방문
1990	· 일본 정부의 사할린 한인에 대한 공식 사과 "사할린 잔류 한국·조선인 여러분에게는 일본이 정말로 죄송스러운 일을 했다."
1992	· 사할린 한인 독신노인 72명 춘천 '사랑의 집'으로 영주귀국
1994	· 한일 공동조사단 사할린 한인 실태조사 · 영주귀국자를 위한 주택 및 요양시설 건립을 위한 부지는 한국이 제공, 건설비용과 정착지원금은 일본이 제공한다는 데에 양국 정부가 합의
1997	· 한국 외무부와 안산시가 영구임대아파트 건립에 합의 · 경북 고령 대창 양로원, 서울과 인천 지역 임대아파트에 영주귀국
2000	· 안산 '고향마을' 아파트단지에 입주(489세대 967명)
2005	· 한국 정부 합동조사단 사할린 방문(사할린 강제동원 피해 및 실태조사)
2006	· 유즈노사할린스크에 한인문화센터 개관(일본자금)
2007	· 인천 논현동 임대아파트에 582명 입주
2013	· 1월 현재 총 4,116명 영주귀국

남아 있는 문제는
어떻게 해결할 수 있을까?

"억울한데도 현실적으로 아무런 말도 못 했지. 사람들은 마음이 아파 독한 술만 마셔댔어. 그래서 몸 상해 죽은 사람도 많은 거고…. 여기 오려면 부부가 다 살아 있어야 하잖아. 그러니깐 거기서 혼자 살고 있던 사람들 중에는 여기 오려고 급하게 결혼하기도 하고, 집사람이 러시아 사람이면 여기 못 오니까 러시아 여자 내팽개치고 한인이랑 결혼해 오는 경우도 있었어." 2001년 안산 고향마을로 영주귀국한 정연석 할아버지는 사할린에 2남 3녀의 자식들을 남겨두고 할머니와 둘만 같이 들어왔습니다. 할아버지는 왜 자식들을 두고 귀국했을까요?

1994년에 실시된 영주귀국 시범사업 대상자 기준은 '1945년 8월 15일 이전 사할린 이주 또는 사할린 출생자, 러시아 국적이거나 무국적자(북한 국적 제외), 고령자이면서 무자녀 또는 독립세대를 구성하고 있는 자'였습니다. 이러한 기준에 따라 사할린 한인 1세대만 영주귀국이 가능했고 가족들은 동행할 수 없었습니다. 사할린에 올 때는 고향의 부모형제와 헤어졌는데 늙어서는 자식들과 헤어지게 된 것입니다. 게다가 사할린 한인들을 위해 지은 영구임대아파트의 입주조건이 2인 1실이었기 때문에 영주귀국을 위해 황혼 결혼을 하거나 남-남, 여-여 커플로 짝을 이루어 귀국하는 웃지 못할 풍경이 연출되기도 하였습니다. 사할린 한인들이 영주귀국사업을 '가족 생이별 프로젝트', '고려장'이라고 부르면서 문제를 제기하는 이유도 이 때문입니다.

2011년 영주귀국한 박정자 할머니는 사할린에 남아 있는 사람들을 걱정하였습니다. "1세들, 그러니까 지금 여기 나온 사람들은(영주귀국한 한인) 집도 받고 생계비도 나오고 치료도 무료로 받고 그러는데 사할린에 사는 1세들은 아무 도움이 없어요. 러시아에서 나오는 연금 가지고는 못 삽니다. 아이들이 도와줘야 거기서 살 수 있거든요. 연금이 너무 적어서요…."

이러한 문제를 해결하기 위해 2005년 제17대 국회에서는 사할린 동포 영주귀국 지원 및 대상자 범위 확대, 사할린 잔류 동포에 대한 지원, 사할린 강제동원 피해보상 및 일제강점기 당시 저축금·연금 상환 문제 등을 해결하기 위해 '사할린동포지원을 위한 특별법안'을 발의하였습니다. 그러나 예산부족과 '다른 국적을 가진 사람들을 데려온다면 외교적 마찰과 반발이 있어 신중해야 한다.'는 이유로 러시아 국적을 지닌 한인들을 영주귀국 대상에 포함시키는 것에 정부 부처가 난색을 표하면서 10년이 지난 지금까지 이러한 문제는 해결되지 않고 있습니다.

영주귀국사업과 함께 사할린 한인들을 어렵게 만드는 또하나의 문제는 다른 지역 강제동원 피해자들과 마찬가지로 미지불임금 문제입니다. 일본 정부와 기업체는 사할린 강제 징용자들이 도주할 것을 우려하여 임금을 지불하지 않고 용돈 수준의 푼돈만 현금으로 지급하면서 나머지는 강제로 저축하게 하였습니다. 대표적인 것이 우편저금입니다. 전쟁수행 비용으로 사용하기 위해 저금이라는 명목으로 강제동원 노무자들의 임금 중 30%를 강제로 차감하기도 하였습니다.

2012년 현재, 사할린으로 강제동원된 노무자들의 우편저금은 1만 6000여 명분 1억 8700만 엔(현재 가치로 환산하면 4조 4506억 원)이라고 일본 정부는 밝히고 있습니다. 이에 대해 일본은 "가입자들의 통장 원본이 없다."라는 이유로 사할린 우편저금을 지급하지 않고 있으며, 영주귀국한 사할린 동포들은 이제 한국 국적이므로 한일협정을 소급 적용하여 개인청구권이 소멸되었다고 주장하고 있습니다.

이와 관련하여 2012년 11월 영주귀국한 사할린 한인들은 "강제노동 임금을 일본에 빼앗긴 채 받지도 못했는데 문제를 해결하기 위한 정부의 외교적 노력이 부족하다."라며 한국 정부를 상대로 헌법소원을 청구하였습니다. 사할린 한인들은 2011년 8월 일본군위안부 피해자 문제 해결에 정부의 적극적 행동을 요구하는 헌법재판소의 판결, 2012년 5월 강제동원 피해자들의 개인청구권을 인정하는 대법원의 판결이 나온 것처럼 강제노동 임금에 대한 판결도 조속히 내려줄 것을 기대하고 있습니다.

일본 정부는 사할린 한인 문제가 1965년 한일기본조약을 체결할 당시 포괄적으로 해소된 문제라고 하여 법적 책임과 개인청구권을 비롯한 배상에 나서지 않고 있습니다. 그러나 1945년

8월 패망 이전 자국민의 귀환작전에서 이들을 배제했던 사실과 샌프란시스코 강화조약에 의해 일본 국적을 박탈하기 이전에 사할린 한인에 대해 취한 일본 정부의 반인륜적 행위에 대한 책임은 피할 수 없습니다. 또한 일본군경, 민간인에 의한 한인 학살사건에 대해서도 일본 정부는 책임이 있습니다.

한국 정부도 국민을 보호해야 하는 국가로서의 책임을 수십 년간 방기해왔다는 비판에서 자유로울 수 없습니다. 일본의 식민지배와 전쟁 책임을 묻는 것이 먼저이겠지만 언제까지 일본의 반성과 전향적인 태도 변화만 기다리고 있을 수는 없습니다. 피해자들은 해방 당시에 태어났다고 하더라도 70세가 넘은 고령자들입니다. 피해자들에 대한 보상과 일본 정부와의 문제 해결은 선보상 후청산의 과정을 밟을 수도 있을 것입니다.

2010년 제정된 '대일항쟁기 강제동원 피해조사 및 국외 강제동원 희생자 등 지원에 관한 특별법'을 통해 사할린에 강제동원되었던 피해자들도 확인절차를 거쳐 위로금을 받을 수 있게 되었습니다. 그러나 그 대상은 1938년 4월 1일부터 한소 수교가 이루어진 1990년 9월 30일 이전에 사망한 사람으로 한정하고 있고, 위로금 지급 신청요건을 '대한민국 국적을 가진 자'로 한정하여 사할린 현지의 무국적자나 러시아 국적의 한인들은 대상에서 제외되었습니다. 이에 대해 아직까지 생존해 있는 사할린 한인 1세들의 다음과 같은 소리를 정부는 귀담아들어야 할 것입니다.

"사할린에서 태어났다. 어머니, 아버지는 (내가) 열두 살 때 사망하셨고 열일곱 살에 시집갔다. 집이 어려워서. 남에서 모집으로 들어온 양반이다. 경남 창녕군에서 작년에 편지가 와서 보상금 주겠다고 했는데, 한국 여권이 있어야 돈을 받을 수 있다고 하더라. 그 돈 받자고 내가 가야 합니까."

"한국이 무엇입니까? 우리의 조국입니다. 조국은 어머니입니다. 아이가 밖에서 머리가 터져서 들어오면, 어머니는 된장을 바르고 헝겊으로 싸매는 것이 급합니다. 그런데 한국이라는 우리의 어머니는 어떻게 했습니까? 사할린의 동포들이 머리가 터져서 피를 철철 흘리는데, 어머니는 냉정하게 '누구의 잘못인가, 문제를 해결하려면 어떻게 해야 하는가'를 생각할 뿐, 자식의 상처에는 관심도 없었습니다. 이게 어머니가 할 짓입니까?"

쟁점4

: B·C급 전범

가해자로 몰린

피해자

"교수형 Death by hanging!"

1947년 3월 18일 싱가포르 시내의 작은 건물에서 재판이 열렸습니다. 오스트레일리아 판사 1명, 배석판사 2명, 검사 1명, 변호사와 일본인 통역 1명으로 진행된 이 재판은 조선인 이학래 씨의 범죄행위를 묻는 재판이었습니다. 그는 조선인 포로감시원*으로 태국과 미얀마의 접경지대에서 근무하였는데 병든 포로를 강제로 작업에 내보내 죽게 만들었다는 죄로 기소되었습니다. 하지만 그를 고발한 오스트레일리아 포로 병사들은 참석하지 않았습니다. 약 40분간 심문이 이어졌고, 곧이어 판결이 내려졌습니다. "Death by hanging!(교수형)" 이학래 씨는 영어를 잘 몰랐지만 그 소리를 듣는 순간 정신이 멍해지는 것이 마치 머릿속에 구멍이 뚫린 것 같았다고 하였습니다.

이학래 할아버지는 1925년 전남 보성 두메산골의 가난한 농가에서 태어났습니다. 할아버지는 징용에 끌려가던 때의 기

조선인 포로감시원
아시아·태평양전쟁 당시 일본이 포로로 잡은 영국·미국·호주·네덜란드 등 백인 병사 12만여 명을 수용하고 관리하기 위해 동원한 식민지 조선인.

억을 이렇게 이야기했습니다. "제가 철이 들었을 때, 학교에 다닐 때는 조선어(한국어) 사용이 금지되었습니다. 조례시간에 궁성요배°를 하고 황국신민서사°를 외웠습니다. 역사시간에 아마테라스 오오가미(일본 신화 속 태양신), 진무텐노(일본의 제1대 천황)는 배웠는데 한국역사는 배우지 못했습니다. 제가 끌려가던 때는 전쟁일색으로 만주와 홋카이도 탄광에 동원되는 사람들의 장행회(송별회)로 소란스러웠고 젊은이들은 매일 소방단, 청년단에 소집되었어요."

1942년 열일곱 살이던 할아버지는 탄광으로 강제징용을 가거나 일본군 징병으로 끌려갈까 봐 마을 뒷산에서 피신생활을 했습니다. 그러던 중에 "포로감시원을 하면 2년 계약직으로 월급 50엔을 준다."는 얘기를 들었습니다. 마을에서 누군가는 가야 했기 때문에 군속과 군인이 뭐가 다른지, 또 어디서 무슨 일을 하는지 제대로 모르는 채 모집에 응해서 마을을 떠났습니다. 부산 서면에 위치한 노구치 부대에서 '삔따(서로 뺨을 때리는 체벌)'를 반복하며 가혹한 군사훈련을 받았지만 포로감시 임무에 대한 교육은 받지 못했습니다. 포로들의 인권에 관한 제네바 조약°에 대한 교육은 고사하고 그런 조약이 있다는 것조차 알지 못했습니다. 1942년 8월 영화 〈콰이강의 다리〉°로 유명한 태면철도 건설현장에 배치 받은 할아버지는 500명의 연합군포로를 감시하고 철도 건설 노동에 동원하는 임무를 부여받았습니다.

궁성요배
일본 천황이 사는 황궁을 향해 허리를 숙여 절하는 것.

황국신민서사
제국주의 일본이 조선인을 침략전쟁에 동원하기 위해 국민정신을 함양한다는 명목으로 기획하여 1937년 10월 공표하고 강제로 암송, 제창하게 한 맹세문. 아동용과 성인용으로 구분하여 학교나 관공서뿐만 아니라 직장의 조회, 각종 집회에서 강제로 낭송하게 하였다.

제네바 조약
군인과 민간인을 전쟁으로부터 보호하기 위한 국제조약으로 1864년, 1906년, 1929년, 1949년, 네 번에 걸쳐 스위스 제네바에서 체결되었다. 교전국은 상대국의 포로들을 인간적으로 대우해야 한다는 내용이 포함되어 있다.

영화 〈콰이강의 다리〉
제2차세계대전 중 일본이 연합군포로들에게 강제노동을 시켰던, 타이와 미얀마를 잇는 태면철도 건설 현장을 배경으로 한 영화로, 전쟁포로의 참상과 조선인 군속의 생활상을 엿볼 수 있다. 1957년 아카데미 작품상을 비롯해 남우주연상, 감독상 등 7개 부문을 수상했다.

1945년 일본이 패망하자 할아버지는 곧바로 체포되어 'B·C급 전쟁범죄자'가 되었습니다. 그리고 1947년 8월 통역의 도움도 제대로 받지 못하고 구체적인 물증도 없이 포로들의 증언 기록만으로 진행된 재판에서 사형선고를 받았습니다. 두 달 뒤 극적으로 20년 형으로 감형되어 싱가포르에서 복역하다가 1951년 8월 일본 도쿄의 스가모 형무소로 이감된 할아버지는 1956년 6월 가석방되었습니다. 같은 혐의로 수감 중이던 일본인들에 대한 탄원서가 접수되고 조선인 포로감시원도 같이 수감되어 있다는 것이 알려지면서 양심적인 일본인 변호사(마쓰시타 세이주)의 도움으로 풀려난 것입니다. 그러나 가석방으로, 일본 당국의 '보호감찰'을 받아야 했기 때문에 한국으로 돌아갈 수 없었습니다. 아는 사람 하나 없이 일본 땅에 내던져진 할아버지는 갖은 고생을 다하였습니다. 같이 석방된 동료 두 명은 생활고와 세상에 대한 분노로 자살했습니다. 또 다른 동료는 전범이 되었다는 충격으로 정신질환에 걸려 불꽃놀이를 함포사격으로 알고 두려워 떨기도 했습니다.

감옥생활을 하면서 할아버지의 머릿속에서는 이런 의문이 떠나지 않았다고 합니다. "왜 조선인인 우리가…. 그때 모집에 응하지 않았더라면 좋았을 텐데…. 이제 와서 후회한들 소용없지만, 일본이 전쟁에서 졌는데 왜 우리들이 전쟁범죄인으로 죽어야 하는 건지…."

B·C급 전범이란?

B·C급 전범은 극동국제군사재판소의 조례 제5조 B항과 C항에서 규정한 전쟁범죄를 말한다. B급은 전쟁법규 또는 전쟁관례를 위반한 경우로, 주로 포로관리의 지휘감독을 맡았던 장교나 부대장들이었다. C급 전범은 비인도적 행위나 정치적, 인종적 이유로 인한 박해행위로, 직접 포로 관리 업무를 맡았던 부사관, 병사, 군속이 대부분이었다.

A급 전범이 전쟁의 결정 및 수행을 직접 담당한 전쟁 지도자로 '특정지역을 불문하고 연합국에 속한 모든 정부가 내리는 공동결정에 따라 처벌해야 할 중대 범죄인'임에 반해, B·C급 전범은 일본이 점령했던 아시아·태평양전쟁 지역 각지에서 열린 전쟁범죄재판 법정에서 판결을 받은 사람들이다. 즉, 특정지역(교전지역이나 점령지역 등)에서 전쟁법규 또는 전쟁관례를 위반하고, 각국의 군사재판에 회부되어 유죄 판결을 받은 사람들을 말한다.

어떻게 조선인이
연합군포로감시원이 될 수 있었을까?

아시아·태평양전쟁이 확대되면서 연합군포로의 수가 증가하자 일본은 1942년 3월 육군성* 내에 포로 취급 사무를 전담하는 포로관리부를 설치하였습니다. 당시 육군대신이었던 도조 히데키는 포로수용소의 운영과 관련하여 다음과 같이 지시하였습니다. "첫째, 노동력이 부족하고, 일하지 않는 자는 먹

육군성

1945년 이전 제국주의 일본 정부의 중앙행정부서. 육군대신이 수장을 맡는 군사행정기관으로 육군에 관한 모든 것을 관리하였다. 아시아·태평양전쟁 이후에 기능이 정지되었고 1947년 폐지되었다.

지도 말라는 일본 국내 상황을 감안하여 포로 전원을 강제노동에 투입한다. 둘째, 포로수용소를 남방 각지뿐만 아니라 일본 국내, 타이완, 조선, 만주, 중국 등에도 설치하여 오랜 세월 백인종에게 맞설 수 없다고 생각해 온 동아시아 각 민족을 상대로 일본에 대한 신뢰감을 높인다."

이에 따라 조선 주둔 일본군도 연합군포로수용 계획을 수립하였습니다. 일본군은 부족한 인력을 보충함과 동시에 포로들의 비참한 모습을 보여줌으로써 황군(일본군)의 위력을 선전하고 내선일체, 황국신민화의 효과를 거두기 위해 식민지 청년을 백인포로감시원으로 동원하기로 결정하고, 조선에서 포로감시원을 모집하였습니다.

1939년부터 강제징용이 시작되었고, 1942년 5월 조선에서 징병제를 실시한다는 사실이 발표되면서 당시 한반도 젊은이들은 군대든 탄광이든 언젠가는 끌려갈 것이라고 생각하였습니다. 이러한 때에 모집공고가 난 포로수용소 감시원은 탄광이나 공장에 강제로 끌려가는 것도 아니었고, 군인으로 전쟁터에 끌려가는 것도 아니었기에 상대적으로 안전해 보였습니다. 게다가 월급 50엔(당시 면장 월급이 55엔)에 2년만 근무하면 된다는 조건은 청년들에게 상당히 매력적이었습니다.

한편, 조선총독부는 각 읍면에 인원수를 할당하고 면서기와 순사들을 앞세워 동원에 나섰습니다. 인도네시아 자와에 포로감시원으로 갔던 김완근 할아버지는 1994년 대일보상청구재판을 할 때 당시의 상황을 이렇게 증언하였습니다. "그게 아마 1942년 6월 경인데요, 마을 구장(오늘날 이장)이 와서 '포로감시란 일이 있으니 응모하라.' 고 했습니다. '월급도 월 50엔이나 되고, 대우도 일본인처럼 해 주고, 장래에도 아주 좋을 것이다. 기한도 2년이니

▲ 『매일신보』 1942년 5월 23일자 포로감시원 모집 기사

「거듭되는 반도 청년의 광영, 군속으로 수천 명 채용」이라는 제목으로 포로감시원을 모집한다는 기사가 실려 있다.

다녀오게 하라.'고 부모님께 말했습니다. 하지만 우리 부모님은 '부모를 이어 농사를 지어야 하는데, 우리 집에는 남자아이가 하나뿐'이라며 거절하였습니다. 구장은 포기하지 않고, 이번에는 주재소(오늘날 파출소)의 일본인 순사부장을 데리고 와서는 안 간다고 하면 '너희 집 배급을 전부 끊겠다.'고 했습니다. 그래서 제가 '배급을 중단하면 우리 가족 모두 굶어 죽으란 말입니까?'라고 하니까, '그렇다.'라고 하면서 '천황폐하의 명령이니까 네가 명령을 안 따르면 총살할 것'이라고 협박했습니다."

조선인 포로감시원들은 어떤 일을 하였을까?

1942년 6월 15일 전국에서 모집된 조선인 포로감시원 3,223명은 부산 서면에 위치한 임시군속교육대에서 일명 '노구치 부대(사령관 노구치 중령)'로 결성되어 훈련을 받았습니다. 포로감시원이 된 조선인들은 자신들은 군인도 아닌데 왜 군사훈

련을 받아야 하는지 영문도 모른 채 가혹한 훈련을 받았습니다. 특히 '살아서 포로가 되는 치욕을 당하지 말고, 죽어서 오명을 남기지 말라.'는 '전진훈'(일본육군장병의 규칙)과 '일본군은 천황이 통치한다.'로 시작하는 '군인칙유'(메이지 천황이 육해군에 내린 칙령)를 암송하면서 '상관의 명령은 천황의 명령으로 즉시 복종해야 한다.'는 철저한 정신교육을 받았습니다. 훈련 내용도 총을 다루는 법, 사격, 총검술, 소대 전투훈련, 보초 등 군인들이 받는 훈련과 다를 바가 없었습니다.

이학래 할아버지는 수기에서 당시의 훈련 모습을 이렇게 묘사하였습니다. "군대 규율에 중점을 둔 매우 엄격하고 편협한 훈련과 대우를 받았다. '너희는 조선인이다. 지금부터 훌륭한 일본인으로 만들어 주겠다.'라는 말을 자주 들었고, 매일 두세 차례 뺨을 맞았다. 군화의 손질상태가 불량하다며 군화 밑바닥을 혀로 핥도록 강요하기도 했다. 우리가 가장 싫어했던 것은 서로 마주 보며 뺨 때리기 기합이었다. 처음에는 서로 가볍게 때리지만 옆에서 지켜보던 상등병이 시범을 보이겠다면서 힘껏 때리면 어쩔 수 없이 상대방의 뺨이 부풀어 오를 때까지 때려야 했다. 포로를 감시해야 할 우리에게 포로 취급 규정은 가르치지 않고, 이런 일들을 매일같이 반복하게 했다."

전범으로 사형당한 조문상 씨가 재판에서 진술했던 기록에는 훈련소에서 훈련받던 상황이 이렇게 나와 있습니다. "부산 훈련소에 있던 교관 중 한 명은 우리에게 포로들은 동물처

◀ 노구치 부대 조선인 훈련
병들
전국에서 모집된 조선인 포로
감시원들은 부산에 있던 노구
치 부대에서 군인과 비슷한 군
사훈련을 받았다.

럼 다루어야 한다고 가르쳤습니다. 그러지 않으면 포로들이 우
리를 무시하게 될 거라고 했습니다. 우리는 그들과 함께 있을
때 잔인해졌고, 그들이 우리보다 크기 때문에 그들을 때렸습니
다. 우리가 포로들보다 우월하게 보일 수 있는 유일한 길은 무
력, 협박, 구타뿐이었습니다. 그 당시 저는 포로들을 때리고 잔
인하게 다뤄야 한다는 지침을 따르고 있었습니다."

가혹한 훈련으로 인한 질병·정신장애·도망으로 한 달 만
에 300여 명이 그만두자 급히 인원을 보충하기도 하였습니다.
훈련을 끝마친 3,016명은 타이, 말레이시아, 인도네시아 자와
섬 등지에 파견되었습니다. 포로감시원의 업무는 일상적으로
포로를 관리하고, 도망을 막기 위해 감시하는 것이었습니다.
그러나 실제로는 음식과 약품이 부족한 열악한 환경에서 허약
해진 포로들을 철도, 도로, 비행장 건설현장에 데려가 노동을

강요하는 가혹한 업무가 주어졌습니다.

　이학래 할아버지는 타이 포로수용소에 배속되었습니다. 당시 이곳에서는 일본군 철도대가 타이와 미얀마를 잇는 태면철도를 건설하고 있었습니다. 이학래 할아버지를 비롯한 포로감시원들은 수용소에서 포로관리를 하면서 철도대가 요구하는 작업인원을 동원하는 일을 하였습니다. 포로들은 건설현장에서 노반구축, 레일부설 공사 등을 하였습니다. 이들을 인솔하고 작업을 관리하는 일에 일본인 군인은 한 명도 없었고, 조선인 군속 7명이 포로감시와 노동사역을 모두 담당하였습니다.

　자와 섬 포로수용소 감시원으로 근무했던 최기전 할아버지는 포로사역에 대해서 이렇게 이야기했습니다. "포로들하고 늘 맞대는 것은 우리 한국 군속이었죠. 작업명령은 건설대로부터 내려오는데 오늘 몇 미터 파는데 포로 몇 명이 필요하다는 식입니다. 그러면 우리는 포로 대표에게 인원 차출을 지시합니다. 포로 대표는 환자가 많아서 그럴 수 없다고 버티지만 우린들 어떻게 합니까? 명령 핑계를 대어 우격다짐으로 하는 수밖에 없지요. 작업기준량을 다 못 채우면 일본 군인들로부터 우리만 들볶입니다. 할 수 없이 포로들을 혹사시켜야 했습니다. 우리가 명령에 고분고분한 만큼 포로들이 고생

▼ 조선인 포로감시원들이
일했던 지역

하는 거죠….” 자와에 배속된 조선인 포로감시원은 완장에 별 마크가 있어서 인도네시아어로 붉은 별을 뜻하는 '빈탄부사르'로 불렸습니다. 이들은 군인이 아닌 군속이었기 때문에 이등병보다 아래로 여겨졌고 때론 군마나 군견보다도 못한 취급을 받았습니다.

▲ **인도네시아 자와 섬에서 근무했던 군속들**
완장에 별마크가 있어 인도네시아어로 붉은 별을 뜻하는 '빈탄부사르'로 불렸다.

일본군 포로수용소의 연합군포로들은 어떻게 생활하였을까?

연합군포로들에게는 일일 550그램의 식량을(일본 병사는 800그램) 지급하도록 되어 있었지만 타이 포로수용소 이타노 분소의 경우 한 달 넘게 겨우 쌀 100그램(종이컵 절반 분량)이 지급되었습니다. 그 결과 태면철도 일부구간 공사에 투입된 7,000명의 포로 중 3,087명이 영양실조와 풍토병으로 사망하였습니다. 인도네시아 자와 섬 포로수용소에서는 포로들에게 식량공급이 제때 이루어지지 않자 바다에 수류탄을 던져 떠오른 물고기를 모아서 배급하기도 하였습니다. 그러나 1944년 이후 연합군의 공습이 심해지면서 이조차 목숨을 걸어야 할 정도로 위험해지자 뱀이나 도마뱀, 들개, 그 밖에 먹을 수 있는 것은 모두 잡아서 배급에 사용했습니다.

최기전 할아버지는 연합군포로들의 비참한 생활을 이렇게 이야기했습니다. "각기병과 당뇨병이 번지고 있었습니다. 많을 땐 매일 열 명씩 죽어 나갔습니다. 포로들은 동료 시체를 묻을 구덩이를 스스로 파야 했습니다. 구덩이를 파는 포로들도 몸이 성치 못해 보기에도 딱했어요. 너무나 보기에 언짢아 총검을 포로에게 맡기고 우리가 달려들어 판 적도 있었습니다. 일본 군인들에게 들켜 혼이 났지만…"

일본군은 영국이 인도를 통해 중국을 지원하는 것을 막기 위해 인도 동북부의 도시 임팔에 대한 공격 작전을 세웠습니다. 이 작전을 수행하기 위해 1942년 7월부터 1943년 10월 사이에 건설한 태면철도는 타이와 미얀마 사이의 정글지대를 잇는 길이 약 415킬로미터의 철도노선입니다. 이 공사는 우기에는 탁류가 소용돌이치는 콰이강과 암석 정글지대를 하루에 1킬로미터씩 뚫고 나간, 철도공사 사상 유례가 없는 난공사였습니다. 이 정도의 난공사는 보통 6~7년 걸린다고 하였으나 일본군은 임팔 작전을 수행하기 위해 예측기간의 1/5에 해당하는 1년 4개월 만에 공사를 마쳤습니다. 이 공사에는 포로 약 5만 7000명, 노무자(타이인, 말레이시아인, 미얀마인 등) 7만 명이 동원되었는데, 공사가 끝나기까지 포로 약 1만 6000명, 노무자 약 3만 8000명이 사망하였습니다.

연합군포로였던 육군 중령 C.H. 캅은 "작업시간은 보통 1일 12~14시간이고 최대 20시간에 이르는 경우도 있었다. 일반

▲ 콰이강의 다리로 알려진 태면철도 건설에 동원되어 일하는 연합군포로들

▲ 1944년 연합군의 폭격으로 끊어진 콰이강의 다리

적으로 포로들은 오전 8시에 나가서 오후 10시에 숙소로 돌아왔고 휴일은 없었다. 우리는 5월 14일 즈음 공사에 투입되어 9월까지 휴일 없이 매일 일을 하였다."라고 재판정에서 증언하였습니다. 영국군 포로 어니스트 고든은 당시 생활이 지옥이었다고 하면서 전범재판에 제출한 고발 문서를 통해 이렇게 증언하였습니다. "하루 일과가 끝나고 숙소로 돌아가려고 할 때 일본군 포로 감시병이 삽 한 자루가 부족하다고 소리쳤다. 포로들의 대오 앞에서 일본 병사는 포로들이 비열하고 멍청하다고 했다. 천황에 대한 은혜를 모른다고 고함을 쳤다. 그리고 훔쳐간 놈은 앞으로 나와 벌을 받으라고 했다. 누구 하나 움직이는 사람이 없자 감시병의 분노는 더욱 고조되었다. 화가 난 감시병은 '다 죽는다'고 하면서 총을 잡고 안전장치를 푼 다음 우리들을 겨냥했다. 결국 포로 한 사람이 개머리판으로 두들겨 맞아 죽었다."

　이학래 할아버지도 당시 포로들의 처지에 대해 이렇게 말

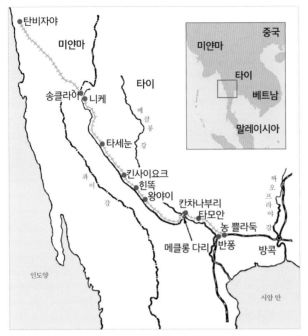

▲ 태면철도 노선도(총길이
약 415킬로미터)

했습니다. "포로들의 숙소는 비가 샜고 옷은 단벌이었다. 식사는 돌과 뉘가 섞인 싸라기 쌀밥과 절인 물고기 한 토막이 전부였다. 포로들 사이엔 배탈, 콜레라, 천연두, 말라리아가 만연했다. 급식불량으로 대다수 포로들이 쇠약해 있었지만 머릿수를 맞추기 위해 환자들도 (현장에) 내보내지 않을 수 없었다."

연합국의 군인들은 포로를 목숨 걸고 전력을 다해 싸운 명예로운 존재로 여겼습니다. 그러나 전진훈에 세뇌된 일본군은 살아서 포로가 되는 것을 최대의 치욕이라고 생각했습니다. 도쿄재판(극동국제군사재판)에서 심문을 받던 도조 히데키의 진술을 들어 보면 일본군이 포로에 대해 어떻게 생각하고 있었는지 잘 알 수 있습니다. "포로에 대한 일본인의 생각은 구미 사람과 다릅니다. 일본에서 포로가 된다는 것은 치욕입니다. 일본형법에서는 아직 저항할 힘이 있는데 포로가 된 자는 형사상 죄를 지은 것이며 그 죄에 대한 최고형은 사형입니다."

포로를 경멸하는 일본군 장병과 포로가 되어서도 당당히

가슴을 펴는 연합군 장병의 모습은 포로를 관리하는 현장에서 큰 마찰을 불러일으켰습니다. '비천한 포로'라고 생각하는 일본인 병사들과 조선인 포로감시원들은 당당하게 무리를 지어 다니는 백인포로들이 동양인을 무시한다고 생각했고, 이들에게 위엄을 보여야 한다고 생각했습니다. 또한 일상생활이나 군대생활에서 자신에게 죄어드는 압박감과 스트레스를 해소하지 못하던 일본군 말단 병사나 조선인 포로감시원은 우월적 지위를 이용하여 자신을 덮쳤던 모든 중압감을 해소하고자 하는 폭발적 충동에 사로잡혀 연합군포로를 더 가혹하게 다루었습니다.

한국인이 어떻게 B·C급 전범이 되어 처벌을 받았을까?

1945년 8월 일본이 항복하면서 수락한 연합국의 포츠담 선언 제10항에는 '우리 포로를 학대한 자를 포함한 모든 전쟁범죄인에 대해 엄중한 처벌을 가한다.'라는 문구가 있습니다. 이와 같이 포로 학대를 저지른 전범에 대한 처벌은 연합국의 방침이었습니다. 독일과 이탈리아에서 포로생활을 했던 연합군 23만 5473명 가운데 수용소에서 사망한 사람은 9,648명입니다. 이에 비해 일본의 포로였던 연합군은 13만 2134명 중 3만 5756명이 사망했습니다. 독일군과 이탈리아군에 의한 포로 사망률이 4.1%인 것에 비해 일본군에 의한 포로 사망률은 무려 27%나 됩니다.

이런 놀라운 포로 사망자 수치를 이유로 연합국은 일본군의 포로학대에 대해 엄격한 태도를 취했습니다. 1941년부터 1945년 8월까지 연합국 측이 일본의 포로학대에 대해 항의하거나 스위스 공사를 통해 제네바 조약을 준수해 달라고 요청한 것이 134회나 되는 것만 보아도 연합국의 태도를 짐작할 수 있습니다.

당시 전쟁포로에게 강제노역을 시키는 일은 국제조약으로 금지되어 있었습니다. 하지만 일본 육군성은 조선인 포로감시원 교육 시 포로관리에 관한 국제조약은 일절 가르치지 않았습니다. 조선인 포로감시원들은 조약의 존재조차 알지 못한 채, 국제조약을 위반하는 일본군 포로정책의 최전선에 배치되어 포로들을 직접 접촉하고 명령하고 통솔했습니다. 게다가 일본군은 계약기간 2년이 지나도 조선인 포로감시원들을 조국으로 돌려보내지 않았습니다. 결국 이들은 일본이 패전할 때까지 계속 일했습니다. 일본군 지위체계의 최말단으로서 무조건 상관의 명령에 복종해야 했던 조선인 포로감시원들은 자기도 모르게 국제조약을 어긴 범죄자가 되었던 것입니다.

A급 전범 28명에 대한 재판이 1946년 5월 일본 도쿄에서 열린 것과 달리 B·C급 전범에 대한 재판은 1945년 10월부터 1951년 4월까지 일본군이 주둔했던 동남아시아 49곳에서 미국·영국·오스트레일리아·네덜란드·프랑스·필리핀·중국 등 7개국의 주도로 열렸습니다. 연합국이 주도한 데다 연합군 포로의 '선서구술서(고발문서)'에 기초하여 진행되다 보니 B·C급

전범 재판은 '복수재판'에 가까웠습니다. 가혹한 노동과 죽음, 굶주림과 질병 등 비참한 상황에서 자신들을 다그쳤던 인간에 대해 가질 수 있는 감정은 증오밖에 없을 것입니다. 이러한 이유로 가혹한 포로정책을 입안하고 명령했던 책임이 있는 일본인 장교보다 최말단에서 포로와 접촉했던 조선인·타이완인 포로감시원에게 고발과 비난이 집중되었습니다. B·C급 전범으로 기소된 조선인 148명 중 군인은 단 3명이었고, 중국어 통역을 위해 징용된 16명(8명 사형, 8명 유기형)을 제외한 나머지 129명이 모두 포로감시원으로 일한 군속이었습니다. 사형 선고를 받은 23명 중에도 반이 넘는 14명이 포로감시원이었습니다.

1945년 12월 싱가포르에서 열렸던 네덜란드령 인도네시아 지구 검사총장과 영국 당국의 회담에서 "전쟁범죄에 관한 식민지 조선인을 일본인으로 취급"하도록 했습니다. 일본과 식민지 조선의 분리 방침이 왜 전범재판에 적용되지 않았는지는 명확하게 밝혀지지 않았습니다. 아마도 연합군 종주국이었던 네덜란드·영국·미국이 식민지배를 당하고 있던 조선인에 대한 이해가 부족했던 점, 그리고 연합군포로들의 포로학대 증언이 큰 영향을 미쳤을 것으로 짐작하고 있습니다.

현지법정에서는 연합국 군인이 재판관인 경우가 많았고 1946년 전반까지 한국인과 타이완인에게는 통역도 변호사도 없었습니다. 포로감시원들을 고발했던 연합군포로들은 재판 전에 거의 귀국했기 때문에 재판 중 이들에 대한 반대심문은 고사하고 선서구술서가 날조된 경우도 있었습니다. 재판은 1심으로 끝나 피고는 이의제기도 할 수 없었습니다. 재판관도 연합국 사람이었기 때문에 한국인과 타이완인이 일본인 상관의 부당한 명령에 복종을 강요당한 피해자라는 인식은 없었습니다.

태면철도 공사 구간 포로감시원이었던 이학래 할아버지는 연합군포로가 사진을 보고 그를 포로수용소의 분소장으로 지목하고 포로 대우에 대한 증언을 하여 사형선고를 받았습니다. 할아버지는 결과에 불복하여 탄원서를 제출하였고, 결국 분소장이 아닌 것으로 밝혀져 20년 형으로 감형되었습니다. 할아버지의 경우만 보더라도 재판이 얼마나 공정하지 못했는지 알 수 있습니다.

전쟁 후 유죄판결을 받은 한국인 B·C급 전범들 148명 중 사형당한 23명 외에 125명은 현지 형무소에서 복역하였습니다. 동남아시아 각지에서 복역하고 있던 전범들은 1952년 도쿄에 있는 스가모 형무소로 이감되어 미군의 관리를 받으며 수감 생활을 계속하였습니다. 1952년 4월 발효된 샌프란시스코 강화조약 체결 당시 일본인 전범자의 형 집행을 지속하도록 규정했기 때문입니다. 샌프란시스코 강화조약 발효 당시 일본은 일방적으로 재일한국인의 일본 국적을 박탈하였습니다. 이에 옥중에 있던 한국인 B·C급 전범들은 더 이상 일본인이 아닌 자신들을 석방하라며 소송을 제기하였습니다. 그러나 일본 최고재판소는 '형을 받았을 때는 일본인이었다.'라는 이유로 이들의 청구를 기각하였습니다.

한국인 B·C급 전범 148명에 대한 처분

처벌 근거	징역(유·무기)	사형	계
포로수용소관계	115	14	129
기타	10	9	19
계	125	23	148

출소 후 한국인 B·C급 전범자들은 어떻게 생활하였을까?

한국인 B·C급 전범자들은 1957년까지 전원 석방되어 출감하였습니다. 석방 당시 그들에게 건네진 '석방증명서'에는 '2주 이내에 외국인등록을 할 사람'이라고 적혀 있었습니다. 이들은 친척도, 생활기반도 없는 일본사회에 맨몸으로 던져졌습니다. 일본 정부는 일본인으로 형기를 마친 이들에게 이제는 일본 국적자가 아니라는 이유로 생활지원을 하지 않았습니다. 출소 후 생계대책이 없던 이들은 극심한 빈곤에 시달렸습니다.

"정말 고생스러웠습니다. 어디가 어딘지도 모르는 도쿄에 내동댕이쳐져서…. 고생스러웠다는 말로는 성에 차지 않습니다. 석방된 그날부터 일을 해야 했습니다. 공사판 노동자·운전수·식당일, 뭐라도 닥치는 대로 일을 해야 했기에 하루 10시간,

14시간 일하는 것은 보통이었죠. 살아남기 위해서는…. 도와주는 사람 하나 없었으니까요."

1952년 가석방된 문태복 할아버지의 경우 출소할 때 연고지까지의 교통비 800엔, 옷 한 벌, 쌀 배급권 한 장을 지급받았습니다. 한국인에게 연고지는 한국이었지만 지급된 여비로는 돌아갈 수도 없었고, 또 가석방이었기 때문에 한국으로 가지 못했습니다. 가석방된 사람은 '보호감찰'을 받아야 했기 때문에 형기가 만료될 때까지 일본을 벗어날 수 없었습니다. 먼저 출소한 이들에게 이런 소식을 전해들은 전범자들 가운데에는 출소를 거부하는 사람들도 나타났습니다. 박창호 씨와 윤동현 씨는 교도소에서 당시 일본 수상에게 다음과 같은 청원서를 제출하였습니다.

"한국인인 저희는 일본인과 달리 가석방이 되어도 고향으로 돌아갈 수 없습니다. 기다리고 있는 가족에게 기쁨의 눈물로 환영받을 수도 없습니다. (중략) 이런 상황 속에서 출소 후 어떻게 생활하면 좋을지, 어디에 살며 무엇을 먹으며 무슨 일을 할 수 있습니까? 아래 내용은 어디까지나 저희들의 급박한 상황에서의 최소한의 청원입니다. 일본국 정부가 지금까지 우리 전범자에게 주었던 크나큰 정신적 피해나 물질적 손해에 대한 보상 요구의 권리는 아직 남아 있다고 봅니다."

하지만 그들은 아무런 답변을 듣지 못했습니다.

1953년 석방된 정영옥 할아버지는 어렵게 고향인 부여로 갔습니다. 그곳에서 '친일파', '일본놈의 개' 소리를 들었습니다. 가족과 친척들도 주위에서 '대일협력자' 집안으로 낙인이 찍혀 차별과 멸시의 대상이 되었습니다. 인도네시아에서 포로학대 혐의로 사형당한 변종윤 씨의 유족인 변광수 씨는 어릴 때부터 '전범 아들'이라며 차별과 괴롭힘을 당하였습니다. 박윤상 씨의 아내는 남편이 전범이 되었다는 소식을 듣고 충격으로 절망하여 저수지에 몸을 던졌습니다.

이런 가운데 1955년과 1956년에 석방되었던 허영 씨와 양월성 씨가 생활고와 세상에 대한 원망으로 각각 목을 매고, 철로에 몸을 던져 스스로 목숨을 버렸습니다. 이들의 비극적 죽음은 전범 피해자들이 자신들의 명예회복 활동과 보상 요구 운동을 시작하는 계기가 되었습니다.

이들은 명예회복과 보상을 위해 어떤 노력을 하였을까?

일본 정부는 샌프란시스코 강화조약 체결 이후 전쟁부상자와 유족을 후원한다는 취지로 '전쟁부상자와 전사자 유족 등에 관한 지원법'(1952.4.30.)을 제정하였습니다. 하지만 일본 국적을 박탈당하고 외국인이 되어버린 한국인과 타이완인은 지원법의 규정에 따라 지원 대상에서 제외되었습니다. 1953년 8월에는 은급법(군인연금법)*을 개정하여 과거 군인들에 대한 지원

은급법
군인 및 이에 준하는 자와 그 유족이 법에 정하는 대로 연금을 받을 수 있도록 한 법률.

을 다시 시작하였으나 이때도 '국적을 상실할 경우 그 권리는 소멸한다.'라는 규정을 넣어 한국인과 타이완인은 대상에서 제외하였습니다. '일본국민'으로 형 집행을 받았는데 일방적으로 일본 국적을 박탈한 뒤, 국적을 상실했다는 이유로 보상에서 제외한 것입니다.

전범으로 갇힌 사람들을 '미귀환자'로 간주하고, 그 가족에게 수당을 지급하는 내용으로 1953년 8월에 제정한 '미귀환자 가족 지원법'에도 미귀환자의 가족을 '일본 국내에 거주하는 자'로 제한하였습니다. 식민지 조선에서 직접 징용된 조선인 포로감시원들은 일본에 가족이 있을 리 없으니 이 또한 한국인 전범을 지원에서 제외한 조처였습니다.

이와 같은 일본 정부의 조치에 분노한 재일한국인 B·C급 전범 및 유족 약 70명은 이에 항의하고 자신들의 명예회복과 권리를 찾기 위해 1955년 4월 1일 '한국출신전범자 동진회(이하 동진회)'를 결성하였습니다. 그리고 4월 23일에 일본 내각총리대신과 각 대신 앞으로 '조기석방, 일본인 전범과의 차별대우 철폐, 국가 보상 요구, 출소 후 일정 기간 동안 생활 보장' 등의 내용을 담은 청원서를 제출하였습니다. 이후 일본 내각이 바뀔 때마다 국가책임을 묻는 청원서를 내각총리대신에게 제출했습니다. 그러나 일본 정부는 '선처'와 '전향적 검토'라는 말만 되풀이하다 형식적인 생활지원 조처로 1957년 1인당 5만 엔, 1958년 1인당 10만 엔 정도를 지원하는 것에 그쳤습니다.

1960년대에 들어서서 동진회 회원들은 매달 정부에 면회를 요구하고 자신들의 대우에 대한 실정을 호소하였습니다. 1964년 일본 정부는 동진회의 국가 보상 요구를 수용하는 듯한 태도를 보이며 구체적인 지급 금액을 검토하겠다고 하였습니다. 그러나 1965년 한일청구권협정이 체결되자 일본 정부는 '모든 것이 해결 끝!'이라는 자세로 면회요청조차 들어주지 않았습니다. 한편, 우리나라에서는 한일협정에 따른 '대일 민간 청구권' 대상을 1945년 8월 15일 이전으로 한정하였습니다. 전범재판 판결로 집행된 사형과 투옥에 따른 피해는 청구대상에서 제외한 것입니다.

동진회에서 일본 정부 측에 면회요청을 하면 담당 공무원들은 다음과 같이 이야기할 뿐이었습니다.

"조선인 전범… 아, 그 문제라면 이미 끝난 것이에요. 불만이 있으면 한국 대사관으로 가세요. 한국에서는 8월 15일 이전 것만 해당된다고요? 그것은 한국의 국내조치니까 일본 정부로서는 아무 말도 할 게 없습니다. 여하튼 일본과 한국 사이에는 1965년 6월 22일 이전 청구와 관련된 문제는 모두 해결된 셈이니까 한국 정부에 말하면 되지 않겠습니까?"

일본 정부의 무책임한 태도에 동진회 회원과 유족들은 일본의 양심적인 시민들로 구성된 '일본의 전쟁 책임을 대신 짊어진 한국·조선인 B·C급 전범을 지원하는 모임'과 함께 1991년 11월 일본 정부를 상대로 사죄 및 보상을 요구하는 소송을 도쿄지방재판소에 제기하였습니다. 1심 판결에만 5년이 걸렸고, 마침내 1999년 12월에 최고재판소 판결이 나왔지만 모두 기각 당했습니다. 그러나 최고재판소는 판결문에서 "원고 등은 반 강제적으로 포로감시원으로 모집되어 유·무기 징역 및 사형에 처해져 심각하고 막대한 희생 내지 손해를 입었다. 원고 등이 겪은 희생 내지 피해의 심각함을 생각해 보면, 보상을 가능하 게 하는 입법조치를 강구하지 않은 것에 대해 불만을 갖는 원 고들의 심정을 이해할 수 있다. 그러나 입법을 기다리지 않고 국가를 상대로 보상을 청구하는 원칙은 아직 존재하지 않는다. 입법부의 재량적 판단에 맡겨진 것이라고 이해하는 것이 마땅 하다."라고 하였습니다. 이것은 최고재판소가 한국인 B·C급 전 범의 피해를 인정하고 그들의 심정을 이해하지만 군인, 군속 및 유족에 대한 보상을 위해서는 국가의 재정이 필요하니 국회가 법률을 제정하여 해결하라는 의미입니다.

최고재판소 판결 이후 일본에서는 정부 관계자나 일본 정 치인들이 몇 차례 B·C급 전범에 대한 보상과 지원을 언급했습 니다. 하지만 실현된 것은 아무것도 없습니다. 2003년 3월에는 후생성 장관이, 같은 해 7월에는 후쿠다 관방장관이 대책 마련 을 검토하겠다고 했지만 말뿐이었습니다. 2008년 5월에는 일본 민주당이 중심이 되어 피해자 또는 유족 한 사람에게 300만 엔 의 보상적 성격을 갖는 특별교부금을 지급하는 '특정연합국재 판 피구금자 특별급부금 법안'을 국회에 제출하였으나 한 번도

심의되지 못한 채 폐기되었습니다. 이후 현재까지 일본 정부의 실질적 조처는 나오지 않고 있습니다.

한편, 1965년 한일국교정상화 이후 한국 정부가 식민지 역사 청산을 위해 다시 움직이기 시작한 것은 2004년 3월 '일제강점하 강제동원 피해 진상규명 등에 관한 특별법'이 제정되고 난 이후입니다. 이 법률에 따라 '일제강점하 강제동원 피해 진상규명위원회(이하 진상규명위원회)'가 발족되었고 피해 조사가 시작되었습니다. 동진회와 유가족들은 2005년 11월 한국 정부에 '한국인 B·C급 전범자 문제 해결'을 촉구하였습니다.

진상규명위원회는 조사관을 일본에 파견하여 한국인 B·C급 전범자와 가족을 직접 만나 조사하고, 이들에 대한 재판 기록을 면밀히 검토하였습니다. 그 결과 연합군포로에 대한 한국인들의 행위가 전쟁범죄냐 아니냐를 떠나서 한국인들이 연합군포로들을 '학대'하게 된 것은 이들이 일제의 침략전쟁에 강제동원되었기 때문이라고 판단하고, 2006년 6월 이들을 '전범'이 아닌 '강제동원 피해자'로 인정하였습니다. 전후 60년이 넘는 긴 시간 동안 '대일협력자', '친일파'로 손가락질 받아온 한국인 B·C급 전범자들이 적어도 한국에서는 그런 오명을 씻고 명예를 회복하게 된 것입니다. 또한, 사망자 유족은 위로금을 받을 수 있게 되었습니다.

그동안 한국사회에서 입을 다물고 인고의 세월을 보냈던 귀국자와 유족들은 2007년 2월 비로소 '한국 동진회'를 결성하였습니다. 한국 동진회는 일본에 있는 동진회와 함께 일본 정부에 사과와 명예회복, 피해보상을 요구하는 활동을 하고 있습니다. 2014년 10월에는 동진회 회장 이학래 할아버지와 유가족 10명이 한국 정부가 자국 출신 전범 문제를 내버려둔 것은 위헌이라는 헌법소원을 헌법재판소에 제기하였습니다. 한반도 출신 B·C급 전범 문제에 관해서는 한일청구권협정에서 논의되지 않았는데 한국 정부가 이에 관해 아무 조처도 하지 않고 내버려둔 것이 위헌이라는 점을 확인해달라는 것입니다.

남아 있는 문제는 무엇일까?

"전후 70주년, 한일국교정상화 50년이 된 올해에는 이 문제가 해결되었으면 좋겠습니다." 벌써 90세가 된 이학래 할아버지는 2015년 4월 1일 도쿄 중의원 회관에서 열린 '동진회 결성 60주년 기념 행사'에서 이렇게 얘기했습니다.

B·C급 전범 문제는 아시아·태평양전쟁 중에 일어난 것이 아니라 전후에 일어난 인권침해 문제입니다. 또한 연합국 전범 재판의 부조리와 전후 일본의 정책적 차별에서 발생한 문제입니다. 전문가들은 이 문제가 더 이상의 진상규명과 새로운 조사를 필요로 하지 않을 만큼 명백하게 차별과 부조리에서 비롯되었으며, 정치적으로 적절히 대응함으로써 조기에 개선·해결할 수 있는 문제였다고 말합니다.

1941년 12월 일본군이 하와이 진주만을 공격하자 미국과 캐나다는 자국의 서해안에 거주하는 일본계 주민들을 법적인 정당한 절차도 없이 내륙 수용소에 강제 수용하였습니다. 당시 같은 적국이었던 독일계, 이탈리아계 주민들은 재산포기도 강제수용도 없었기 때문에 명백한 차별이었습니다. 1980년대에 일본계 미국인들은 미국에서 이 문제로 집단 소송을 벌였습니다. 그러자 미국은 1988년 '시민적 자유법안'을 제정하여 '일본계 주민들의 기본적인 시민적 자유와 헌법상 권리의 근본적인 침해에 대하여 의회는 국가를 대표해서 사죄한다.'라고 공식 사죄하였으며 개인 보상을 실시했습니다. 보상 대상에는 강제수용 당시 일본계 미국인 또는 영주 외국인으로 생존해 있는 사람들뿐만 아니라 전후 일본으로 귀화하여 일본에 사는 사람들까지 포함되었습니다. 사망자에게는 가족들에게 보상금이 지불되었고, '제2차세계대전 중에 중대한 부정의가 일본계 미국인에 대하여 행해졌다.'는 것을 인정한 '부시 대통령의 편지'가 전달되었습니다. 캐나다도 미국과 마찬가지로 의회를 통해 과거의 잘못을 인정하고 이들에 대한 보상을 하겠다는 성명을 발표하였습니다.

미국과 캐나다의 사례에서 보듯이 문제 해결을 위해서 남은 것은 '일본 정부의 사과와 보상'입니다. 2008년 한국인 B·C급 전범 문제 해결을 위한 법안에 관여했던 일본 민주당 요코미치 다카히로 의원은 동진회 결성 60주년 기념 행사에 참석하여 "이 문제는 일본이 법안을 만들어 해결하지 않으면 해결할 수 없다. 이학래 회장이 건강할 때 이 문제가 해결되도록 여·야당의 협력을 얻어 다시 한 번 법안을 제출하고 싶다."라고 말했습니다. 현재 한국 동진회는 일본 정부에 일본의 전쟁 책임을 떠안은 피해자에 대한 보상 입법을 촉구하는 운동과 함께 사형자들의 야스쿠니 합사 취하를 요구하는 청원서를 제출하는 등 명예회복 활동을 벌이고 있습니다.

일본 정부는 의원입법을 통해 1987년 타이완주민 전몰자 유족 등에게 조위금(1인당 200만 엔)을 지급하였고 2010년 시베리아 억류자 특별조치법에 의한 위로금(1인당 25~150만 엔)을 각기 지급한 사례가 있습니다. 또한 옛 연합군포로와 그 가족을 일본에 초대해 정중하게 응대하며 사죄하기도 하였습니다. 현재 일본의 일부 국회의원과 최고재판소는 법을 제정하여 한국인 B·C급 전범 문제를 해결할 것을 촉구하고 있습니다. 그러나 일본 정부는 일본인 군인, 군속과 관련한 전쟁희생자에 대한 보상 입법은 신속히 제정하여 보상을 하고 있는 반면, 한국인 B·C급 전범에 대해서는 특별한 조처를 취하지 않고 있습니다. 전후 보상은 전쟁과 식민지배라는 국가 폭력으로 짓밟힌 개인의 상처를 보듬고 명예회복과 인권회복으로 나아가는 상징적인 첫걸음으로, 일본 정부는 문제 해결의 의지를 보여야 할 것입니다. 2016년 1월 현재 생존해 있는 동진회 회원은 단 4명입니다.

1942.5.	조선총독부 포로감시원 모집. 1942년 8월 각지의 포로수용소로 파견.
1945.10.	B·C급 전범 재판 시작.(1951년 4월에 끝남.)
1952.4.	B·C급 전범 일본 도쿄 스가모 형무소로 이감. 1957년까지 단계적으로 가석방.
1952.4.30.	일본 정부 '전쟁 부상자와 전사자 유족 등에 관한 지원법' 제정. 일본 국적 상실로 대상에서 제외됨.
1953.8.	일본 정부 은급법(군인연급법) 개정. 과거 군인들에 대한 지원. 일본 국적 상실로 대상에서 제외됨.
1953.8.	일본 정부 '미귀환자 가족 지원법' 제정. 전범 구금자 가족에게도 수당 지급. 일본 국내 거주자만 해당.
1955.4.1.	'한국출신전범자 동진회(동진회)' 결성. 일본 내각 총리대신과 각 대신 앞으로 청원서 제출. 매달 일본 정부 면회 및 국가 보상 요구.
1957.	일본 정부가 1인당 5만 엔, 1958년에는 10만 엔 지원.
1965.6.	한일청구권협정 체결. '대일 민간 청구권' 대상을 1945년 8월 15일 이전으로 한정함으로써 전범 재판으로 사형, 투옥된 사람 제외됨.
1991.11.	동진회와 '일본의 전쟁 책임을 대신 짊어진 한국·조선인 B·C급 전범을 지원하는 모임'이 함께 일본 정부를 상대로 사죄 및 보상 요구 소송. 1999년 12월 최종판결에서 모두 기각됨.
1995.8.15.	무라야마 담화. 일본 정부가 전후 최초로 아시아·태평양전쟁과 그 이전의 침략, 식민지배에 대해 공식적으로 사죄.
2004.2.	한국 정부 '일제강점하 강제동원 피해 진상규명 등에 관한 특별법' 제정. '일제강점하 강제동원 피해 진상규명위원회' 발족.
2005.11.	동진회와 유가족들, 한국 정부에 한국인 B·C급 전범자 문제 해결 촉구.
2006.6.	일제강점하 강제동원 피해 진상규명위원회에서 B·C급 '전범'이 아닌 '강제동원 피해자'로 인정. 국내에서 명예회복 및 사망자 유족 위로금 수급 가능.
2007.2.	'한국 동진회' 결성. 일본의 동진회와 함께 일본 정부에 사과, 명예회복, 피해보상 요구 활동.
2014.10.	한국 동진회 회장 이학래 헌법소원 제기.

쟁점5

: 야스쿠니 신사

전쟁에 대한
서로 다른
기억

내 아버지를 돌려달라!

　　이희자 씨는 지금까지 100번도 넘게 일본을 다녀왔습니다. 돌아가신 아버지의 영혼을 돌려받기 위해서였습니다. 아버지 이사현 씨는 그녀가 태어난 지 13개월밖에 안 된 1944년 2월에 강제징용되었습니다. 육군 군속으로 끌려가 중국에서 일하던 아버지는 1945년 6월 해방을 두 달 앞두고 사망했습니다.

　　어린 나이에 남편을 잃은 이희자 씨의 어머니는 재혼을 하였고, 그녀도 새아버지를 따라 한동안 '김희자'로 살아왔습니다. 결혼을 하고 자식들까지 다 키운 이희자 씨는 1989년부터 아버지에 대한 기록을 찾기 시작하였습니다. 1997년 한국 정부가 일본 정부로부터 받은 유수(징용자 파견)명부에서 마침내 아버지의 이름을 찾았지만 이상한 점을 발견했습니다. 아버지 이름 위에 있는 '합사제(合祀濟)'라는 도장 날인. 합사(合祀)란 '신령'을 합쳐서 하나로 만든다는 뜻으로, 그것은 아버지가 야스쿠니 신사에 일본을 지키려다 희생된 신으로 모셔졌다는 표시였습니다. 이희자 씨는 그것을 본 순간 '피가 거꾸로 솟는 기분'이었습니다.

"야스쿠니에 합사되어 있다는 것은 일본의 침략전쟁에 협력하였다는 '일제 협력자'로서의 불명예를 유족들이 안게 되는 것이지요. 그보다 더한 것은 강제로 끌려가서 억울하게 돌아가신 원혼을 두 번 죽이는 꼴이 된다는 거예요."

2001년 8월 이희자 씨는 아버지의 이름을 합사 명부에서 빼달라고 요구하기 위해 야스쿠니 신사를 방문하였습니다. 이에 대해 야스쿠니 신사 측은 "한번 신으로 모셔진 분을 다시 내리는 것은 신도의 원칙상 불가능하다."며 합사철회를 거부하였고, 오히려 "여기까지 온 김에 아버지의 영령에 참배"하라며 신사참배를 권유하는 망발을 하였습니다. 이때부터 이희자 씨는 아버지의 이름을 야스쿠니 신사 명부에서 빼내는 것을 평생의 일로 삼았습니다.

야스쿠니 신사에 합사된 한국인은 무려 2만 1181명이나 됩니다. 이희자 씨를 비롯한 한국인 유족들은 2001년 6월과 2007년 2월, 두 차례에 걸쳐 도쿄지방재판소에 소송을 제기하였습니다. 식민지시대에 강제 연행되어 희생당한 피해자들의 원혼이 당사자의 종교나 유족의 의사와 무관하게 침략전쟁의 신으로 합사된 채 반세기가 넘게 능욕을 당하고 있으니 한국인의 야스쿠니 신사 합사를 철회하라고 요구하는 소송이었습니다.

이에 대해 일본 정부는 "어떤 사람을 합사할지 합사하지 않을지는 야스쿠니 신사가 결정하는 것으로 당국이 관여하고 있지 않다."라고 하였고, 일본 재판소도 "합사는 야스쿠니 신사의 판단과 결정에 따라 이루어진 것으로 국가와 신사가 일체가 되어 합사했다고 말할 수 없다."면서 책임을 회피하였습니다.

소송과 기각, 항소 등으로 100번 이상 일본을 드나든 이희자 씨는 "일본 제삿밥을 원치 않게 먹고 있는 아버지를 야스쿠니 신사에서 빼내겠다."면서 10년이 훌쩍 넘는 세월 동안 이어온 싸움을 앞으로도 계속할 결심을 하고 있습니다. "판결 이후 너무나도 분하고 억울해서 아무런 말도 못 할 정도였지만, 하루 이틀 지나면서 오히려 더 이들(일본 정부와 사법부, 야스쿠니 신사)을 용서할 수 없게 되었습니다."라고 하면서 "다양한 방법으로 더 힘차게 싸울 생각"이라고 하였습니다.

야스쿠니 신사는 어떤 곳일까?

신도
자연물(돌, 산, 물 등)과 자연현상(번개, 천둥 등)을 신처럼 섬기는 마을 신앙을 기원으로 하는 일본의 전통 종교. 점차 조상이나 천황, 역사적 인물 등 실존 인물을 신으로 모시게 되었다.

신사(神社)란 일본의 고유 종교인 신도(神道)에서 신령을 모시거나 부르는 곳입니다. 신사에서 모시고 있는 신은 마을의 수호신으로 여겨지는 바위·강·숲을 비롯하여 일본의 건국신화에 나오는 신·천황·역사적 영웅에 이르기까지, 그 수를 헤아릴 수 없을 만큼 많고 다양합니다. 신사는 보통 신을 모시는 본전과 신도들의 참배를 위한 배전으로 이루어져 있습니다. 신사에

▲ 야스쿠니 신사에서 출정식을 하는 군인

▲ 야스쿠니 신사의 배전

따라서는 본전과 배전 사이에 신에게 공물을 바치거나 특별한
참배를 하기 위한 폐전을 두기도 합니다.

많은 일본인들은 새해 첫날 신사를 참배하면서 한 해의
안녕과 행복을 기원하는 '하츠모데(初詣)' 행사를 합니다. 또한
아기가 태어나 한 달 정도가 지나면 아기를 안고 신사에 가서
건강과 행복을 기원합니다. 성인이 된 뒤에도 일정한 나이가
되면 액땜을 위해 신사를 참배합니다. 이처럼 신도·신사는 일
본인들의 생활 속에 깊이 자리 잡고 있는 전통 종교로, 한국의
민간신앙처럼 오랜 전통을 갖고 있습니다.

하지만 야스쿠니 신사는 이러한 일본인들의 일반적인 신
도 신앙과는 성격이 다른 곳입니다. 일본이 근대화로 격변하던
19세기 후반에 천황을 지지하던 세력인 존왕파는 반대파인 바
쿠후파와의 권력투쟁에서 희생된 동지들을 위령하고 현창*하기
위해 전국 각지에 초혼사(招魂社)*를 세웠습니다. 야스쿠니 신사

현창
숨겨진 공적이나 선행을 세상
에 널리 알려 칭송하는 일.

초혼사
메이지유신 전후부터 천황과 국
가를 위해 죽은 자들의 영령을
모시기 위해 각지에 세운 신사.

도 존왕파와 바쿠후파의 내란인 보신전쟁이 끝난 1869년 메이지 천황이 전쟁에서 사망한 관군 3,588명을 위령, 현창할 것을 목적으로 도쿄에 세운 초혼사입니다. 도쿄 초혼사는 1879년 군의 요청으로 야스쿠니 신사로 명칭이 바뀌었고 '별격관폐사'의 지위가 부여되었습니다. 별격관폐사란 1871년 전국에 있는 신사를 국가의 관할 아래로 조직하면서 '천황에 충성을 다한 사람들을 신으로 모신' 곳을 구분하여 부른 이름으로, 일본 건국 신화에 나오는 신이나 천황, 황족을 모시는 신사 다음으로 격이 높은 신사입니다. 즉 야스쿠니 신사는 일본의 전통적인 신사와 달리 국가와 천황에 대한 충성과 애국심을 전파하기 위해 근대에 새롭게 '만들어진 전통'입니다.

　　아시아·태평양전쟁 이전에 세워진 일반 신사가 내무성 관할로 운영된 것과 달리 야스쿠니 신사는 육해군성 관할로 운영되었습니다. 야스쿠니 신사는 전쟁 희생자를 천황과 국가를 위해 죽은 영령으로 현창하여 국가를 위해 전쟁에 나가 죽는 것을 최고의 영예라고 선전함으로써 새로운 전쟁 희생자를 재창출하는 역할을 수행하였습니다. 전쟁 말기 가미카제 특공대나 인간어뢰 '가이텐'과

▼ 야마구치 현에 있는
호국신사

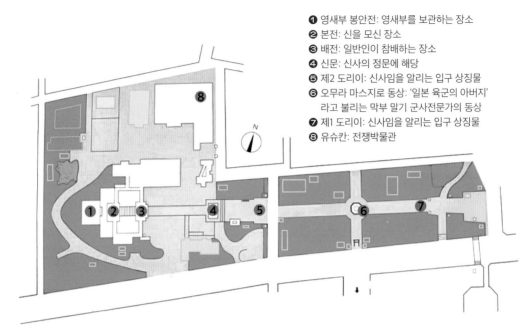

❶ 영새부 봉안전: 영새부를 보관하는 장소
❷ 본전: 신을 모신 장소
❸ 배전: 일반인이 참배하는 장소
❹ 신문: 신사의 정문에 해당
❺ 제2 도리이: 신사임을 알리는 입구 상징물
❻ 오무라 마스지로 동상: '일본 육군의 아버지'
   라고 불리는 막부 말기 군사전문가의 동상
❼ 제1 도리이: 신사임을 알리는 입구 상징물
❽ 유슈칸: 전쟁박물관

▲ 야스쿠니 신사 구조

같이 자살특공대 공격을 감행했던 일본군은 "죽어서 야스쿠니에서 만나자!"라고 하면서 출동할 정도였습니다. 각 지방에 있던 초혼사들은 '호국신사'로 이름이 바뀌어서 그 역할을 계속하였고, 그보다 작은 마을에 세워진 충혼비·위령탑 등과 함께 '마을의 야스쿠니'로 불렸습니다.

　일본이 패전하기 전인 1941년의 초등학교 교과서는 야스쿠니 신사를 이렇게 묘사하고 있습니다. "야스쿠니 신사는 도쿄 구단사카에 있습니다. 이 신사는 천황과 국가를 위해 돌아가신 분들을 모시고 있습니다. 봄(4월 30일)과 가을(10월 23일)의 제삿날에는 칙사를 보내시고, 임시대제에는 천황·황후 양 각하가 직접 방문하시는 경우도 있습니다. 천황을 위해, 국가를 위해 목숨을 바치신 분들을 이렇게 신사에 모시고 정중하게 제사를 지내는 것은 천황폐하의 뜻에 따른 것입니다. 우리들은 폐하의 깊은 은혜를 감사히 여기고 여기에 모셔져 있는 분들을 본받아 천황폐하와 국가를 위해 노력하지 않으면 안 됩니다."

1945년 일본을 점령한 연합군총사령부(GHQ)는 1945년 12월 '신도지령'을 발표하여 '국가신도*의 해체'와 '정치와 종교의 분리'를 명령하였습니다. 이에 따라 야스쿠니 신사는 1946년 9월 평범한 사설 종교법인이 되었습니다. 1950년대 들어서서 중국의 공산화, 한국전쟁의 발발 등으로 일본의 비군사화, 민주화 추진 정책이 후퇴하자 일본 유족회를 중심으로 한 우익세력들은 '야스쿠니 국영화 운동'을 통해 야스쿠니 신사를 패전 이전의 지위로 되돌리려고 하였습니다. 이들은 1963년 국영화 서명운동을 시작으로 1974년까지 다섯 차례에 걸쳐 야스쿠니 국영화 법안을 상정하였으나 일본의 사회당과 공산당 같은 정당과 기독교 단체, 시민단체를 망라한 반대세력에 부딪혀 무산되었습니다. 국영화에 실패한 우익세력은 전몰자에 대한 국가적 관심의 확대, 구체적으로는 총리와 각료의 야스쿠니 공식 참배 실행 등을 촉구하는 운동으로 전환하여 현재까지 갈등을 야기하고 있습니다.

국가신도
1868년 메이지 유신 때부터 패전 때까지 제국주의 시기 일본의 공식 국교였다. 국가신도에서는 다른 모든 종교는 국가신도 아래에 위치하며 천황은 살아있는 신이라고 주장한다.

야스쿠니 신사에는 누가 신으로 모셔져 있을까?

야스쿠니 신사에는 현재까지 약 246만 명이 합사되었는데, 대체로 다음 네 가지 유형으로 구분된다.

1. 에도바쿠후 말기, 메이지 유신 시기의 '국사순난자'(천황을 위해 죽은 자들)

2. 보신전쟁이나 세이난전쟁 등 내란에서 전사한 관군들. 단, 천황을 적으로 돌린 바쿠후 측 전사자들은 합사되지 않았다.

3. 청일전쟁 이후 대외 전쟁에서 전사한 군인들. 식민지 조선과 타이완에서 강제 징병, 징용으로 침략전쟁에 끌려가 사망한 조선인 2만 1181명과 타이완인 2만 7696명도 청일전쟁 이후 대외 전쟁에서 '일본인으로서 일본을 위해 싸우다 죽었다.'는 이유로 야스쿠니에 신으로 모셔졌다.

4. 도쿄재판과 B·C급 재판에서 처형된 사람들. 야스쿠니 신사는 이들을 전범이 아닌 '쇼와순난자'(히로히토 천황 재위 시기 순국한 사람들)라고 주장하고 있다. 이에 따라 도조 히데키 등 A급 전범 14명이 신으로 합사되어 있다. B·C급 전범으로 몰려 처형당한 조선인 포로감시원들도 '쇼와순난자'로 분류되어 합사되었다.

야스쿠니 신사 합사자 통계

번호	전쟁 명칭	합사자 수(명)	백분율(%)
1	메이지 유신	7,751	0.31
2	세이난전쟁(내전)	6,971	0.28
3	청일전쟁	13,619	0.55
4	타이완, 조선 침략사건●	1,130	0.05
5	의화단 사건	1,256	0.05

6	러일전쟁	88,429	3.59
7	1914~1920년 전쟁●	4,850	0.20
8	제남사건(1928.5.)●	185	0.01
9	만주사변	17,176	0.70
10	중일전쟁	191,250	7.75
11	아시아·태평양전쟁	2,133,915	86.52
	합계	2,466,532	100.00

(동북아역사넷, 합사자 수는 2004년 10월 기준)

타이완, 조선 침략사건
1874년 타이완 침략과 1875년 운요호 사건, 1882년 임오군란 등 제국주의 일본이 타이완과 조선을 식민지화하는 과정에서 일어난 침략 사건으로 당시 사망한 일본인들이 합사되어 있다.

1914~1920년 전쟁
제1차세계대전과 시베리아 간섭전쟁을 함께 지칭하는 용어. 시베리아 간섭전쟁이란 러시아 혁명으로 집권한 볼셰비키당의 공산정권을 붕괴시키기 위해 일본이 러시아 영토인 시베리아를 침략한 사건을 말한다.

제남사건
중국 국민당이 군벌을 토벌하기 위해 북벌을 추진할 때 산둥반도의 권익과 친일군벌 장쭤린의 베이징 정부를 보호하려는 의도로 일본군이 일으킨 중국 국민당군과의 무력 충돌 사건.

일본 총리의 야스쿠니 신사 참배를 문제 삼는 이유는?

　　2013년 12월 26일 일본의 아베 신조 총리는 "일본을 위해 목숨을 버리고 희생된 영령들께 존경과 위로의 마음을 표하기 위해서"라며 야스쿠니 신사를 참배하였습니다. 이에 대해 한국은 "일본 총리가 그간 이웃 나라들과 국제사회의 우려와 경고에도 불구하고 전범들이 합사되어 있는 야스쿠니 신사를 참배함으로써 일본의 과거 식민지배와 침략전쟁을 미화하고 있다. 개탄과 분노를 금할 수 없다."라고 강력 반발했습니다. 중국 외교부도 "역사 정의와 인류양식에 공공연히 도전하는 행위로 강력한 분노를 표시한다."라며 강력히 성토하였습니다. 심지어 일본의 전통적 우방이라고 하는 미국마저도 이례적으로 "일본은 (미국의) 동맹국이자 친구이지만 일본 지도자가 주변 국가와의 긴장

을 격화시키는 행동을 취한 것에 실망한다."라는 내용의
성명을 발표했습니다. 이처럼 주변 국가들이 아베 총리
의 야스쿠니 신사 참배를 문제 삼는 이유는 무엇일까요?

▲ 2013년 12월 26일 야스
쿠니 신사를 참배하는 아베
총리

　　1946년 연합국은 도쿄재판을 열어 침략전쟁을 계획
하고 수행한 일본 정부와 군부 지도자들을 전쟁범죄자로
심판하였습니다. 이들은 범죄 성격에 따라 세 그룹으로 구
분되었는데 A급 전범은 평화에 대한 범죄로 침략전쟁을
계획·모의·준비·개시·수행한 자들, B급 전범은 전쟁법규
나 관례를 위반한 통상적인 전쟁범죄자들, C급 전범은 살인·섬
멸·노예적 학대·추방·기타 비인도적 행위를 한 자들입니다.

　　재판에서는 A급 전범으로 기소된 28명 중에서 1948년 심
리 중에 사망한 2명과 정신이상을 일으켜 면소판결을 받은 1명
을 제외한 25명 전원에게 유죄 판결이 내려졌고, 형량은 교수
형 7명, 종신형 16명, 금고 20년 1명, 금고 7년 1명이었습니다.
야스쿠니 신사는 이들 중 도조 히데키*를 비롯하여 교수형을
당한 7명과 수감 중 병사한 5명, 심리 중 사망한 2명 등 총 14명
의 A급 전범을 합사하였습니다.

도조 히데키(東條英機)
일본의 군인이자 정치가. 육군
대신과 제40대 내각총리대신
등을 역임했다. 내각총리대신
재임 중에 아시아·태평양전쟁
의 개전을 결정했다. 전쟁 중 육
군대신과 참모총장을 겸임하
면서 전쟁 지휘를 위한 권력 강
화를 기도하였다. 패전 후에는
A급 전범으로 기소되어 사형선
고를 받았다.

　　일본은 1952년 4월 도쿄재판의 판결을 수락한다는 내용
이 포함된 샌프란시스코 강화조약을 체결하면서 주권을 회복
하고 국제사회에 다시 복귀하였습니다. 즉 아시아·태평양전쟁
은 침략전쟁이며 이를 주도한 정부 관료와 군인들은 범죄자라
는 사실을 인정하고, 앞으로는 이러한 일을 두 번 다시 하지 않

겠다는 약속을 세계에 한 것입니다. 그럼에도 불구하고 일본을 대표하는 총리나 각료, 국회의원들이 A급 전범을 신으로 모시고 있는 야스쿠니 신사를 참배하는 것은 일본이 국제사회에 복귀한 전제와 그에 기초한 국제질서를 부정하는 행위입니다. 그뿐만 아니라, 전쟁범죄자들을 국가를 위해 희생한 애국자로 둔갑시키고 전쟁을 미화하고 정당화하는 것입니다.

한국이 야스쿠니 신사에 분노하는
또 다른 이유는?

야스쿠니 신사에 '타이완, 조선 침략사건'으로 합사된 사람들 중에는 아시아·태평양전쟁 이전인 19세기 후반 일본이 조선을 침략했을 때 사망한 일본인도 있습니다. 임오군란 때 12명, 갑신정변 때 6명, 의병 진압 관련 186명 등 총 205명은 일본군과 경찰들로 '폭도를 진압하다 사망했다.'는 이유로 합사되어 있습니다. 조선을 침략한 일본인에 맞서 의병 활동을 한 사람들은 '폭도'이고, 이를 '진압'한 일본인은 국가를 위해 헌신한 것이라는 뜻입니다.

야스쿠니 신사에는 일제강점기에 강제로 끌려가 사망한 조선인 2만 1181명, 타이완인 2만 7696명도 '일본을 지키기 위해 희생된 일본인'으로 합사되어 있습니다. 심지어 이들 중에는 창씨개명 정책에 따라 강요된 일본 이름으로 합사되어 있는 사람도 있습니다. 예를 들어, 이희자 씨의 아버지 이사현 씨는 본명이 아니라 '李原思蓮命*'으로 모셔져 있습니다. 야스쿠니 신사는 한국인 합사자에 대해 "전사한 시점에서는 일본인이었으므로 사후에도 당연히 일본인이다. 또한 그들은 일본 병사로서 죽으면 야스쿠니 신사의 신으로 모셔진다는 생각으로 싸우다 죽었다."라고 주장하고 있습니다. 강제로 끌려가 사망한 한국인을 일본을 위해 죽은 사람으로 모시는 것은 일본의 식민 지배를 정당화하는 것일 뿐 아니라 피해자는 물론 유족의 명예와 인격권까지 훼손하는 행위입니다.

유족들은 야스쿠니 신사 측의 이러한 태도에 대해 일본 정부에 문제를 제기했습니다. 일본 정부는 한국인을 '일본인'으로 합사한 야스쿠니 신사의 행위에 동조하면서도, 한편으로는 합사된 사람들을 한국인으로 간주하는 이중적인 태도를 취했습니다. 1952년 샌프란시스코 강화조약 체결 직전 일본 정부는 '평화조약 발효에 따른 한국인·타이완인 등에 관한 국적 및 호적 사무처리에 관하여'라는 통지를 발표하여 재일한국인들의 일본 국적을 일괄적으로 박탈하였습니다. 이후 일본 정부는 강제동원된 한국인 사망자를 '한국인'이라는 이유로 전후 보상에서 배제했습니다. 그러나 야스쿠니 신사가 한국인 사망자를 합사할 때는 이들의 신상자료를 신사 측에 건네주면서 일본인으로 합사되도록 묵인했습니다.

일본 정부는 전사자 유족들을 지원하는 원호법을 제정할

李原思蓮命
李原思蓮(이원사련)은 이사현 씨의 일본 이름이고, 命은 '미코토'라고 읽으며 신의 이름에 붙여 쓰는 높임말이다.

때 호적 조항과 국적 조항을 삽입하여 과거 식민지 출신자들을 배제하였습니다. 한편 야스쿠니 신사의 합사 대상자 기준은 '원호법 또는 공무부조료 책정이 끝난 자'로 원호법 대상에서 배제된 과거 식민지 출신자들은 처음부터 합사 대상자에 해당되지 않음에도 불구하고 야스쿠니 신사와 일본 정부는 정치적 판단에 따라 합사를 강행한 것입니다.

야스쿠니 신사는 한국인 전사자들을 신사의 신으로 합사하면서도 유족에게는 알리지 않았습니다. 일본 정부는 가족의 사망 소식을 최우선적으로 알아야 할 유족들에게는 정작 아무런 통지도 하지 않은 채, 한국인 희생자들에 관한 상세한 정보를 야스쿠니 신사 쪽에 제공하였습니다. 야스쿠니 신사는 정부가 제공한 전몰자 정보에 따라 합사를 하였습니다. 신사 측은 합사를 진행하면서 일본인 유족에게는 '합사통지서'를 보냈으나 한국·타이완인 유족에게는 보내지 않았습니다. 이것은 무단으로 합사당한 한국인 사망자뿐만 아니라 유족들까지 무시한 처사입니다.

야스쿠니 신사는 심지어 살아 있는 사람을 신으로 합사하는 어처구니없는 일을 자행하기도 했습니다. 김희종 씨는 1944년 남태평양의 사이판에 군인으로 강제로 끌려갔습니다. 사이판에서 미군의 공습을 받아 피신했던 김희종 씨는 미군에게 항복해 포로가 되었습니다. 이후 미국의 포로수용소에서 지내다 해방을 맞이하여 한국으로 돌아왔습니다. 그는 자신의 강제동원 생활을 한동안 잊고 지내다 우연히 TV에서 야스쿠니 신사에 관한 프로그램을 보고, 아내의 명의로 야스쿠니 신사에 합사자를 문의했습니다. 2006년 5월, 야스쿠니 신사는 김희종 씨가 사이판에서 전사하여 합사되어 있다고 통보했습니다. 더구나 본명도 아닌 도요카와(豊川)라는 일본 이름으로 합사되어 있었습니다. 김희종 씨는 자기가 죽은 사람이 되어 야스쿠니 신사에 합사되어 있다는 사실에 분노가 치밀어 올랐습니다. 이런 사례는 김희종 씨뿐만이 아니었습니다. 2006년 일제강점하 강제동원진상규명위원회 조사에 따르면 해방 이후 살아서 고국에 돌아왔지만 전사자로 야스쿠니에 합사된 한국인이 60명이나 됩니다. 이 중 49명은 고인이 되었고 11명은 그때까지 생존해 있었습니다.

　김희종 씨는 2006년 7월 한국 방송국의 협력을 얻어 야스쿠니 신사 측에 "나는 혼령이 아니다. 즉시 내 이름을 삭제하라."고 항의했습니다. 신사 측은 얼마 뒤 조사 부족으로 전사자로 오인했다며 제신명표˙ 해당자 항에 '생존확인'을 기록했다고 하였습니다. 합사를 완전히 취소하기 위해서는 제신명부˙뿐만 아니라 야스쿠니 신사가 신으로 모시고 의식을 치르는 영새부˙에도 말소처리를 해야 하지만 신사 측은 '영새부는 의식에 사용되는 명부이기 때문에 나중에 정정을 하는 일은 하지 않는다.'면서 영새부 수정은 거부하였습니다. 결국 영새부에 신으로 기재되어 있는 한 생존자들은 계속 '일본을 위해 죽은 신'으로 취급되는 셈입니다.

제신명표, 제신명부, 영새부
제신명표는 야스쿠니에 모셔진 신령을 찾기 쉽게 작성한 전몰자들의 개별명단이고, 제신명부는 영새부의 복사본으로 개별명단을 명부로 묶은 것을 말한다.
영새부는 야스쿠니 신사가 신으로 모신 사람들의 이름·본적 등을 기록한 명부로 본전 뒤편에 있는 봉안전에 보관되어 있다. 영새부에 이름이 오르면 신이 되는 것이므로 따로 위패나 유골을 보관하지 않는다.

일본 정부는 총리의 야스쿠니 신사 참배에 대해
어떤 입장을 취하고 있을까?

1955년 일본 정부는 "정부는 이전부터 내각총리대신이나 그 밖의 국무대신 자격으로 야스쿠니 신사에 참배하는 것은 헌법 제20조 3항의 '국가 및 그 기관은 종교교육, 기타 어떠한 종교적 활동도 해서는 안 된다.'라는 조항에 위배되므로 문제가 있다는 입장을 유지하고 있다."라고 했습니다. 그러나 패전과 연합군 점령으로 잠시 중단되었을 뿐 샌프란시스코 강화조약(1952년 발효) 이후 거의 모든 총리가 야스쿠니 신사 참배를 계속했습니다.

총리의 야스쿠니 신사 참배가 국제적인 문제로 비화된 것은 1978년 10월 A급 전범이 합사되고도 한참 뒤의 일입니다. 일본에서는 A급 전범 합사 이후에도 20차례에 걸쳐 총리의 참배가 있었지만 이에 대해 한국과 중국 정부가 공식적으로 비판한 것은 1985년 8월 15일 나카소네 야스히로 총리가 '공식 참배'했을 때였습니다. 이전까지는 '개인적'이라는 명분으로 관용차를 사용하지도 않고 신사를 참배할 때 봉납하는 공물료(헌금)도 개인 돈으로 납부하였으나 나카소네 총리는 패전 40주년인 1985년 8월 15일 각료들을 대동하고 '총리 자격'으로 당당히 참배했기 때문입니다.

한국과 중국 등 주변 국가들의 비판에 대해 1985년 나카소네 총리는 이렇게 주장하였습니다. "미국에는 알링턴이 있고, 소련이나 외국에도 무명전사의 묘지 등이 있다. 어느 나라든 국가를 위해 쓰러진 사람들에 대해 국민이 감사를 바치는 장소가 있다. 이것은 당연한 것이다. 그렇지 않다면 누가 국가를 위해 목숨을 바치겠는가." 2013년 아베 총리도 "(알링턴 국립묘지에는) 노예제도를 유지하려고 한 남군 병사들도 모셔져 있지만, 대통령이 노예제도를 긍정해서 (참배하러) 가는 것은 아니다. 국가를 위해 돌아가신 숭고한 영혼에게 경의를 표하는 것이다."라고 주장했습니다.

한국을 비롯한 주변 국가들이 일본 정부가 일본을 위해 목숨을 바친 사람들에게 경의와 감사를 표하는 것을 금지하거나 비판하는 것은 아닙니다. 일본 정부는 1963년부터 매년 8월 15일 전국전몰자추도식을 개최하여 전몰자에 대한 감사와 경의를 표하고 있고 주변 국가들은 이에 대해 아무런 비판을 제기하지 않습니다. 일본의 정치 지도자가 자국의 전몰자에게 경의와 감사를 표시하고 추도하는 것 자체를 반대하는 게 아니기 때문입니다.

일본 총리의 야스쿠니 신사 참배를 비판하는 가장 큰 이유는 야스쿠니 신사가 침략전쟁을 정당화하는 시설이기 때문입니다. 다른 나라의 추모시설은 침략전쟁을 인정하거나 미화하지 않을뿐더러 국제사회가 비난하는 전쟁범죄자를 추모하지 않습니다. 야스쿠니 신사에는 샌프란시스코 강화조약을 통해 일본 정부도 범죄자로 인정한 A급 전범 14명이 합사되어 있습니다. 이러한 시설에 총리가 참배하여 이들을 위령하고 현창하는 행위는 1995년 당시 무라야마 총리가 발표한 아래와 같은 담화 내용과도 정면으로 배치되는 행위입니다. "일본은 과거의 식민지배와 침략으로 많은 나라들, 특히 아시아 각국의 사람들에게 다대한 손해와 고통을 준 것에 대해 통절한 반성과 진심 어린 사죄의 마음을 늘 가슴에 새기고 있습니다."

1985년 5월 미국의 레이건 대통령은 나치 친위대 병사가 매장된 독일 비트부르크 묘지를 참배했다가 미국 의회는 물론 유럽에서도 거센 비판을 받았습니다. 아베 총리는 알링턴 국립 묘지에 있는 남부 병사의 예를 들면서 야스쿠니 신사 참배가 A급 전범들을 찬양하기 위한 것이 아니라고 하지만 레이건 대통령의 사례에서 보듯이 국가 지도자가 전범이 포함된 시설을 방문하는 것은 국제사회에서 용인되지 않습니다.

야스쿠니 신사는
침략전쟁을 어떻게 기억하고 있을까?

프란시스 후쿠야마는 구 소련 붕괴 이후 『역사의 종말』을 저술하여 전후 냉전체제 역사를 해석한 저명한 학자입니다. 그는 2007년 한 칼럼에서 "야스쿠니의 문제는 아시아·태평양전쟁 A급 전범을 신사에 봉안했다는 것이 아니다. 진정한 문제점은 신사 바로 곁에 있는 유슈칸 군사박물관에 있다. 전쟁 때 제국주의자들이 썼던 비행기, 탱크 등을 전시한 박물관은 사람들에게 '일본은 서구 식민지주의자의 침략에서 아시아를 보호하려다 희생당했다.'라는 메시지를 들려주고 있다. 한 예로 박물관은 일본의 조선 식민지배를 '동반자적 관계'라고 묘사한다."라고 하며 야스쿠니 신사가 전쟁을 기억하는 방식의 문제점을 지적하였습니다.

유슈칸(遊就館)은 야스쿠니 신사의 부속시설로 1881년에 개관한 일본 최고의 국립군사박물관입니다. 아시아·태평양 전쟁 패전 이후 '야스쿠니 신사 보물관'으로 이름을 바꾸었다가 1986년 '군사박물관 유슈칸'으로 개칭하였고 2002년 새롭게 단장하여 재개관하였습니다. 박물관 입구 주변에는 가미카제 특공대 동상이 '특공용사를 찬양한다.'고 적힌 기념비와 함

▼ 군사박물관 유슈칸
유슈칸 입구 주변에 세워진 가미카제 특공대 동상, 군견 위령상, 전몰마 위령상, 구혼탑. 오른쪽 하단은 내부에 전시된 전쟁 무기들.

께 세워져 있습니다. 심지어 그 옆에는 군견 위령상, 전몰마 위령상, 구혼탑(비둘기상) 등이 나란히 세워져 있습니다. '천황'과 '황군'을 위해 목숨을 바쳤다면 미물일지언정 그 영령을 기려야 한다는 취지입니다. 그러나 일본의 침략으로 피해당한 피해국 당사자들에 대한 위령시설은 어디에도 보이지 않습니다. 유슈칸 안내책자인 『유슈칸도록』에 의하면 유슈칸은 '야스쿠니 신사에 모셔진 영령들의 무훈(武勳)을 현창하고 영령들이 활약했던 시대인 근대사의 진실을 분명히 밝히는 곳'입니다. 그렇게 본다면 유슈칸은 명백하게 일본의 침략전쟁을 미화하고 정당화하기 위한 시설임을 알 수 있습니다.

건물 내부에는 전쟁 당시 사용했던 전투기와 기관차, 대포 등이 전시되어 있고, 근대 이전 일본이 치른 전쟁 관련 물품도 간단히 전시되어 있습니다. 또한 두 개 층에 걸쳐 메이지 유신부터 아시아·태평양전쟁까지의 침략전쟁과 관련된 내용을 전시하였습니다. 전시실 이름은 아시아·태평양전쟁이 아닌 '대동아전쟁'으로 되어 있습니다. 대동아전쟁은 일본이 서구 제국주의 국가들의 침략으로부터 아시아의 평화를 수호하기 위해 싸우는 전쟁이라는 뜻으로, 전쟁을 정당화하고 미화하기 위해 일본이 만든 말입니다.

왼쪽 사진은 유슈칸 2층 입구 중앙에 있는 〈かえりみはせじ(가에리미와세지-결코 뒤를 돌아보지

▼ 유슈칸에 전시되어 있는 동상, 〈결코 뒤를 돌아보지 않는다〉

않는다.〉)라는 작품입니다. 이 제목은 천황에게 충성을 맹세하는 군가 〈海ゆかば(우미유카바-바다에 가면)〉의 노랫말에서 따온 것입니다.

야스쿠니 신사와 유슈칸이 역사를 기억하고 전시하는 방법과 그 아래에 깔려 있는 역사인식은 한국과 중국 등 주변국은 물론 미국과 유럽에서도 비판받고 있습니다. 2006년 9월에 열린 '일본 과거사 청문회'에서 미 하원 국제관계위원회 위원장인 헨리 하이드는 "야스쿠니 신사가 젊은이들에게 제2차세계대전은 서방으로부터 아시아를 해방시키기 위해 감행한 것이라고 가르치는 것에 대해 당혹스러움을 느낀다."라며 우려했습니다. 랜토스 의원은 "야스쿠니 신사 참배는 유대인을 학살한 헤르만 괴링 등 나치 인사의 무덤에 꽃을 바치는 것과 같다. 전범들에게 애도를 표하는 것은 도덕적인 파탄 행위"라고 강하게 비판하였습니다.

같은 침략 국가였던 독일은
제2차세계대전을 어떻게 기억하고 있을까?

독일의 국립중앙전몰자추도소인 '노이에 바헤(Neue Wache)' 입구에는 〈죽은 아들을 안은 어머니〉상이 놓여 있습니다. 이 조각상은 바이마르 공화국 시기 반전평화주의자로 알려진 여류 조각가이자 화가인 케테 콜비츠(Käthe Kollwitz)가 제작한 것

▲ 〈죽은 아들을 안은 어머니〉
독일 국립중앙전몰자추도소,
노이에 바헤에 전시된 케테
콜비츠의 작품.

으로 반전·평화의 중요성과 전쟁의 무의미함을 상징합니다.

작품의 앞쪽에는 금색 글씨로 '전쟁과 폭력 지배의 희생자를 위하여(DEN OPFERN VON KRIEG UND GEWALTHERRSCHAFT)'라고 쓰여 있습니다. 이것은 반나치·반전 평화주의적인 추도의 기본적 입장을 보여주는 것으로 전쟁에 참여했던 병사들까지도 '영웅'으로 기리거나 '현창'하는 것이 아니라 '희생자'로 애도한다는 의미입니다. 조각상이 보이는 입구에는 "노이에 바헤는 전쟁과 폭력 지배의 / 희생자를 추도하고 / 기억하는 장소이다. 우리는 추도한다. 전쟁으로 고통받은 여러 국민들을 / 우리는 추도한다. 박해받고 목숨을 잃은 / 그 시민들을 / 우리는 추도한다. 세계전쟁의 전몰병사를. (하략)"이라는 추도문이 적혀있습니다.

2012년 6월 독일 국가대표 축구팀이 '유로 2012' 유럽축구 국가대항전이 열리는 폴란드에 캠프를 차렸을 때 선수들은 가장 먼저 아우슈비츠를 방문하여 희생자를 추모하였습니다. 요아힘 뢰브 감독과 볼프강 니어스바흐 독일축구협회 회장, 축구대표팀 주장 필립 람, 폴란드 출신 국가대표 미로슬라브 클

로제, 루카스 포돌스키 등도 함께했습니다.

니어스바흐 독일축구협회 회장은 미국의 워싱턴 포스트지와의 인터뷰에서 과거 전쟁에 대해 이렇게 이야기했습니다. "(나치독일의 유대인 학살은) 독일 역사상 가장 잔인하고 비인간적인 부분입니다. 과거에 대해 눈감는다면, 현재도 바라보지 못하게 될 것입니다. 이러한 일이 일어나지 않도록 경계하고 교육하는 것이 우리(독일)의 의무이자 책임입니다." 필립 람 독일축구대표팀 주장도 추모행사를 하기 전 독일 TV와의 인터뷰에서 "지금 우리 세대가 그때 그 시절(나치)의 직접적인 가해자는 아니지만, 우리는 지난 역사를 알고 있고 또 그에 대한 책임감을 가지고 있다는 것을 알려 주고 싶어요."라고 말하였습니다.

야스쿠니 신사에 대해
일본 사람들은 어떻게 생각하고 있을까?

2013년부터 한국의 '동아시아연구원'과 일본의 '언론NPO'는 한일 양국 국민이 상대국을 어떻게 인식하고 있는지에 대한 여론조사를 매년 실시해오고 있습니다. 지난 2015년 5월 세 번째 여론조사 결과에 따르면 일본 총리의 야스쿠니 신사 참배와 관련하여 일본국민 중 41.3%가 "참배해도 문제 될 것 없다."라고 답했습니다. "개인 자격으로 참배하는 것이라면 상관없다."라고 답한 29.1%를 합치면 70.4%가 총리의 참배를 용인하고 있습니다. 이에 반해 한국 국민은 64.6%가 "(공과 사를 막론하고) 어떤 경우든 참배해서는 안 된다."라고 답변 하였고, "참배해도 문제 될 것이 없다."라는 의견은 불과 3.3% 였습니다. "개인 자격으로 참배하는 것이라면 문제 될 것이 없 다."라고 답한 22.4%를 합쳐도 야스쿠니 참배를 용인하는 여 론은 30%에 미치지 못합니다.

야스쿠니 신사 참배에 대한 한국과 일본국민의 견해 차 이가 상당히 크다는 것을 알 수 있습니다. 그러나 "어떤 경우라 도 참배해서는 안 된다."라는 의견이 조금씩 늘어나고 있는 것 을 보면 침략전쟁에 대한 양국 국민의 인식에 변화가 있음을 알 수 있습니다.

최근 3년간 일본 총리의 야스쿠니 신사참배에 대한 한일 양국 국민의 여론

질문 내용	한국			일본		
	2013	2014	2015	2013	2014	2015
참배해도 문제 될 것 없다.	5.2%	3.1%	3.3%	47.8%	43.0%	41.3%
개인 자격으로 참배하는 것이라면 문제 될 것 없다.	34.4%	21.8%	22.4%	27.4%	24.9%	29.1%
어떤 경우라도 참배해서는 안 된다.	60.0%	66.5%	64.6%	8.3%	15.9%	16.7%
모르겠다.	0.3%	8.6%	9.8%	16.5%	16.1%	12.7%
무응답	0.2%	0.0%	0.0%	0.0%	0.1%	0.2%

(제3회 한일국민상호인식조사, 동아시아연구원(한국)과 언론NPO(일본), 2015)

대다수 일본인들은 야스쿠니 신사 참배가 단지 국가를 위해 돌아가신 분들을 위령하고 현창하는 것이라고 잘못 생각하고 있습니다. 2001년 고이즈미 총리가 야스쿠니 신사를 참배한 것이 헌법을 위반한 것이라는 소송을 제기했을 때 고이즈미 총리를 지지하는 측에서 진술한 내용은 이러한 생각을 잘 보여줍니다. "이와 같은 행위(위헌 소송)는 나와 같은 야스쿠니의 아내를 비롯한 많은 유족들의 분노와 피눈물을 짜내는 것입니다. 만약에 총리가 야스쿠니 신사를 참배하신 것 때문에 마음에 상처를 입었다는 분이 계신다면, 야스쿠니의 아내로서 저는 야스쿠니 신사가 국가에 의해 보호되지 못한 채 외국의 의향에 좌우되어 총리가 마음대로 참배조차 하지 못하고 천황폐하의 참배도 바랄 수 없는 현재의 상황이야말로 그 몇만 배, 몇억 배 마음에 상처를 입는 일입니다. 남편이 생전에 '전사하면 반드시 야스쿠니에 혼령을 모셔준다.'라고 믿으며 사지로 떠난, 바로 그 야스쿠니 신사를 욕보이는 것은 나 자신을 욕보이는 것의 몇억 배 되는 굴욕입니다. 사랑하는 남편을 위해서도 절대로 용서할 수 없는 일입니다."

그러나 야스쿠니 신사의 성격을 알고, 일본 총리의 야스쿠니 신사 참배가 침략전쟁을 미화하고 정당화하기 때문에 금지해야 한다는 양심적인 지식인과 시민단체의 목소리가 점점 늘어나고 있습니다. 『야스쿠니 문제』라는 책을 통해, 야스쿠니 신사를 정면 비판했던 다카하시 데쓰야 도쿄대 교수는 "일본 각료가 야스쿠니 신사를 참배하는 것은 군국주의를 미화하는 것일 뿐 아니라 정교(政敎) 분리를 명시한 '헌법'도 위반하는 것이다."라고 비판하면서 "일부 국민이 정치인의 야스쿠니 참배를 외국의 내정간섭에 저항하는 행위로 착각하고 있어 안타깝다."고 말했습니다.

'야스쿠니 신사 참배는 알링턴 국립묘지를 참배하는 것과 같다.'라고 말한 아베 총리의 발언에 대해서도 "알링턴이 전쟁을 정당화하는 종교시설인가. 야스쿠니는 패전 전까지 국민을 전쟁에 동원하는 일종의 국가 종교 시설이었다. 알링턴에는 남북전쟁에서 패한 남군이 묻혀 있지만, 야스쿠니에는 메이지 시대 내전에서 숨진 반정부군은 추모의 대상이 아니었다."라고 하면서 아베 총리 주장의 모순을 지적하였습니다.

'아베 야스쿠니 참배 위헌 소송' 도쿄 사무국의 즈시 미노루 씨는 "4월 21일 시작되는 야스쿠니 신사의 춘계예대제(봄 제삿날)에 맞춰 280여 명의 소송 원고단이 도쿄 지방재판소에 아베 총리의 야스쿠니 참배의 위헌 여부를 묻는 소송을 낼 예정"이라고 밝혔습니다. 또 도쿄와는 별도로 오사카에서도 500명의 원고단이 오사카 지방재판소에 위헌 소송을 제기한다고 합니다. 이들이 소송을 제기하는 이유는 일본 총리가 헌법 20조에 언급된 '정교 분리'의 원칙을 어겼기 때문입니다. 즈시 씨는 "이 조항은 일본 군부가 지난 전쟁 시기 '국가신도'라는 종교를 동원해 '죽으면 야스쿠니에서 만나자.'라고 하면서 젊은이들을 전쟁터에 내몬 역사를 반성하기 위해 만들어진 것이다. 일국의 총리대신이 야스쿠니 신사에 가는 행위는 야스쿠니를 특별한 종교로 인정하는 것이고, 지난 전쟁을 정당화하는 유슈칸의 역사 인식을 긍정하는 것이 된다."라고 말했습니다.

야스쿠니 신사 문제를
해결할 수 있는 방법은 무엇일까?

독일이 제2차세계대전 종전 70주년을 기념하던 2015년 5월 8일 밤 9시, 베를린 카이저빌헬름 교회 앞에서는 야스쿠니 신사에 반대하는 평화의 촛불들이 빛났습니다. 한국과 일본에서 야스쿠니 반대 운동을 펼쳐온 학자, 시민운동가 등 '야스쿠니 반대 공동행동' 대표단이 유럽에 야스쿠니의 실상을 알리기 위해 독일을 방문한 것입니다. 대표단에 참여한 서승 교수는 "야스쿠니는 일본만의 문제가 아니라 세계적 과제다. 세계가 일본의 파시즘 청산에 관심을 가져야 한다."고 호소했습니다.

'야스쿠니 반대 공동행동'(이하 공동행동)은 '어둠의 야스쿠니에 평화의 촛불을!'이라는 슬로건을 내걸고 2006년 5월 도쿄와 서울에서 결성되었습니다. 공동행동은 일본 총리 및 정치인들의 야스쿠니 신사 참배 반대와 무단합사 철폐 소송 등 다양한 방식으로 야스쿠니 문제와 싸워온 한국, 타이완, 일본, 오키나와의 4개 지역 합사자 유족과 시민단체로 구성된 연대조직입니다. 야스쿠니 신사 문제가 단순히 일본만의 문제가 아니라 동아시아와 전 세계의 평화와 인권에 관련한 문제라는 인식으로 활동하고 있습니다. 매년 8월 15일 일본의 종전기념일을 전후하여 야스쿠니 주변에서 평화의 촛불행진을 하고, 야스쿠니의 실상을 전 세계에 알리기 위해 미주지역과 유럽지역 일본 대사관 및 영사관 앞에서 캠페인 활동을 하고 야스쿠니 신사를 상대로 한 투쟁을 기록한 다큐멘터리를 상영하는 등 국제적으로도 활동하고 있습니다.

2001년 6월 당시 하토야마 민주당 대표가 야스쿠니 신사 참배를 고집하는 고이즈미 총리에게 참배를 중지하고 정부가 당당하게 참배할 수 있는 국립추도시설 건설을 제안하면서 공적 추도시설에 관한 논의가 재개되었습니다. 당시 자민당 내각도 "국민과 외국인도 거리낌 없이 참배할 수 있는 시설을 만드는 것을 적극적으로 진행시키고자 한다."라고 하면서 '추도·평화염원을 위한 기념비 등 시설 문제를 생각하는 간담회'(이하 간담회)를 설치하여 대안을 마련하기 시작하였습니다.

2002년 12월 간담회 보고서에서는 과거에 일본이 일으킨 전쟁으로 인해 목숨을 잃은 외국인 장병들과 민간인도 포함한 시설, 국민 한 사람 한 사람이 전쟁희생자를 추도하고 전쟁의 비참함을 깊이 기억하며 평화구축에 대한 신념을 새롭게 하는 시설을 건설하는 것이 필요하다고 제안하였습니다. 이와 관련하여 1959년 해외에서 사망한 군인·군속 등의 유골 중 신원확인이 불가능한 유골을 안치하고 위령·추도 행사를 하고 있는 치도리가

후치 전몰자 묘원의 이설과 확충이 대안으로 떠오르기도 하였습니다.

2005년 자민당, 민주당, 공명당, 3당 의원 130명이 '국립 전몰자 추도시설 건설을 생각하는 모임'을 결성하고 2009년 민주당이 국립추도시설 건설을 공약으로 내세우기도 하였습니다. 그러나 국립추도시설 건설은 우익의 강한 저항에 부딪혀 지금까지 좌초되고 있습니다. 우익 지식인들과 야스쿠니 신사 측이 새로운 국립추도시설은 야스쿠니 신사의 존재의의를 부정하는 것일 뿐만 아니라 외국의 내정간섭에 휘둘리는 것이라며 반대하기 때문입니다.

국립추도시설 건설이 야스쿠니 신사의 역사인식 문제 해결이나 한국인 합사 문제의 해결을 의미하는 것은 아닙니다. 대체 추도시설 설치는 과거 전쟁에 대한 반성을 전제로 해야 하고 추도 대상의 범위를 정하기 위한 논의도 필요합니다. 그러나 한국과 일본의 양심적인 지식인 세력이나 시민단체들은 대체 추도시설의 설치가 일본 정부 인사들의 야스쿠니 신사 참배로 인한 동아시아 외교 갈등을 해결할 수 있는 현실적인 대안이라는 점에 동의하고 있습니다.

▼ **치도리가후치 전몰자 묘원 (千鳥ヶ淵戦没者墓苑)**
일본정부가 해외에서 사망한 군인과 민간인 중 신원불명의 전몰자들의 유골을 안치하기 위해 1959년 건립한 무종교 국가시설이다. 야스쿠니 신사에서 5분 거리에 있다.

쟁점6

: 재일한국인

경계에
서 있는
동아시아인

나의 모국은 자이니치, '재일'입니다

2010년 6월 16일 새벽, 남아공월드컵 조별예선 북한과 브라질의 경기가 열렸습니다. 경기 전 북한 국가가 경기장에 울려 퍼지자 북한 국가대표 정대세 선수는 정말 창피할 정도로 굵은 눈물을 줄줄 흘렸습니다. 정대세는 인터뷰에서 왜 울었느냐는 기자의 질문에 "세계선수권대회에 드디어 나오게 되었고, 세계 최강의 팀과 맞붙게 됐기 때문에 좋아서 그랬다."라고 답했습니다.

그러나 그 눈물을 보던 많은 사람들은 "과연 그것뿐이었을까?"라는 의구심을 품었습니다. 그는 일본에서 태어났지만 한국 국적을 갖고 북한 국가대표로 뛰는 이상한 선수였기 때문입니다. 정대세는 왜 이렇게 복잡한 배경을 갖고 월드컵에 출전하였을까요?

정대세의 아버지는 '한국 국적'의 재일한국인 2세이고 어머니는 '조선적'의 재일한국인 2세입니다. 1984년 일본 나고야에서 태어난 그는 당시 일본의 국적법인 '부계 혈통주의'에 따라 아버지의 국적인 '한국 국적'을 부여받았습니다. 한편, 총련계 민족학교인 조선학교 교사였던 그의 어머니는 아들이 일본 교육이 아닌 민족교육을 받고 당당한 '조선인'으로 살기를 바라면서 조선학교에 보냈습니다.

그는 "초급학교 시절에는 막연하게 나는 왜 일본에서 조선 사람으로 태어났을까?" 하고 생각했지만 지나고 보니 "일본에서 소수자로 살아가기 위해 필요한 신념을 (조선)학교에서 배웠다."라고 말했습니다.

1993년 초급학교 4학년이었던 아홉 살 정대세는 당시 막 시작된 일본 프로축구, J리그 경기를 보면서 축구선수가 되기로 결심하였습니다. 조선 초급, 중급, 고급학교를 거쳐 조선대학교에 진학해서도 축구선수로 활동하던 그는 2006년 일본 프로축구팀인 가와사키 프론탈레 선수로 정식 등록하고 프로축구선수가 되었습니다.

그런데 2007년, 프로 2년차로 활동하던 그에게 북한에서 축구국가대표 소집장이 날아왔습니다. '한국 국적'이라 포기했었는데 북한축구협회가 국제축구연맹(FIFA)으로부터 국적에 대한 유권해석을 얻어 가능하게 된 것입니다. FIFA는 국가대표의 자격을 '해당국 국적을 갖는 동시에 다른 나라 대표경력이 없어야 한다. 국적 증명은 여권으로 한다.'고 규정하였습니

다. 정대세는 한국 여권이 없었습니다. 한국 정부는 원칙적으로
국내에 거주하는 경우에는 '가족관계 등록부'에 기재된 사람,
외국에서 태어나 거주하는 경우에는 '재외국민 등록'을 한 사
람만 한국 국적으로 인정하고 여권을 발급해 줍니다. 정대세는
후자의 경우였지만 재외국민 등록을 하지 않았던 것입니다. 게
다가 일본 국적법으로는 '한국 국적'이기 때문에 일본 여권도
없었습니다.

북한 역시 해방 전 조선 국적을 갖고 해방 후에도 조선 국
적을 포기하지 않은 자와 그 자녀들에게만 북한 여권을 발급해
왔습니다. 그러나 조선학교를 다니면서 축구에 대한 열정을 보
였던 정대세와 그의 재능에 주목했던 재일조선인 축구협회의
노력이 북한축구협회를 움직였습니다. 그리하여 거의 무국적
자에 가까웠던 그에게 FIFA는 북한 축구국가대표의 자격을 부
여했습니다.

정대세가 북한 국가대표로 첫 출전한 월드컵에서 뜨거운
눈물을 쏟았던 것은 이런 사정 때문이 아니었을까요? 그러나
그는 "나의 모국은 일본이 아니에요. 일본 속에 또 하나의 나
라가 있죠. 바로 '재일'(在日, 자이니치, 재일한국인의 줄임말)이라는
나라예요. 북한도, 한국도, 일본도 아닌 '재일'이라는 나라가 나
의 모국입니다. 재일인이라는 존재를 널리 세상에 알리는 것이
제 삶의 주제가 아닐까 싶어요."라고 말했습니다. '재일'이라는
나라는 지구 상에 존재하지 않습니다. 그럼에도 불구하고 그가

말하는 '재일'이라는 나라는 무엇일까요?

조선적? 재일조선인? 재일한국인? 재일?

조선적

식민지 시기 일본에 살았던 한국인들은 법적으로는 일본인이었다. 1945년 패전 뒤 일본은 일본에 있던 조선인들을 외국인으로 간주하고 외국인등록증을 발급했는데, 아직 한반도에 정식 국가가 수립되기 전이라 국적란에 임시로 '조선'이라고 표기하였다. '조선'은 국적이 아니었기 때문에 지역적 기호의 의미로 '조선적'이라고 불렀다. 이들은 해방 이후에도 계속 '재일조선인'으로 불렸다. 현재까지도 외국인등록증의 국적 표시를 대한민국으로 바꾸지 않은 사람은 계속 조선적으로 남아 있다.

재일한국인

1948년 대한민국 정부가 수립되고 조선민주주의인민공화국(북한)이 건국되면서 일본에 있는 조선인 사회도 재일본대한민국민단(민단)과 재일본조선인총연합회(총련)로 갈라졌다. 이들에 대한 호칭은 여전히 '재일조선인'이었지만 1950년대 초 한일국교정상화를 위한 한일예비회담 과정에서 혼란이 생겨났다. 회담 중 한국 정부와 일본 정부는 일본에 거주하는 모든 조선인들이 '한국국민'이라고 합의하였고 일본 정부가 외국인등록 국적 기재란에 '조선'을 '한국'으로 변경하는 것을 허용하면서 '재일한국인'이라는 호칭이 생겨났다. 이때는 정식국교 수립 전이기에 '재일한국인'이라고 해도 정식 한국국민으로 인정받은 것은 아니었다.

1965년 한국과 일본이 국교를 수립하고 '한일 법적 지위 협정(재일교포의 법적 지위와 대우에 관한 협정)'을 체결함으로써 '조선'으로 표기되었던 '국적'을 '대한민국'이라고 정식으로 변경할 수 있었고, 이들은 공식적으로 '재일한국인'이 되었다.

'조선적' 사람들 중에는 해방 이후 북한이 이들을 '북한의 공민'으로 인정하고 민족학교에 대해 경제적 지원을 하자 북한을 진정한 조국이라고 생각한 사람도 있었다. 하지만 북한과 일본은 정식 수교를 맺지 않았기 때문에 이들은 국적을 북한으로 고칠 수 없었다. 한편, 자신들이 일본에 오기 전의 한반도는 분단되지 않은 하나의 국가였다며 '한국' 국적을 거부하는 사람도 있었다. 이들은 모두 한일 국교 수립 이후에도 '조선적'을 고수하였다.

재일, 재일코리안

패전 이후 일본에 거주하는 외국인은 한국인이 압도적으로 많았기 때문에 일본에서는 '재일(在日, 자이니치)'이 곧 재일한국인을 뜻하게 되었다. '재일'은 일본에 있는 한국인들과 조선적 사람들을 모두 포함하는 말로, 일본 현지에서는 지금까지도 '재일'이라는 말이 가장 널리 쓰인다. 최근에는 '재일한국인'과 '재일조선인'을 통칭하는 '재일코리안'이라는 호칭을 사용하는 빈도가 늘어나고 있다. 이와 함께, 1965년 한일국교수립 이전부터 일본에 거주했던 사람들을 올드커머(old comer), 그 이후 일본으로 이주한 사람들을 뉴커머(new comer)라고 구분하여 부르기도 한다.

재일한국인의 국적이 복잡하게 전개된 이유는?

1910년 한일병합으로 조선인들은 일본 국적을 갖게 되었습니다. 그러나 일본 정부는 식민지 조선인들과 일본인을 구별하기 위해 조선인들을 일본의 호적법인 '내지호적'이 아니라 '조선호적'으로 따로 관리하였습니다.

일본을 점령한 연합군총사령부는 1946년 11월 '조선으로 귀국하지 않은 조선인은 정당하게 설립된 조선 정부가 그들에 대하여 조선 국민으로 승인할 때까지 일본 국적을 보유한다.'는 지령을 내렸습니다. 그러나 1947년 5월 일본 정부는 '외국인등록령'을 시행하여 재일한국인에 대해 '당분간 외국인으로 간주한다.'고 규정하고 '조선' 국적의 '외국인'으로 등록하게 하였습니다. 이때까지 한반도에는 정식 국가가 수립되지 않았기 때문에 '조선'은 나라 이름이 아니라 식민지 조선 출신을 뜻하는 일종의 기호에 불과했습니다.

이로 인해 재일한국인은 법적으로 일본인이기도 하고 외국인이기도 한 모순된 지위를 갖게 되었습니다. 일본 정부는 한반도로 귀국했다 일본으로 재입국하는 재일한국인들에 대해서는 '외국인'이라는 이유로 입국을 허용하지 않았고, 재일한국인들이 민족교육을 실시하기 위해 일본에 설립한 민족학교에 대해서는 '일본인'이라고 하면서 민족학교를 폐쇄하거나 일본학교에 통폐합시켰습니다.

1952년 4월 28일 일본이 샌프란시스코 강화조약으로 국권을 회복하면서 재일한국인들은 일본 국적을 상실하였습니다. 일본 정부가 일본인의 기준을 '내지호적'에 등록된 자들로 규정했기 때문입니다. 이때부터 재일한국인들은 '출입국관리령'과 '외국인등록법'의 적용을 받는 '외국인'이 되었습니다. 이때 일본 정부는 재일한국인에 대해 '별도로 법률이 정하는 재류자격 및 재류기간이 결정될 때까지 재류자격 없이 계속 본방(일본)에 재류할 수 있다.'(출입국관리법)라고 일방적으로 법적 지위를 결정하였습니다.

자신의 의사와 상관없이 외국인이 된

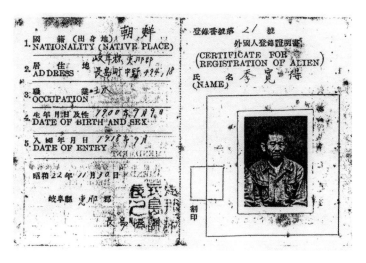

▼ 1947년 재일조선인에게 발급된 외국인등록증

우측 상단에 '외국인등록증명서', 이름 이관득이 한자로 적혀 있다. 좌측상단에는 1. 국적(출신지): 조선 2. 거주지: 기후 현, 3. 직업: 토목(일용직 노동), 4. 생년월일 및 성별: 1900년 9월 9일, 5. 입국연월일: 1918년 9월, 맨 밑에 '쇼와22년(1947년) 11월 30일'이라고 발행일이 적혀 있다.

재일한국인들은 생활상의 여러 권리를 박탈당했습니다. 외국인이기 때문에 국민연금에 가입할 수 없었고, 공영주택 입주, 국민금융 융자 불가 등 행정상의 권리에서 제외되었습니다. 그러나 각종 세금은 일본인과 똑같이 납부해야 했습니다.

1965년 한일협정 체결 당시 조인된 '재일교포의 법적 지위 및 대우 협정'에 의해 식민지 시기부터 일본에 거주하고 있던 재일한국인들과 그 자녀들(2세)은 비로소 '한국' 국적의 '협정영주권*'을 가질 수 있었습니다. 그러나 대한민국을 한반도의 합법적 정부로 인정하지 않았던 총련계 재일한국인들은 대부분 협정영주권을 신청하지 않았고 계속 기호로서의 '조선적'을 유지하였습니다.

일본이 1979년 '국제인권규약'을 비준하고, 1981년 난민조약*에 가입하면서 법적으로 무국적이면서 불안한 지위에 있던 조선적 재일한국인들에게 '특례영주권'이 부여되었습니다. 1991년 1월 한일 외무장관회담에서 '한일 법적 지위 협정에 입각한 협의 결과에 관한 각서'를 채택하면서 일본 정부는 '외국인등록법'을 개정하였습니다. 개정된 '외국인등록법'에서는 재일한국인 2세까지 인정했던 영주권을 3세 이후에도 계속해서 인정하기로 합의하였고 협정영주권과 특례영주권으로 복잡하게 구별되었던 재일한국인의 영주자격을 '특별영주자'로 통일하기로 결정하여 현재에 이르고 있습니다.

협정영주권
1965년 한일국교정상화 당시 체결한 '재일한국인 법적 지위 협정'에 의해 1971년 1월까지 영주권을 신청한 재일한국인과 이들의 직계비속이 일본에 합법적으로 영주할 수 있는 권리.

난민조약
'난민의 지위에 관한 협약'을 가리키는 것으로 1951년 제네바에서 채택된 난민에 대한 다자조약이다. 이 조약에는 외국인을 배제하거나 차별하는 것을 금지하는 조항이 있기 때문에 일본은 난민조약 비준에 따라 국내법을 개정하여 국민연금법, 아동수당법 등 사회적 권리 분야의 국적 조항을 삭제하였다. 이로 인해 '일본 국민'만을 대상으로 했던 사회보장제도가 '일본에 주소를 둔 자'를 대상으로 개정되었고, 재일한국인의 일본 내 지위에 큰 영향을 끼쳤다.

재일한국인은 어떻게 일본에 살게 되었을까?

재일한국인 3세인 서경식 씨는 자신이 일본에 살게 된 사연을 이렇게 말했습니다. "우리 할아버지는 충남지방의 가난한 농민이었습니다. 도로공사에 동원되어 일했는데 가혹한 노동에도 임금을 거의 받지 못했습니다. 이래서는 가족을 먹여 살릴 수가 없다고 생각한 할아버지는 들고 있던 곡괭이를 내던지고 맨몸으로 일본으로 왔습니다. 교토로 가서 큰 농가의 허드렛일을 하게 되었고, 열심히 일해 생활이 조금 안정되자 가족을 불러들였습니다. 이것은 1920년대 일본으로 이주한 조선인의 전형적인 모습이었습니다."

한반도가 일본의 식민지가 된 다음 해인 1911년 재일한국인은 2,527명에 불과하였습니다. 그러나 1945년 해방 직전에는 약 200만 명의 조선인들이 일본에 살게 되었습니다. 식민지 시기 조선인들이 일본에 많이 살게 된 이유는 일본의 식민지배 정책과 연관이 있습니다.

1910년대에는 토지조사사업[●]에 의해 토지를 빼앗긴 농민들이 이주하였는데 북쪽에 살던 사람들은 만주지역으로 많이 이주하였고, 남쪽 사람들은 일자리를 찾아 주로 일본으로 이주하였습니다. 특히 토지조사사업이 본격화된 1917년 이후에 이주가 급격히 증가하였습니다. 1920~30년대에는 산미증식계획[●]으로 인한 쌀 수탈과 수리시설 확충에 따른 생산비용 증가로 농

토지조사사업
조선총독부가 식민지 조선을 안정적으로 통치하기 위해 1910~1918년까지 당시 경제의 토대였던 토지소유관계를 조사한 사업. 지주의 소유권만 인정하고 소작농들의 경작권은 인정하지 않았다.

산미증식계획
1920~1934년까지 일본의 쌀 생산량이 부족하게 되자 본토에 안정적으로 쌀을 공급하기 위해 제국주의 일본이 조선에서 실시한 대규모 쌀 생산 수탈 정책.

촌의 농민들이 버티기 힘들었습니다. 이때 일본은 제1차세계대전으로 인한 경제호황으로 새로운 도로, 철도, 광산개발, 공장설비투자 등을 활발하게 전개하였습니다. 일본 정부는 이에 필요한 노동력을 조선으로부터 공급받으려고 하였고, 조선인들은 일자리를 찾아 일본으로 건너갔습니다. 1930년대 후반에는 일본이 아시아·태평양 지역으로 전쟁을 확대함에 따라 조선인들을 징병으로 끌고 가거나, 노동력 확충을 위해 일본 본토의 노동자로 강제동원하였습니다. 해방 직전 재일한국인이 200만 명에 달한 것은 이런 이유 때문이었습니다.

일제강점기 재일한국인 연도별 인구 추이

연도	인구(명)	연도	인구(명)	연도	인구(명)
1911	2,527	1923	80,415	1935	625,678
1913	3,635	1925	129,870	1937	735,689
1915	3,917	1927	165,286	1939	961,591
1917	14,502	1929	275,206	1941	1,469,230
1919	26,605	1931	311,247	1943	1,882,456
1921	38,651	1933	456,217	1944	1,936,843

(재일본대한민국민단 http://www.mindan.org/kr/)

　　1920~30년대 대거 이주한 재일한국인들은 지리적으로 한반도에서 가까운 후쿠오카 현, 나가사키 현, 야마구치 현,

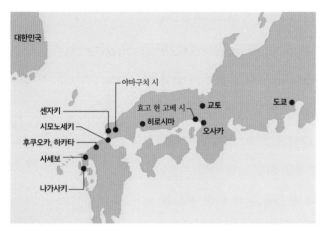

히로시마 현 등에 많이 살았고, 산업이 발달한 오사카부와 효고 현, 교토부, 도쿄도에 집중적으로 거주했습니다. 이 지역에서도 주로 도시외곽에 조선인집단거주지(조선부락)를 형성하여 모여 살았습니다. 이것은 농촌지

▲ 일본내 재일한국인 주요 거주지

역보다 도시지역이 각종 임시직이나 단순노동 등 일자리를 찾기 쉬웠기 때문이기도 했지만 일본인들이 집을 빌려주지 않거나 민족차별이 심했기 때문에 도시 안쪽에서는 살 수 없었기 때문입니다.

특히 오사카지역은 1920년대 이후 일본의 군수산업 경기가 활발하였을 때 '동양의 맨체스터'라고 불렀을 정도로 공업경기가 활발했던 지역입니다. 따라서 한반도에서 이주한 재일한국인들이 각종 일용직과 인부 등 일자리를 구하기 위해 이곳으로 많이 몰려들었습니다.

그러다 1945년 일본의 패전 소식이 전해지자 일본 각지에 흩어져 있던 재일한국인들은 귀국을 위해 한반도에서 가까운 시모노세키, 센자키, 하카타, 사세보 등으로 왔습니다. 1946년 3월 연합군총사령부 조사에 의하면 일본에 남아 있는 재일한국인은 64만 7006명으로, 이 중 79.5%인 51만 4060명

이 귀국을 희망하였다고 합니다. 전쟁이 끝난 1945년 8월부터 1946년 2월까지 약 140만 명 정도가 귀국하였고, 나머지 대부분의 재일한국인들도 귀국을 계획하고 있었던 것입니다. 그러나 1947년 '외국인등록령'에 의한 재일한국인 등록자가 59만 8507명인 것을 보면 1946년 당시 잔류하고 있던 재일한국인들 대다수가 귀국을 하지 않았음을 알 수 있습니다.

이들이 귀국을 하지 않은 까닭은 무엇일까요? 이유는 대체로 세 가지였습니다. 첫째, 대다수가 남한 출신이었던 재일한국인들은 해방 이후 극심한 좌우대립을 비롯한 정치혼란 상황을 듣고 귀국을 망설였습니다. 둘째, 일본 정부는 재일한국인들이 일제히 귀국할 때 일본 경제에 미치는 영향을 고려해야 한다면서 이들이 귀국할 때 소지할 수 있는 한도를 현금은 고작 1,000엔(현재 가치 약 200만 원), 화물은 약 110킬로그램으로 제한하였습니다. 셋째, 1940년대 이전 일본으로 건너온 조선인들은 10년 이상 일본에 살면서 어느 정도 정착을 했고 막상 돌아가도 고향에서 안정적인 생활기반을 마련해서 살 수 있을지 불안함을 느꼈습니다. 따라서 대한민국의 국내정치와 경제가 안정된 후 돌아가도 늦지 않을 것이라고 생각하고 일본에 남아서 상황을 살펴보기로 했던 것입니다.

재일한국인의 한반도 출신지별 비율(1964년)

출신지	인원(명)	비율(%)	출신지	인원(명)	비율(%)
경상남도	221,698	38.3	강원도	5,715	1.0
경상북도	145,743	25.2	평안남도	1,948	0.3
제주도	86,490	14.9	평양시	279	-
전라남도	59,115	10.2	평안북도	1,086	0.2
전라북도	12,439	2.1	함경남도	1,993	0.3
충청남도	12,918	2.2	함경북도	834	0.1
충청북도	11,272	1.9	황해도	1,905	0.3
경기도	5,243	0.9	양강·자강도	68	-
서울시	4,307	0.7	알 수 없음	5,519	
			합계	578,572	100

『재일한국인의 역사』

해방 이후 재일한국인들은 어떻게 생활하였을까?

60여 만 명의 재일한국인들은 해방 이후 즉시 귀국을 하지 못하였지만 이들도 적당한 시기가 되면 언젠가는 귀국하리라는 희망을 갖고 있었습니다. 따라서 일본에 살고 있는 동안 귀국대책과 실업구제, 민족적 단결을 위한 단체들을 조직하였습니다. 대표적인 단체는 1945년 10월 사회주의자들이 중심이 되어 조직한 재일본조선인연맹(이하 조련)과 조련에서 배제된 우파세력이 1946년 10월 조직한 재일본조선거류민단(이하 조선민단)입니다. 조련은 1949년 연합군총사령부와 일본 정부에 의해 사회질서를 해치는 폭력적인 공산주의단체로 간주되어 해체되었다가 1955년 5월 재일본조선인총연합회(이하 총련)로 재건하였습니다. 조선민단은 1948년 한국 정부로부터 재일한국인을 대표하는 유일한 단체로 인정받고 명칭을 재일본대한민국거류민단(이하 거류민단)으로 변경합니다.

거류민단은 1961년 5·16 군사쿠데타 이후 박정희 정권을 적극적으로 지지하고 1965년 한일협정체결에 협력하였습니다. 1970년대 말부터는 공영주택입주, 국민연금 가입 등 일본사회에서 재일한국인의 권익옹호운동을 적극적으로 전개하였습니다. 1993년에는 일본을 일시적으로 거류하는 곳이 아닌 정주하는 곳으로 인정하면서 단체의 명칭을 재일본대한민국민단(이하 민단)으로 변경하였습니다.

총련은 결성 당시부터 '북한의 공민'으로서 일본에서 운동을 전개해 나가겠다고 하여 1959년 12월부터 재일한국인의 북송을 전개하였고, 북한의 대폭적인 지원 아래 민족교육의 활성화에 힘을 기울였습니다. 이후 민족학교를 운영하고, 재일한국인 중 '조선적' 경영자를 대상으로 융자를 해 주는 등 상조회 조직으로 기능하였습니다. 그러나 2002년 북일정상회담 당시 북한의 일본인 납치 문제[*]가 공식적으로 부각되자 이와 관련하여 북한과의 관계를 의심받고 활동에 타격을 입었습니다. 특히 2002년 총련계 금융기관인 조선신용협동조합이 파산한 이래 총련 본부의 건물과 토지가 경매에 넘어가 매각되는 등 조직

일본인 납치 문제
1970년대 후반부터 1980년대 초반까지 다수의 일본인이 국내외에서 행방불명되었다. 일본 정부는 이들 사건의 배후에 북한이 있는 것으로 생각하고 북한에 이들의 생사확인 및 귀국조치를 지속적으로 요구하였으나 북한은 이에 대해 별다른 반응을 보이지 않았다. 2002년 북일정상회담 당시 김정일 국방위원장이 일본인 납치문제를 공식적으로 인정하면서 북일간의 외교문제로 비화되었다.

결성 이후 최악의 상태를 맞이하였습니다.

1970년대 이후 재일한국인 2세가 사회활동의 전면에 등장하면서 재일한국인 사회는 급격히 변모하기 시작하였습니다. 갈수록 재일한국인 1세의 인구비율은 줄어들고 재일한국인 3세와 4세가 나오면서 한반도 출신이라는 민족의식은 점점 약화되어 가는 추세입니다. 1965년 이후 일본으로 이주해 온 재일한국인(new comer, 뉴커머)들은 민단과 총련 등의 이념과 상관없이 어느 쪽에도 가입하지 않거나 재일한국인들의 권리를 확보하기 위한 단체(재일본한국인연합회)를 결성하여 활동하고 있습니다.

재일한국인 3세, 4세들은 한반도에 대한 정치적 귀속의식이 약하고 일본 정부나 사회에 대한 반감도 적기 때문에 일본인과의 결혼이나 일본 국적 취득에 대해 1세와는 달리 큰 거부반응을 보이지 않습니다. 이로 인해 일본인과의 결혼이 증가하고 이들 사이에서 태어난 '더블(혼혈)'이 증가하면서 재일한국인도 재일조선인도 아닌 '재일'로서 자신들의 정체성을 인식하려는 사람들이 많아지고 있습니다. 이들은 자신들을 한국이나 북한이라는 특정 국가에 매이지 않은 새로운 집단으로 규정하려 합니다.

혼인에 의한 재일한국인 사회의 변화

(2012년 12월 말 현재)

연도	혼인 건수	동포간 혼인		외국인과 혼인(%)	
		혼인 건수	구성(%)	일본인	기타 외국인
1955	1,102	737	66.9	30.5	2.6
1965	5,693	3,681	64.7	34.6	0.7
1975	7,249	3,618	49.9	48.9	1.2
1985	8,588	2,404	28.0	71.6	0.4
1995	8,953	1,485	16.6	82.2	1.2
2005	9,238	866	9.4	88.3	2.4
2010	6,454	601	9.3	87.5	3.2
2012	5,511	498	9.0	87.6	3.4

(재일본대한민국민단 http://www.mindan.org/kr/)

일본에 있는
조선학교와 한국학교는 뭐가 다를까?

해방 이후 귀국을 하지 못한 재일한국인들은 언젠가는 귀국할 것이라 생각하고 자녀들에게 '한국어', '한국역사', '전통문화' 등 민족교육을 하고자 하였습니다. 일본에서 나고 자란 자녀들은 한국어를 자유롭게 구사할 수 없었을 뿐만 아니라 일본학교에서 한국문화와 한민족이 열등하다는 교육을 받아왔기 때문에 민족에 대한 자긍심도 부족했습니다. 1945년 10월 결

▲ 일본 소재 한국학교의 체육대회
중·고등학생들이 부채춤 공연을 하고 있다.

▲ 일본 소재 한국학교의 수업 시간
학생들이 한국어 수업을 받고 있다. 칠판 위에는 태극기가 걸려있다.

성된 조련은 재일한국인 2세 교육의 중요성을 인식하고 민족교육을 체계적으로 정비해 나갔습니다. 그 결과 1948년 4월 당시 초등학교 561개교(학생 56,210명), 중학교 9개교(학생 2,330명)를 운영하게 되었습니다. 거류민단도 조련과는 별도로 민족학교 운영에 나서 초등학교 52개교(학생 6,297명)와 중학교 2개교(학생 242명)를 운영하였습니다.

일본 정부는 1947년 3월 교육기본법과 학교교육법을 공포하고 새로운 교육제도를 시행하면서 민족학교들로 하여금 일본의 교육제도에 따르도록 하였습니다. 또한 1947년 10월 연합군총사령부도 "조선인 학교는 정규교과의 추가과목으로 한국어를 가르치는 것 이외에는 일본문부성(한국의 교육부에 해당)의 모든 지시를 따르도록 일본 정부에 지령한다."라는 명령을 내렸습니다. 치안확보에 치중했던 연합군총사령부는 재일한국인들을 일본인들과 언제든 충돌할 수 있는 불안한 존재로 여겼

▲ 조선고급학교 교실
칠판 위에 김일성·김정일 초상화가 걸려있다.

▲ 조선학교 게시판
게시판에 '우리말 100% 생활화'라는 목표가 붙어 있다.

고, 대부분의 민족교육을 주관하고 있던 조련을 공산주의계열로 파악하고 있었기 때문입니다. 연합군총사령부의 명령을 받은 일본 정부는 1948년 1월부터 민족학교에 일본의 교육법규를 준수할 것을 요구하면서 민족학교 폐쇄를 시도하였습니다. 이에 반발한 재일한국인들은 1948년 4월 '한신교육투쟁®'이라고 하는 학교폐쇄 반대운동을 격렬하게 전개하였습니다.

　　1949년 9월 조련은 연합군총사령부에 의해 강제 해산되었습니다. 조련이 구심점이 되어 운영하던 민족학교도 폐쇄되었습니다. 폐쇄령 이후 재일한국인들이 많이 거주하던 도쿄나 오사카, 고베 지역에서는 폐쇄조치에 반대하여 다수의 민족학교를 자주학교로 존속시켜 운영하였습니다. 자주학교는 미인가학교시설®이었기 때문에 학교운영에 재정적 어려움이 뒤따랐지만 민족교육의 명맥은 이어갈 수 있었습니다.

　　1955년 결성된 총련은 운영이 어려운 민족학교들을 '조선

한신교육투쟁

일본 정부의 재일한국인 민족학교 폐쇄 움직임에 맞서 이를 저지하기 위해 오사카와 고베를 중심으로 일어났던 재일한국인들의 투쟁으로, 일본 당국과 충돌을 빚었다.

미인가학교시설

정식학교로 인정받지 못한 학교로, 일본 정부의 지원을 받을 수 없고 졸업을 하더라도 공식적으로 학력을 인정받지 못하기 때문에 한국의 검정고시 같은 졸업인정시험을 통과해야 한다.

학교'로 전환하여 통일적으로 관할하기 시작하였습니다. 북한은 1957년부터 해외공민에 대한 교육원조 명목으로 조선학교에 경제적 지원을 시작하였습니다. 북한의 적극적인 지원 아래 조선학교는 질적으로나 양적으로나 크게 성장하였습니다. 그러나 1990년대 이후 재일한국인 인구의 감소와 북한의 경제적 어려움에 따른 지원 감소, 일본의 민족차별 등으로 학교와 학생 수는 줄어드는 추세입니다. 2014년 현재 조선학교는 유치원 38개, 초급부 53개, 중급부 33개, 고급부 10개, 대학 1개교로 약 8천 명의 학생이 재학하고 있습니다.

조선학교는 일본에서 정식학교로 인정받지 못하기 때문에 초·중·고등학교라는 명칭을 사용하지 못하고 '초급학교', '중급학교', '고급학교'라는 명칭을 사용합니다. 학교수업은 민족 교과(조선어, 조선역사·지리 등)의 경우 북한의 교육내용을 기초로 총련에서 발행하는 민족 교과서로 수업하지만 과학을 비롯한 일반 과목들은 일본 교과서로 수업을 진행하는 학교가 많습니다. 학생들의 국적은 한국 51%, 조선적 48%, 일본 2%(2010년 도쿄 조선학교) 등 다양하지만 모두 부모가 한반도 출신이거나 귀화한 재일한국인들이고, 학교에서는 반드시 한국어를 사용합니다.

일본 정부의 민족학교 폐쇄 이후 민단도 민족학교의 일부를 '한국학교'로 운영하였으나 총련계 조선학교가 북한의 지원을 받은 것에 비해 한국의 지원을 받지 못했기 때문에 운영이 상당히 어려웠습니다. 게다가 민단계 재일한국인들의 일본 정주 경향, 한국 정부의 무관심 등으로 민족교육활동이 한때 중지되기도 하였습니다. 이런 상황에서 오사카 건국 유·소·중·고등학교, 금강 소·중·고등학교, 교토 국제 중·고등학교가 명맥을 이어갔고, 1954년 도쿄 한국 초·중·고등학교가 설립되어 총 4개교가 한국학교로 운영되고 있습니다.

본국으로부터 지원을 받지 못하던 한국학교는 학교를 유지하고 민족교육을 지속하기 위해 일본의 정규 사립학교로 등록하여 어려운 재정난을 타개하고자 하였습니다. 이로써 전면적인 민족교육 실시는 어렵게 되었지만 일본 교육과정을 중심에 두고 한국어와 한국역사를 특설과목으로 설치하여 교육하고 있습니다. 한국 정부는 1961년부터 재일한국학교를 한국의 정식학교로 인정하고 교육보조금을 지원하는 한편 한국어와 한국역사 교사를 파견하여 민족교육을 돕고 있습니다.

일본의 정식 사립학교로 인가 받은 한국학교에는 일본인 학생도 다니고 있습니다. 2012년 조사에 따르면 한국학교 재학생 중 재일한국인은 약 80.7%(한국 국적 67.1%, 일본 국적 13.6%)였습니다. 한국학교는 일본에서 출생하거나 취학 이전부터 일본에서 거주한 학생들이 대부분이고 일본인 학생들도 있기 때문에 일본어를 공용어로 사용하고 민족 교과(한국어, 한국역사) 시간에만 한국어 수업을 진행합니다.

재일한국인은 민족차별을 극복하기 위해
어떤 노력을 하고 있을까?

아이치 현에서 태어난 박종석은 재일한국인 2세였습니다. 그는 1970년 일본학교를 졸업한 뒤 히타치제작소 채용시험을 봤습니다. 당시 일반적인 재일한국인들처럼 그는 아라이 쇼지(新井鐘司)라는 통명°을 사용하였습니다. 채용시험 결과는 합격이었습니다. 합격 후 회사는 신분증명을 위해 호적등본을 요구하였습니다. 그는 자신이 재일한국인이라 호적이 없으니 외국인등록증명서를 제출하겠다고 했습니다. 그러자 회사는 "우리 회사는 외국인을 고용하지 않는다."라며 일방적으로 채용을 취소하였습니다.

박종석은 이것이 부당한 해고이자 민족차별이라고 생각하여 1970년 12월 요코하마 지방재판소에 일본기업의 재일한국인에 대한 취직차별의 부당성을 묻는 소송을 제기하였습니다. 재판은 4년 동안 계속되었고, 그동안 재일한국인과 일본인으로 구성된 '박 군을 지지하는 모임'이 결성되는 등 여론에 큰 반향을 불러일으켰습니다.

재판정에서 히타치 측은 재일한국인이 일본식 이름을 사용하여 기재한 것은 허위기재라고 간주하면서 해고의 정당성을 주장하였습니다. 박종석 측은 '압도적인 차별사회에서 재일한국인들은 생존을 위해 취직이나 토지매매 등에 본명을 숨기고 일본식

통명
재일한국인들은 사회생활에서 자신의 한국 이름인 '본명' 외에 일본식 이름인 '통명'을 사용하였다. 이것은 부당한 민족차별을 겪지 않기 위한 어쩔 수 없는 선택이었다.

이름을 사용할 수밖에 없다.'라고 항변하며 일본사회에서 살아가는 재일한국인들의 어려움을 호소하였습니다. 22번의 공판을 거쳐 1974년 6월 요코하마 지방재판소는 '재일한국인이 일본식 이름을 사용했다는 것만으로 해고 이유가 되지는 않는다.'라며 박종석 측의 손을 들어 주었습니다. 이 재판은 1심에 불과하였지만 히타치 측은 여론이 제품의 보이콧 운동으로까지 확산될 것을 우려하여 항소를 단념하고 박종석의 입사를 허가하였습니다.

히타치 취직 차별 사건은 재일한국인이 처한 혹독한 사회적 상황과 민족차별, 일본인의 재일한국인에 대한 멸시관, 그로 인한 재일한국인들의 정신적 고통을 수면 위로 떠올렸습니다. 이 사건의 영향으로 1970년대 중반부터 민족차별과 싸우는 다수의 시민운동이 활발하게 전개되었습니다. 재일한국인이 가장 많이 거주하는 오사카 지역에서는 공영주택 입주자격 획득, 아동수당에서의 국적 조항 철폐 및 수당지급 등의 수확이 있었습니다. 이것은 민족차별에 반대하는 재일한국인들과 양심적인 일본인들이 연대하여 처음으로 실현한 민족차별 철폐 운동의 성과였습니다.

재일한국인들의 민족차별 철폐 운동은 또 다른 분야에서도 진행되었습니다. 1976년 그해 일본 사법시험에 합격한 재일한국인 김경득이 그때까지 일본 국적의 합격생들만 들어갈 수 있었던 사법연수원 입교 자격에 이의를 제기하였습니다. 그는 자신이 재일한국인으로 일본에서 살게 된 이유와 그동안 자신이 당한 민족차별, 변호사가 되어서 민족차별을 위해 힘쓰겠다는 내용의 청원서를 일본 최고재판소(대법원)에 제출하였습니다. 1977년 3월 최고재판소는 김경득의 이의제기를 받아들여 "일본 국적이 없다는 이유로 사법연수생 입교를 불허해서는 안 된다."라고 결정하였고, 변호사 자격에 대한 국적 조항을 철폐하였습니다.

김경득의 문제제기는 일본에서 재일한국인 변호사들이 활동할 수 있는 계기가 되었지만, 한편으로는 재일한국인이 공무원이 될 수 없는 현실에 눈을 돌리는 계기가 되기도 했습니다. 일본인들은 김경득 사건을 통해 자국의 국적차별과 민족차별에 관한 현실을 자각하게 되었습니다. 그리하여 1982년에는 '국립 또는 공립 대학에서 외국인 교원 임용에 관한 특별 조치법'이 통과되었고, 재일한국인(외국인)이 대학 교단에 설 수 있게 되었습니다. 1985년에는 초·중·고교에서도 비록 정식 교원은 아니지만 상근 강사로 일할 수 있게 되었습니다.

재일한국인 민족차별 철폐 운동은 일반 공무원 채용 문제로 확대되었습니다. 1990년 오사카시립대학 4학년이었던 문공휘는 오사카 시 채용시험에 응시하려고 하였으나 외국인이라는 이유로 원서접수를 거부당했습니다. 이후 문공휘는 오사카 시청 앞에서 전단을 나누어 주며 국적 조항 철폐 운동을 시작하였습니다. 3년간의 투쟁이 여론의 지지를 받고 언론에서도 이 문제를 다루기 시작하자 오사카 시는 일반직 공무원 직종 중 공권력 행사가 약한 일반사무직에 영주 외국인 채용을 허용했습니다. 그 뒤로 영주 외국인에게 일반사무직 수험자격을 부여하는 지방자치단체가 점점 늘어나고 있습니다.

재일한국인이 지문날인등록제도 폐지와 지방참정권을 요구한 이유는?

1980년 9월 재일한국인 한종석은 도쿄 신주쿠 구청에서 '외국인등록증 기간 갱신'을 하면서 지문날인을 거부하였습니다. 일본인에게는 범죄자에게만 실시하는 지문날인을 모든 재일한국인들에게 의무화하는 것은 민족차별이고 인권침해라고 생각했기 때문입니다.

당시 일본에 정주*하는 외국인들은 재일외국인 신규 등록과 기간 갱신을 할 때 의무적으로 지문날인을 해야 했습니다. 만약 지문날인을 하지 않으면 '1년 이하의 징역이나 금고 또는 20만 엔 이하의 벌금' 처분을 받았습니다. 또한 지문날인이 없으면 해외에 나갔다가 들어올 때 일본 재입국 허가도 받지 못했기 때문에 일본에서 태어나고 성장한 재일한국인들에게는 매우 민감한 문제였습니다.

한종석의 지문날인 거부를 계기

정주
일본에 정주하는 외국인은 정주자와 영주자가 있다. 정주자는 법무대신이 특별한 이유를 고려하여 일정 기간 일본에 거주할 수 있도록 인정한 자로, 기간 제한 없이 일본에서 생활할 수 있는 영주자와 달리 비자 갱신 수속이 필요하다.

▼ **지문날인을 하지 않은 외국인등록증**

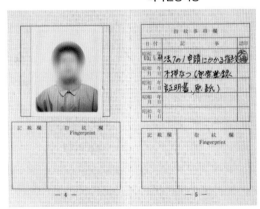

▲ 외국인등록법 개정과 지문
날인 거부를 주장하는 재일한
국인들의 행진(1984)

로 이에 동참하는 재일한국인과 재일
외국인이 급증하였고, 지문날인 제도
자체를 비난하는 목소리도 커졌습니
다. 그럼에도 불구하고 일본 사법부는
1984년 미국 국적의 재일미국인이 '본
인의 의사에 반하여 지문을 채취하는
것은 개인 사생활의 자유를 존중하는
헌법 13조와 국제인권규약 7조 위반'이
라며 요코하마 지방재판소에 제기한 소
송을 기각하였습니다. 그러자 일본의
중앙일간지를 비롯한 언론과 여론은 인
권에 대한 일본의 수준을 보여 주는 사
건이라며 일제히 사법부를 비판하였습

니다. 결국 재일외국인에 대한 지문날인 제도는 1989년 3월 외
국인등록법 개정으로 전면 폐지되었습니다.

1980년 재일한국인의 지문날인 거부운동은 이후 지역주
민으로서 일본인들과 동등한 권리와 대우를 요구하는 민족차
별 철폐 운동으로 확장되었고, 1980년대 말 지방참정권* 획득
운동으로 이어졌습니다.

일본에서 태어나 일본에 살고 있는 2세 이상의 재일한국
인은 한국으로 돌아가려 하기보다 자손대대로 일본에서 살아
가는 것을 당연하게 여기고 있습니다. 주민등록과 세금납부 등

지방참정권
우리나라의 경우 2005년 공직
선거법 개정으로 한국에서 영
주권을 받은 지 3년이 지난 외
국인에게 지방선거 참정권을
부여하였다.

일본 '주민'으로서의 '의무'도 다하고 있습니다. 하지만 몇 년 전까지만 해도 '외국인'이라는 이유로 '권리'는 행사하지 못했습니다. 1989년 오사카 시에 사는 재일한국인 9명은 오사카 시 선거인명부에 자신들을 등록해 줄 것을 요구하는 소송을 제기하였습니다. 이를 계기로 일정 기간 이상 일본에 거주한 정주 외국인에게 지방참정권을 주는 문제가 대두되었습니다. 일본 헌법 15조는 '국정선거는 국민 고유의 권리'라고 규정하고 있어 '외국인'의 '국정참여'를 금지하고 있습니다. 하지만 재일한국인들은 "지방 공공단체의 장, 지방의회의 의원 및 법률이 정하는 그 외의 공무원은 그 지방의 '주민'이 직접 이것을 선거한다."고 명시한 헌법 93조에 근거하여 '주민'으로서의 '지방참정권'을 요구하였습니다. 이에 대해 1995년 2월 최고재판소는 '정주 외국인에 대하여 지방참정권을 부여하는 것은 헌법상 금지되어 있지 않다.'며 사실상 정주 외국인의 지방참정권을 허용해야 한다는 판결을 내렸습니다. 법원의 판결에 따라 일본 정부가 관련 법률('공직선거법'과 '지방자치법')을 개정하기만 하면 재일한국인을 비롯한 정주 외국인의 지방정치 참여가 가능하게 된 것입니다.

재일한국인의 지방참정권 획득 운동은 내·외국인 평등과 관련한 기본적인 인권보장 문제이기도 하지만 주민참여와 (지방)자치실현 및 공생을 위한 최소한의 조건 마련이라는 의미도 있습니다. 또한 일본 정부로서는 일본의 과거 침략행위로 인해 일본의 사회구성원이 된 재일한국인들에게 지방참정권을 부여함으로써 일본 정부가 잘못된 과거 역사와 식민지배 역사를 직시하고 미래지향적인 사회로 나아가려 한다는 의지를 보여주는 기회가 될 수 있습니다.

2000년 11월 『아사히신문』 여론조사에서는 64%의 국민이 정주 외국인의 지방참정권을 허용해야 한다는 의견을 보였습니다. 2003년에는 일본의 3,302개 지방자치단체 중 약 45.7%인 1,511개 의회에서 '정주 외국인의 지방참정권 확립에 관한 의견서'를 채택함으로써 성숙한 시민의식을 보여 주었습니다. 반면, 일본 국회에서는 정주 외국인에 대한 지방참정권 부여와 관련된 법안이 9차례 이상 지속적으로 제출되었지만 아직도 결론을 내지 못하고 있습니다. '일본이라는 나라를 지켜내기 위해 일본인의 애국심 및 국가에 대한 충성심을 높여야 하는데 외국인에게는 그것을 기대할 수 없다.', '지방의 농촌으로 수천 명의 재일한국인들이 주민등록을 옮기면 지방의회를 좌지우지하여 조례를 마음대로 만들 수도 있다.'라며 반대하는 우익정치인들 때문에 법안이 심의안건 자체에 들어가지 못하거나 중의원 해산으로 자동 폐기되곤 했기 때문입니다.

최근에는 급증하는 중국인 출신 영주권자들로 인해 지방참정권 문제가 '재일한국인' 문제에서 '중국인' 문제로 인식되기 시작하였습니다. 이로 인해 중국과의 갈등이 심화되면서 '참정권 부여 반대' 여론이 확산되기도 하였습니다.

국적·지역별 재류 외국인 인구변화 추이

(2013년 12월 말 현재)

순위	국적	2006	2007	2008	2009	2010	2011	2012	2013
	전체(명)	2,084,919	2,152,973	2,217,426	2,186,121	2,134,151	2,078,508	2,033,656	2,066,445
1	중국	560,741	606,889	655,377	680,518	687,156	674,879	652,595	649,078
2	한국·조선	598,219 (438,974)	593,489 (426,207)	589,239 (416,309)	578,495 (405,571)	565,989 (395,234)	545,401 (385,232)	530,048 (377,351)	519,740 (369,249)
3	필리핀	193,488	202,592	210,617	211,716	210,181	209,376	202,985	209,183
4	브라질	312,979	316,967	312,582	267,456	230,552	210,032	190,609	181,317

('한국·조선'의 괄호 안 숫자는 특별영주자 인구)

(일본 법무성 http://www.moj.go.jp/)

헤이트 스피치,
혐한시위는 어떻게 해결할 수 있을까?

2009년 12월 4일 '재일특권을 허용하지 않는 시민모임(이하 재특회)'은 교토 조선 제1초급학교 앞에서 "북조선 간첩 양성기관인 조선학교를 일본에서 내쫓아라!"라고 외쳤습니다. 2013년 2월 24일에는 재일한국인들이 가장 많이 거주하는 일본 오사카 시의 츠루하시 거리에서 헤이트 스피치(혐한시위)가 열렸습니다. 시위에 참여한 한 일본인 여중생이 소리쳤습니다.

"츠루하시에 살고 있는 망할 재일한국인 여러분, 저는 한국인이 너무 밉고 싫어서 견딜 수가 없어요. 그렇게 거만하게 군다면 난징대학살이 아니라 '츠루하시대학살'을 일으킬 겁니다…. 제발 돌아가!" 이와 같은 혐한시위는 전형적인 민족(인종)차별주의이자 극단적인 배외주의로 일본사회에도 큰 충격을 안겨주었습니다.

일본인의 혐한의식은 근대 이후 식민지배 역사를 거쳐 형성되어 온 '조선인 멸시관'에 기초하고 있습니다. 그러나 이러한 의식이 수면 위로 드러나기 시작한 것은 2002년 한일 월드컵 당시 한국인들의 반일감정 표현이 TV를 통해 그대로 보도되고, 고이즈미 총리 방북 당시 북한이 일본인 납치를 공식적으로 인정한 다음부터입니다. 본격적인 혐한 감정 표출은 인터넷 게시판 사이트 '2채널(http://www.2ch.net/)'의 익명게시판 활동과 2005년 7월 발행된 만화 『혐한류(嫌韓流)』의 출간을 계기로 시작되었습니다. 특히 2007년 1월 사쿠라이 마코토 주도로 설립된 '재특회'는 혐한론을 전국적으로 확산시켰습니다. 이들이 기존의 우익, 반한단체와 다른 점은 항의방문, 서명, 모금활동 등 직접적 행동을 통해 반일, 혐한 시위를 주도하고 사회적 파장을 일으킨다는 점입니다. 이들은 인터넷에 자신들의 시위 장면을 실시간으로 중계하거나 한류물품을 판매하는 상점 앞에서 장사를 방해하는 등 적극적으로 활동하고 있습니다. 일본 전국 각지에서 이들이 주도하거나 참여한 혐한시위는 2013년에만 150회가 넘습니다.

　이들은 재일한국인을 비롯해서 한국인, 민단과 총련, 국가로서의 한국과 북한 등 한국과 관련된 거의 모든 것을 혐오의 대상으로 삼고 있습니다. 또한 좌익과 우익을 가리지 않고 혐오 대상을 지원하는 일본 내 모든 세력도 공격 대상으로 삼습니다. 2010년 4월에는 단체의 모금 일부를 조선학교에 지원했다는 이유로 일본교직원조합을 공격하였고, 2010년 8월에는 우익성향의 후지TV가 한국드라마를 너무 많이 방영한다는 이유로 도쿄 본사 앞에서 항의시위를 하기도 하였습니다. 2012년 3월에는 일본의 한 제약회사가 한국 배우 김태희를 광고모델로 삼자 그녀가 일본을 조롱하는 망언을 했다는 왜곡된 정보를 갖고 제약회사를 수십 차례에 걸쳐 방문하며 항의시위를 하였습니다. 이들의 등장은 재일한국인에 대한 차별과 모욕을 금기시해 온 일본사회의 윤리장벽을 허물어뜨리고, 책과 인터넷 공간에 갇혀 있던 혐한감정을 헤이트 스피치(혐한시위)라는 형태로 공공장소에서 드러내고 퍼뜨리는 계기가 되었습니다.

　이러한 행동은 일본 내에서도 문제가 되기 시작하였습니다. 이들이 재일한국인뿐만 아니라 장애인, 원폭피해자, 오키나와 미군기지 반대 운동 세력 등에 대해서도 적극적으로 차별 언동을 하자 일본 사회는 이들을 보수나 우익 세력이 아니라 단순한 차별주의자로 보기 시작했습니다. 차별과 적대적 감정을 조장하고 과격한 언동을 일삼는 이들을 용납한다면 사회가 걷잡을 수 없이 망가질 것이라는 우려의 목소리도 커졌습니다. 단순 모욕죄나 업무방해 등으로 이들을 제지하던 일본경찰도 이들의 행동을 사회질서를 해치는 치안상의 문제로 여기고 폭력단이나 조직범죄에 준하는 행위로 다루기 시작하였습니다.

일본 시민사회는 혐한시위와 인종차별을 극복하기 위한 국제연대기구의 일본조직으로 '노리코에('넘어섬', '극복'을 뜻하는 일본어)네트'를 조직하고 '민족차별과 인종차별에 반대하는 노(NO) 헤이트, 도쿄대행진' 집회를 여는 등 행동에 나서고 있습니다. 출판계에서는 1945년 패전 이후 지난 침략전쟁에 대한 진지한 반성과 평화로운 국가 관계에 대한 국민적 논의가 이루어지지 않은 점 또한 혐한시위의 원인으로 파악하고 '평화와 인권을 되돌리자'는 도서전을 여는 등 과거사에 대한 반성과 국민인식 변화를 위해 노력하고 있습니다.

혐한 열풍 반대 활동을 하는 언론인, 야스다 고이치는 혐한시위의 배경을 단순한 민족차별, 인종차별이 아니라 일본의 장기불황에 따른 자신감 상실에서 찾고 있습니다. 한국은 지리적으로 일본과 가깝기 때문에 증오의 대상이 되기 쉽다는 것입니다. 그는 "한국에 강연을 가면 '일베'와 같은 생각을 가진 학생들을 가끔 만난다."라고 하면서 "지금의 흐름대로라면 이런 학생들이 한국사회에서 점점 늘어날지도 모른다. 양국은 좋든 싫든 이웃이다. 사귀어야 한다. 일본엔 차별에 반대하는 이들이 다수이고, 많은 이들이 한국과 우호적인 관계를 희망한다. 한국도 마찬가지일 것이라고 생각한다."라고 하면서 양국 시민들의 활발한 교류가 혐한시위를 없애는 주요한 동력이라고 강조했습니다.

쟁점7

: 문화재 환수

식민지
역사극복을 위한
또 하나의 과제

쓰시마 불상은 돌려주어야 할까?

쓰시마 섬(對馬島, 대마도)
한반도와 일본 규슈 사이에 위
치해 있는 섬. 지리적 위치로 인
해 한반도와 일본 열도 간의 무
역과 외교에서 중요한 역할을
하였다.

2012년 10월 한국인 문화재 절도범 일당이 쓰시마 섬*의
간논지(觀音寺, 관음사)와 가이진(海神, 해신) 신사에서 금동관세음
보살좌상 1구, 동조여래입상 1구, 고려대장경 1점 등 문화재를
훔쳤습니다. 이들은 고려대장경을 제외한 불상 2구를 국내로
밀반입하여 판매하려다 같은 해 12월 검거되었고, 2013년 6월
문화재보호법 위반 혐의로 징역 1~4년을 선고받았습니다.

처음에는 절도범이 훔쳐온 물건이었기 때문에 당연히 일
본 쓰시마의 원래 자리로 돌려보내려고 했지만 일본 국가지정
문화재인 동조여래입상과 나가사키 현 지정문화재로 지정되
어 있는 금동관세음보살좌상이 모두 한국문화재로 판명되면
서 사건은 엉뚱한 방향으로 흘러갔습니다. "절도범들이 일본
에 있는 우리나라 불상을 가져오다 딱 걸렸대. 애국자네." 사건
을 취재하던 기자들 사이에서 이런 이야기가 나오기 시작했습

니다. 불상을 감정했던 문화재청 관계자는 "절도범들이 불상을 훔친 장소인 쓰시마가 우리나라와 가까운 거리에 있고, 과거 일본과 우리나라의 불교적 왕래가 잦았기 때문에 불법성을 특정하기는 어렵다."고 하였습니다. 그리고 "임진왜란 등 왜구들의 침략으로 불상이 일본으로 넘어갔을 가능성도 배제할 수 없지만, 현재로서는 이를 확인할 수 있는 기록이나 근거를 찾기란 불가능하다."며 불상을 일본에 넘겨줘야 한다는 의견을 냈습니다. 그러나 국민 여론은 "납치범에게 빼앗긴 자식을 다시 범인에게 돌려주라는 격"이라며 반환에 부정적이었습니다.

　　이때 예상하지 못한 돌발변수가 등장하였습니다. 간논지에 보관되어 있던 관세음보살좌상이 문제였습니다. 이 불상은 고려 불상 가운데서도 몇 안 되는 매우 희귀한 문화재로, 1951년 얇은 한지에 "1330년(고려 충선왕 원년) 영원토록 (충남 서산)부석사에 봉양, 공양하고자 서원한다."고 적힌 복장 조성문*이 발견되어 불상이 만들어진 연대와 소장처가 분명히 밝혀져 있었기 때문입니다. 이 복장유물*은 따로 보관되어 있어서 절도범들이 함께 훔쳐오지는 못했지만 전문가들의 감정 결과 문제의 관세음보살좌상이 복장유물을 간직하던 불상으로 판명되었습니다.

　　수백 년 만에 돌아온 불상 소식을 접한 부석사 측은 2013년 1월 31일 대전지방법원에 "불상을 일본에 반환하면 안 된다."는 취지의 가처분 소송을 냈고 법원은 2월 25일 이를 받아들였습니다. 한국 법원의 반환 중지 가처분 결정에 대해 일본은

복장 조성문
불상을 만든 유래를 적어 불상 안에 보관한 문서.

복장유물
불상이나 불화를 만들면서 내부에 함께 넣는 각종 유물을 복장유물이라 한다.
관세음보살좌상에는 조성문을 비롯해 유리구슬, 수정, 오색 실 등이 들어 있었다.

관방장관이 기자회견을 열어 '국제법이 규정하고 있는 대로 외교적 경로를 통해 신속히 반환을 요청할 것'이라고 하면서 한일 양국의 외교마찰이 빚어질 것이라고 하였습니다. 비슷한 시기 불교미술전문가인 문명대 동국대 명예교수는 "이 보살상은 1370년 전후 서산을 다섯 차례 이상 침탈했던 왜구들에게 약탈당해 간논지에 봉안된 것으로 추정된다."는 논문을 발표했습니다.

이러한 논란의 와중에도 쓰시마의 간논지와 가이진 신사 측은 불상의 소장 경로를 명확히 밝히지 않았습니다. 단지 "쓰시마에 한반도 출신 불상이 많은 것은 한반도와 쓰시마 사이의 오랜 교류의 결과로, 단순히 이를 왜구에 의한 약탈이라고 말하는 것은 옳지 않다."라고 주장하고 있습니다. 또한 "불상이 쓰시마에 건너온 지 수백 년의 세월이 흘렀고 불법약탈 여부를 명확히 증명할 수 없는 상황에서 일본이 약탈했다는 가설로 불상을 돌려주지 않겠다는 것이 합리적인 처사인가?"라고 묻고 있습니다.

부석사 측은 불상이 어떤 경위로 일본으로 옮겨갔는지 명백히 입증해 줄 사료는 존재하지 않는다고 하였고 앞으로도 그런 증거를 찾기는 힘들 것이라고 말했습니다. 그러나 과거 불교를 전파하기 위해 불상을 넘겨줄 때는 불상 안의 복장물을 모두 비운 후 주거나 새롭게 만든 불상을 주는 것이 관례인 점을 들어 복장물이 온전히 남아있던 관세음보살좌상은 일본에 선물로 준 것이 아니라 약탈당한 것이라는 증거라고 주장합니다.

시민단체 '문화재제자리찾기' 대표인 혜문스님은 "꼬이고 꼬인 불상 문제를 풀려면 (국내에서 소유권을 주장하는 곳이 없는) 가이진 신사의 불상(동조여래입상)은 즉각 원소유지로 반환하고 부석사의 불상(금동관세음보살좌상)은 법원의 가처분 결정대로 불상이 간논지에 모셔지게 된 경위를 더 파악한 뒤에 처리 방식을 결정하는 수밖에 없다. 문화재 환수라는 이유로 절도가 용인되어서는 안 된다."라고 말했습니다. 혜문스님은 이렇게 하는 것이 정치적으로 온당하고 실리적으로도 이로울 것이라고 합니다. 현재 한국과 일본 사이에는 일제강점기에 불법으로 반출되거나 약탈된 문화재를 둘러싸고 반환교섭이 진행 중인데, 쓰시마 불상 문제가 해결되지 않은 상태에서 교섭을 진행하는 것은 사실상 쉽지 않기 때문입니다. 법조계에서도 '소탐대실(小貪大失)'의 교훈을 강조하고 있습니다. 외국으로 반출된 수많은 문화재를 돌려받으려면 명분이 중요하다는 얘기입니다. 절도범이 훔쳐간 문화재를 돌려주지 않으면 한국의 처지만 곤혹스럽게 된다고 지적합니다.

불상 반환을 둘러싼 공방이 계속되는 가운데 2013년 쓰시마 의회에서는 "범죄에 의해 빼앗긴 문화재들을 조속히 반환해 줄 것을 강력히 요청한다."는 결의문을 채택하였고, 쓰시마 시민들은 30여 년 동안 이어진 조선통신사 행사를 취소하면서 반한감정을 내비치고 있습니다. 한편으로는 "원래 한국의 절에 있던 것이라면 일단 돌려준 뒤 (일본의 사찰과) 얘기를 해 봐도 좋지 않겠는가?"라고 말하는 시민도 있습니다. 갈등이 심화되고 있는 한일관계 속에 돌발적으로 던져진 불상 문제는 어떻게 해결할 수 있을까요?

일단 2015년 7월 15일 대검찰청은 훔친 불상 2점 가운데 동조여래입상에 대해서는 "불법으로 유출되었다는 증거가 없고 국내에서 소유권을 주장하는 사람이 없다. 형사소송법에 따라 도난 당시 점유자인 일본 신사 쪽에 전달한다."라고 하며 원소유자인 가이진 신사에 돌려주었습니다. 그러나 금동관세음보살좌상은 2016년 3월 현재 대전 국립문화재연구소에 보관 중입니다.

(좌) 동조여래입상

동조여래입상은 8세기 통일신라 때 제작된 것으로 전문가들은 당장 우리나라 국보로 지정해도 손색이 없을 정도라고 평가하였다.

(우) 금동관세음보살좌상

금동관세음보살좌상은 제작한 시기와 장소, 목적을 알 수 있는 유일한 고려 금동관세음보살상으로 문화재적 가치가 높다.

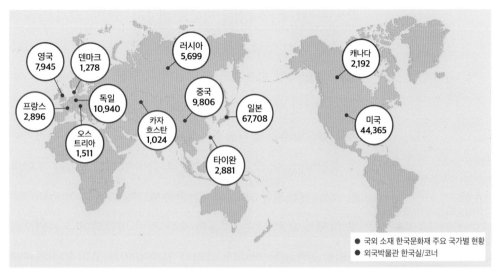

● 국외 소재 한국문화재 주요 국가별 현황
● 외국박물관 한국실/코너

▲ 국외 소재 한국문화재 현황
(2015년 4월 현재)

일본에 있는 한국문화재는 얼마나 될까?

정부 기관인 국립문화재연구소가 확인한 국외 소재 한국
문화재는 2015년 4월 기준으로 20개국에 16만 342점입니다.
한국문화재를 가장 많이 소장하고 있는 나라는 일본으로, 국외
소재 문화재 중 약 43%인 6만 7708점을 갖고 있습니다. 그 뒤
로 미국 4만 4365점, 독일 1만 940점, 중국 9,806점 순입니다.
그러나 이것은 겉으로 드러난 숫자일 뿐 실제로는 이보다 몇
배는 더 많을 것으로 추정하고 있습니다.

일본 『아사히신문』 보도(2010.9.27.)에 따르면 일본에서 한
국문화재를 소장하고 있는 곳은 "궁내청˚" 외에 도쿄나 교토의
국립박물관, 국립공문서관, 나이카쿠문고(內閣文庫), 도쿄대학,

궁내청
일본 내각부의 관리 아래 황실
관계 국가사무를 담당하고 어
새와 옥새를 보관·관리하는 행
정기관. 일본의 황실 관계 문서
나 자료 등을 관리하는 궁내청
서릉부에는 제국주의 시기 일
본이 총독부 도서관에서 무단
으로 반출해 간 한국문화재가
다수 보관되어 있는 것으로 알
려져 있다.

와세다대학 등 국공립을 망라한 대규모 기관이 57개소, 도쿄의 조조지(增上寺)나 교토의 지온인(知恩院) 등 사사(寺社)가 145개소이며, 개인 소유자도 48명입니다. 또한 문화재 중 대다수는 서적류나 불상, 도자기라고 했습니다. 일본에 있는 한국문화재의 상당수는 일제강점기에 조선총독부를 비롯한 권력기관이 강탈해간 것, 오구라 컬렉션*과 같이 도굴당하거나 도난당한 것입니다. 일본 내 문화재반환문제 전문 연구자인 쇼비대학교 하야시 요코 교수는 "물론 모든 것이 약탈되거나 불법으로 국외반출된 것은 아니다. 그러나 일본에 있는 고미술품 가운데 박물관이나 미술관에서 공개한 것은 10%도 되지 않는다는 것이 전문가들의 정설이며, 이에 따르면 개인이 수집해서 소장하고 있는 한국문화재는 30만 점에 가까울 것이다."라고 하였습니다.

외국에 있는 우리 문화재가 모두 약탈된 것은 아닙니다. 구매나 선물, 교역, 교류 등 정상적인 과정을 거친 문화재도 있습니다. 19세기 말에서 20세기 초 주한 외교관, 학자, 예술가들은 조선을 연구하기 위해 서적류와 미술품을 비롯한 다양한 분야의 문화재를 수집하였습니다. 프랑스 국립도서관에 소장되어 있는 세계에서 가장 오래된 금속활자본인 『직지(直旨)』는 1900년대 초 주한프랑스공사가 지방 시찰을 갔다가 우연히 구입하여 프랑스 국립도서관에 기증한 것입니다. 이것은 정당한 통로를 통해 매매되어 해외로 반출된 물품으로, 한국문화재

오구라 컬렉션

재단법인 오구라 컬렉션 보존회의 설립자인 오구라 다케노스케(小倉武之介)가 수집한 천여 점에 이르는 고고자료와 미술공예품. 이 중 일본 중요문화재로 지정된 것이 8점, 중요미술품으로 인정된 것이 31점에 이른다. 오구라 다케노스케는 일제강점기 조선에서 전기회사를 운영하면서 많은 유물들을 수집하였다.

라 할지라도 우리 정부는 어떤 영향력도 행사할 수 없습니다. 비슷한 사례로 미국 브루클린 박물관에 소장되어 있는 고려청자는 고종이 조선왕실의 주치의였던 언더우드에게 하사한 6점 중의 한 점이라고 합니다. 그러나 일본의 오구라 컬렉션이나 미국의 핸더슨 컬렉션[*]처럼 대부분의 외국 소재 한국문화재는 제국주의 침략 시기부터 불법으로 반출되거나 약탈된 문화재라고 연구자들은 밝히고 있습니다.

약탈 문화재란?

문화재의 불법거래 방지와 약탈 문화재 반환에 관한 국제전문기구인 유네스코는 '약탈 문화재'를 무력분쟁, 점령, 식민지배의 결과로 반출된 문화재로 정의하고 있다. 불법적으로 혹은 형사상 범죄 성립 요건에 해당하는 불법거래로 유출된 것 역시 약탈 문화재에 속한다. 문화재의 불법 거래에는 도굴, 도난당한 문화재를 원산지 확인 없이 구입하는 행위, 식민지배 시기에 합법을 가장한 매집, 반출 행위까지도 포함된다. 문화재 약탈은 한 나라의 재산을 가로채는 것을 넘어서 원산국의 국가적 자존심과 문화에 상처를 입히는 행위이다.

일본이 한국의 문화재 약탈에 열을 올린 이유는?

일본은 조선을 강제로 개항시킨 이후부터 합법과 불법을 가리지 않고 수많은 문화재를 수집하여 일본으로 가져갔습니

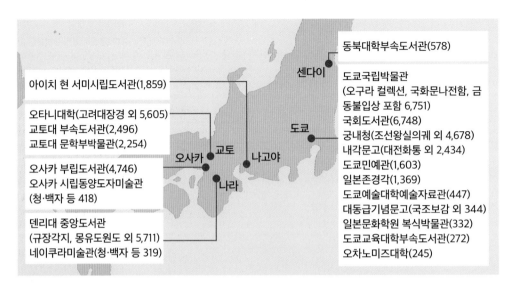

▲ 일본 소재 한국문화재 현황
(2010년 조사)

총250개 기관 및 개인이 소장
하고 있으며 문화재 수는 6만
1409점에 달한다.(괄호 안의 숫
자는 소장 유물 수)

다. 일본의 제국박물관 총장인 구키 류이치와 일본 미술원을
창립한 오카쿠라 덴신은 19세기 말 아시아의 미술품 수집에 대
해 다음과 같이 언급하였습니다. "동양 보물의 정수를 수집하
면 첫째 국력을 과시할 수 있고, 둘째 일본이 동양 학술의 본거
지가 되며, 셋째 국산(國産)을 추진할 수 있다. 또한 국광(國光)을
발양할 수 있으므로 평시는 물론 일체의 좋은 기회(전쟁)를 이
용하여 그 실행을 꾀해야 한다.", "일본은 현재 동양 미술 유일
의 대표자라는 지위에 서야 하는데 만일 중국 미술품을 수집하
여 일본의 수장(收藏)에 보탠다면 '동양 고양식의 대표'는 비로
소 완전해질 것이다." 이들의 말에 의하면 일본은 '전쟁(침략)'
이라는 절호의 기회를 이용해 학술 문화면에서도 일본이 아시
아의 중심이 되어야 한다는 패권주의를 보이고 있는 것입니다.

당시 조선에서의 문화재 약탈은 조선에 대한 일본문화의 우수성을 과시함과 동시에 일본의 한반도 무력침략을 정당화하고 지배를 영속화하기 위해 우리 역사와 문화, 민족의 정신을 말살하기 위한 방편이었습니다. 일제강점기 한국사학자였던 미시나 아키히데(三品彰英)는 '조선은 반도라는 지리적 조건 때문에 끊임없이 대륙의 압력을 받아 정치적으로 독립할 수 있는 힘이 없었고, 문화적으로도 중국 문화의 압도적인 영향 아래 독자적인 문화를 창조할 수 없었다.' 따라서 '대륙의 세력을 대신하여 일본이 고대는 물론이고 현재의 조선을 지배하는 것은 너무나도 당연하다.'라고 주장하였습니다. 이는 일본의 한반도 식민지배를 정당화하기 위한 억지 논리였습니다. 이들은 자신의 논리를 뒷받침하기 위해 조선의 문화재를 연구하여 왜곡하고 평가절하하였습니다.

초창기 문화재 반출은 일확천금을 꿈꾸던 일본인 골동품상과 도굴꾼 등의 개인적 욕망과 동기에 의해 약탈적으로 이루어졌습니다. 전 이왕가박물관* 관장이었던 시모쿠니야마 세이이치(下郡山誠一)는 훗날 당시의 문화재 약탈에 대해서 이렇게 증언하였습니다. "개성 부근의 산이란 산은 죄다 벌집같이 파헤쳐져 있더군요. 제법 큰 구덩이에 빠지면 토끼도 기어오르지 못한다고 구멍 파는 사람들은 자주 말했습니다. (일본 사람들이 한 짓입니까?) 아뇨, 조선 사람들입니다. 뭐, 일본 사람이 조선 사람을 고용해서 한 짓입니다만."

이왕가박물관
우리나라 최초의 근대적 박물관. 1907년 창경궁의 전각을 이용하여 동·식물원과 박물관을 건립하였다. 1909년 제실박물관(帝室博物館)이라는 이름으로 일반인에게 공개하였다가 1910년 한일병합으로 대한제국이 이왕가(李王家)로 격하되면서 이왕가박물관으로 명칭이 변경되었다. 1938년 덕수궁 석조전 옆에 건물을 신축하여 이전하면서 석조전에 있던 일본 근대미술품도 이왕가미술관에 통합되었다. 1945년 해방 이후 덕수궁미술관으로 유지되다가 1969년 국립박물관으로 통합되었다.

그러나 대부분의 문화재 반출은 통감부와 총독부의 묵인 내지는 직·간접적인 개입에 의해 체계적, 조직적, 의도적으로 이루어졌습니다. 고적조사사업이라는 학술조사를 명목으로 전문가들을 동원하여 전국 각지의 문화재를 샅샅이 조사하였고 일부 유물은 연구를 빙자하여 반출하였습니다. 한반도 및 대륙 관계 연구를 위해 각지의 고서와 문헌을 수집하여 유출하기도 하였습니다.

국제사회는 문화재 환수를 위해 어떻게 협력하고 있을까?

문화재는 원소재지 사람들의 정체성이나 역사에 대한 기억과 깊이 연결되어 있습니다. 제자리를 떠난 문화재를 원래 자리로 되돌리려는 움직임은 지역이나 민족의 자립과 정신적 독립의 증표이자 해방의 상징이기도 합니다. 현재 곳곳에서 약탈되거나 반출된 문화재를 원소재지로 돌려보내려는 움직임이 일어나고, 전 세계적으로 문화재 반환문제가 대두되고 있는 것도 이 때문입니다. 우리나라의 문화재 환수 운동 역시 일제강점기에 벌어진 문화재 약탈과 불법유출로 인한 역사적 상흔을 물리적으로 치유하는 일일 뿐 아니라 식민지배 역사를 극복하고 진정한 해방과 역사적·정신적 가치를 회복하기 위한 움직임입니다.

국제사회에서는 제2차세계대전 때의 문화재 파괴와 약탈이 문제가 되자 국가 간의 협력을 통해 문화재를 보호해야 한다는 의견이 대두되었습니다. 또 이러한 논의를 하는 과정에서 국외로 반출된 문화재의 반환 문제를 식민주의 청산의 일환으로 논의하기 시작하였습니다.

그 결과 1954년, 전쟁과 같은 무력분쟁 시 문화재 보호를 약속하는 '헤이그 협약°'이 체결되었습니다. 이 협약에서는 문화재 보호와 존중에 대한 구체적인 조치를 결정하고 이를 위한 유네스코°의 역할을 처음으로 명기하였습니다. 1970년 유네스코는 '문화재의 불법적 수출, 수입, 소유권 양도를 금지하고 방지하는 수단'을 명시한 '유네스코 협약'을 제정하였습니다. 유네스코 협약에서는 식민지지배 청산과 관련하여 '외국이 국토를 점령한 상태에서 직간접적으로 일어나는 강제적인 문화재 수출과 소유권 양도는 불법으로 간주한다.'라고 구체적으로 언급하였습니다. 또한 유네스코 협약의 효과적인 운영을 위하여 1995년에는 도난이나 불법으로 수출된 문화재에 관한 '유니드로아 협약'을 별도로 제정하였습니다. 유니드로아 협약에서는 도난당한 문화재의 반환과 회복은 협약 체결국이 외교기관을 통해 요청하지만 "선의의 구입자나 해당 문화재에 대한 정당한 법률적 근거를 가진 자에게는 보상을 지불"하도록 하여 평화적인 문제 해결을 강조하였습니다.

국제사회에서 문화재 보호를 위해 위와 같은 다양한 협약

헤이그 협약
제2차세계대전 중 각국의 문화재가 크게 파괴되고, 전쟁기술의 발달로 그런 위험이 더욱 증가하자 1954년 문화재 보호를 위해 체결한 국제협약. 정식명칭은 '무력분쟁 시 문화재 보호를 위한 협약'이다. 이 협약에서는 문화재를 정의하고 유네스코의 역할을 명기하였다. 또한 각국의 문화재 보호와 존중에 관한 구체적인 조치를 규정하였다. 2009년 현재 121개국이 가입하였으나 미국과 영국 등 타국의 문화재를 많이 소장하고 있는 국가들은 참여하지 않고 있다.

유네스코
(UNESCO, United Nations Educational, Scientific and Cultural Organization, 유엔교육과학문화기구) 1945년 창설된 유엔의 전문 기구이다. 유네스코의 설립 목적은 기본적 자유와 인권 그리고 법의 지배, 더욱 보편적인 정의의 구현을 위하여 국가간의 교육, 과학, 그리고 문화 교류를 통한 국제 협력을 촉진함으로써 평화와 안전에 기여하는 데 있다. 본부는 프랑스 파리에 있다.

을 맺었지만 제국주의 시기 침략에 앞장섰던 국가들은 현재 자국이 소유하고 있는 문화재의 유출을 우려하여 협약 체결 이전의 문화재에 대해 문제를 삼지 않는다는 불소급의 원칙을 고집하거나 선의의 취득자 보호 원칙을 강조하는 등 국제협약을 이행하는 데 비협조적인 경우가 많습니다. 따라서 현재 문화재 환수 운동은 문화재의 소유권을 두고 국가 간 갈등이 고조되지 않도록 하기 위해 기증과 영구임대, 장기대여° 등 다양한 방법으로 진행되고 있습니다. 또, 문화재는 원산지에서 보호되고 활용되어야 역사적 의미가 있고 인류공동의 유산으로서 가치를 갖게 된다는 문화민주주의를 토대로 운동을 전개하면서 약탈 문화재를 소유하고 있는 국가의 시민들도 동참하여 평화적 국가관계를 구축하는 데 힘을 보탤 수 있도록 여론을 조성하고 있습니다.

최근 들어 문화재 반환 문제를 평화적으로 해결하는 사례가 속속 나오고 있습니다. 1912년 미국의 고고학자들이 마추픽추°를 발굴조사하면서 자국으로 반출한 유물들에 대해 페루가 2001년에 유물의 전면반환을 요구하자 두 나라는 갈등을 빚었습니다. 페루 측은 식민주의 청산을 위한 문화재 반환과 사죄를 요구했습니다. 미국 측은 유물 보전과 유지를 위해 1세기에 걸쳐 거액의 비용을 지출하고 학문적으로 잉카문명의 정수를 세계에 알린 것에 대한 공을 인정해 주기를 바랐습니다. 몇 번에 걸친 협상 과정에서 어려움도 있었지만 두 나라는

기증, 영구임대, 장기대여
기증은 문화재를 선물이나 기념 명목으로 소유권까지 함께 넘겨주는 것인 반면, 영구임대·장기대여의 경우 소유권은 원소유자에게 있는 상태에서 전시나 교육의 목적으로 문화재를 장기간 빌려주는 것이다. 협약내용에 따라 조건이 다르지만 대체로 3~5년마다 계약을 갱신하거나 영구임대나 장기대여에 대한 대가로 그에 상응하는 문화재를 교환전시하거나 비용을 지불하는 경우도 있다.

마추픽추
페루에 있는 잉카문명의 고대도시. 1983년 유네스코 세계유산에 등재되었다.

2011년 2월 정식 협정을 체결하였습니다. 협정을 통해 미국은 고고학적 자료를 2년 이내에 페루에 반환하되 페루는 미국 측이 박물관 전시를 위해 유물을 사용할 수 있도록 하고, 일반 관객을 위한 전시박물관과 양국의 연구자들이 공동연구를 할 수 있는 공간을 마련하기로 하였습니다.

1965년 한일협정은
문화재 반환 문제를 어떻게 다루었을까?

국교정상화를 위한 한일협정 논의와 함께 문화재 환수에 관한 한일교섭도 1951년부터 시작되었습니다. 총 7차례에 걸친 문화재협상은 일본 측의 비협조와 망언 등으로 '문화재 반환을 통한 식민지배 역사 청산'이라는 목적을 달성하지 못했습니다. 일본 측은 2차 협의를 앞둔 1952년 분과회의에서 한국이 반환을 요구한 고서적 목록을 조사한 결과 '거의 대부분이 정당한 수단으로 수집한 것이다.'라고 하면서 반환을 거부했고, 특별히 이승만 대통령이 관심을 보인 것 정도는 '증정'의 형식으로 고려해 볼 수 있다고 하였습니다. 1953년 3차 협의 때는 한국 측이 유출된 문화재의 환수와 국제법에 따른 배상을 요구하자 일본의 구보타 수석대표가 "한국이 배상을 요구하면 일본은 그동안 한국인에게 준 은혜, 즉 치산, 치수, 전기, 철도, 항만 시설에 대해서까지 그 반환을 요구할 것이다. 일본은 조선에 매년 2천만 엔 이상 보조했다."라고 하면서 식민지배를 정당화하는 망언을 하여 협상이 장기간 중단되기도 하였습니다. 구보타의 발언은 단순한 망언이 아니라 식민지배에 대한 일본의 역사인식, 배상과 청구권 등에 대한 책임을 무시하는 일본 측의 기본 자세를 보여주는 것이었습니다.

구보타 망언으로 결렬되었던 회담은 1957년 재개되었으나 일본 측의 반성 없는 태도는 변하지 않았습니다. 결국 1965년까지 7차례에 걸친 문화재 반환 협상은 결론을 내지 못하고 양국 간의 정치적 타협으로 마무리되었습니다. 이때 체결된 '문화재 및 문화 협력에 관한 협정'(이하 문화재협정)의 주요 내용은 다음과 같습니다.

제1조 양국 정부는 양국 국민 간의 문화관계를 증진시키기 위하여 가능한 한 협력한다.

제2조 일본국 정부는 부속서에 열거한 문화재를 대한민국 정부에 '인도'한다.

제3조 양국 정부는 양국이 보유한 문화재에 대한 연구 기회를 부여하기 위해 편의를 제공한다.

제4조 본 협정은 비준서가 교환된 날부터 효력을 발생한다.

문화재협정과 함께 작성된 합의의사록에는 "…일본 측 대표는 일본국민이 소유하고 있는 문화재가 자발적으로 한국 측에 기증되도록 정부로서 '권장'한다."라고 되어 있습니다.

한국이 문화재협정 체결로 돌려받은 품목은 초대 통감 이토 히로부미가 한말 일본의 메이지 천황에게 헌상했던 103점의 고려자기 중 97점, 한말에 일본으로 반출되어 일본 궁내청에 보관했던 전적류* 852점, 고려시대 무덤 등지에서 출토된 유물 등 1,431점입니다. 이때 돌려받은 문화재는 당초 우리 정부가 일본 정부에 반환을 청구했던 문화재 4,479점의 1/3도 되지 않습니다. 게다가 북한 출토 문화재는 반환받지 않기로 결정하였기 때문에 인도 목록에 들어가지 않았습니다.

문화재협정은 많은 문제점을 내포하였습니다. 먼저 협정 제1조에서 '문화재의 반환'을 언급조차 하지 못했고 제2조에서 일본 소재 한국문화재의 '반환' 또는 '원상회복'이라는 용어 대신 '인도'라는 표현을 사용하여 일본의 문화재 반출과 약탈에 대한 불법성을 대내외에 알리지 못했습니다. 또한 합의의 사록에서 일본국민이 소장하고 있는 약탈 문화재에 대한 반환을 '권장'하겠다는 표현을 사용하여 개인의 자발적 기증 이외에 일본 정부의 구체적 조치를 언급하지 않아 더 이상의 문화재 환수에 대한 해결책을 제시하지 못하였습니다.

일본의 양심적인 학자들조차 문화재협정의 문제점을 제기하고 비판할 정도였습니다. 고고학자인 곤도 요시로는 「조선 문화재를 생각한다」(『고고학연구』, 1965.6.)라는 글에서 "(일본인들 중에) 한국에서 한국인에게 금전으로 '정당하게' 구입했다

전적류
책이나 문서 따위로, 직접 붓으로 써서 엮은 사본과 목판 및 활자로 찍어서 만든 인쇄본 모두를 일컫는다.

는 사람도 있는 것 같고, 받은 것이라고 하는 사람도 있을지 모르겠다. 그러나 그것이 식민지라는 조건하에 일본 연구자의 발굴과 남굴, 혹은 그것을 본보기로 하여 조장된 도굴로 유적에서 분리한 문화재라는 점을 우리는 명기하지 않으면 안 된다."라고 지적했습니다. 니시카와 히로시도 「조선 문화재는 누구의 것인가」(『고고학연구』, 1965.9.)에서 "그것들이 금전을 주고 구입한 것이라고 해도 식민지 또는 반식민 체제하에서 일어난 거래였음을 상기해야 한다."라고 하였습니다.

한일협정 이후 한일 간 문화재 인도 사례가 있을까?

1965년 문화재협정 이후에는 정부 간의 협상보다 민간단체, 학술단체, 지방자치단체 등이 문화재 환수 운동에 적극 나서서 결실을 맺은 경우가 많이 있습니다. 몇 가지 대표적인 사례를 소개하면 다음과 같습니다.

1) 민간단체가 주도하여 돌려받은 데라우치 문고 한국 관련 문화재

고미술품과 고서적 수집에 취미가 있었던 초대 조선총독 데라우치 마사다케는 총독 재임 중에 다양한 방법으로 조선의 문화재를 수집하였습니다. 임기를 마치고 조선을 떠날 때 그는 미술품 800여 점을 총독부 박물관에 기증하였지만 상당한 양의 서적은 일본으로 가지고 갔습니다. 데라우치가 사망한 뒤 그

▲ 데라우치 문고 환수
1995년 11월 데라우치 문고 중 일부가 '기증'의 형식으로
반환되었다.

▲ 초대 조선총독을 지낸 데라우
치 마사다케(寺內正毅, 1852~1919)

의 후손들은 그가 수집했던 조선, 중국, 일본의 역사서적과 자료를 바탕으로 야마구치 현에 '데라우치 문고'라는 도서관을 개관하였습니다. 그가 수집해서 공개한 자료는 무려 1만 9000여 점이나 되었습니다. 1945년 패전 후 도서관의 운영이 어려워지자 데라우치 가문에서는 1957년 야마구치현립대학에 도서관을 기증하였습니다.

1990년 데라우치 문고가 한국 관계 자료를 다수 소장하고 있다는 것이 밝혀지자 야마구치 현과 자매결연을 맺고 있던 경남대학교가 야마구치현립대학과 문화재 반환 협상을 시작하였습니다. 협상이 순조롭게 진행되어 반환 절차가 마무리되어 갈 무렵 협상 내용이 국내 언론에 알려져 '데라우치 총독이 강탈한 약탈 문화재 반환'이라는 기사가 보도되자 야마구치현립대학과 데라우치 가문 측에서 "유물을 못 주겠다. 지금까지의 일은 없던 것으로 하자."라고 하여 결렬될 위기에 처하기도 하였습니다. 결국 언론 보도를 '강탈'에서 '수집'으로 정정하고 나서 1955년에 '기증' 절차를 거쳐 돌려받을 수 있었습니다. 이때 돌려받은 문화재는 98종 135책입니다. 민간차원에서 먼저 나서서 유출 문화재에 대한 환수 의지를 보이고 공공기관이 협조하여 성사된 데라우치 문고 환수는 해외에 유출된 우리 문화재를 되찾아오는 좋은 선례로 남았습니다.

2) 남북이 합심하여 돌려받은 북관대첩비

북관대첩비는 임진왜란 당시 정문부[•] 장군이 지방 의병을 모아 가토 기요마사군을 격퇴한 것을 기념하여 조선 숙종 때(1709) 함경북도 길주에 세운 비석입니다. 이 비석은 러일전쟁 때 일본군 장교가 전리품으로 취급하여 일본으로 가져가 야스쿠니 신사에 전시했습니다. 1909년 일본에서 유학 중이던 독립운동가 조소앙은 야스쿠니 신사에 있던 북관대첩비를 처음 발견하고 재일본 조선유학생 잡지인 『대한흥학보』에 문화재를 함부로 약탈해온 일본을 꾸짖는 글을 썼습니다.

한동안 잊혀졌던 북관대첩비는 1978년 재일 사학자 최서면이 조소앙의 글을 발견하여 언론에 알리면서 다시 알려졌습니다. 국내에서는 정문부의 후손이 한일친선협회를 통해 야스쿠니 신사에 공식적으로 반환 요청을 한 것을 시작으로 한국 정부, 한일의원연맹, 한일문화재교류위원회 등이

정문부(1565~1624)
임진왜란 때 북관의병들을 이끌고 함흥으로 진격하던 왜군을 6개월간의 치열한 전투 끝에 몰아낸 사람으로 북관대첩비의 주인공이다.

▼ 북관대첩비
2005년 일본 야스쿠니 신사에서 반환되어 함경북도 길주의 원소재지로 돌아갔다. 현재 경복궁에 복원품이 전시되어 있다.

1999년까지 여러 차례 반환요청을 하였습니다. 그러나 일본 정부는 '북관대첩비는 원소재지가 북한이고 민간기관인 신사가 보유한 물건이라서 정부가 관여하는 것은 곤란하다.'라고 하였고, 야스쿠니 신사 측은 '남북통일이 되면 돌려주겠다.'라고 했습니다.

2000년 한국과 일본의 승려들이 북관대첩비를 제자리로 보내기 위해 '북관대첩비 민족운동중앙회'를 결성하여 반환 운동을 하면서 일본 내 반환 여론을 조성하였습니다. 2005년 3월에는 한일 불교복지협의회가 북한의 조선불교도연맹 측과 베이징에서 만나 공동으로 북관대첩비의 반환을 야스쿠니 신사 측에 요청하고, 반환 뒤에는 원소재지인 북한 함경북도 길주에 두기로 합의하였습니다. 뒤이어 6월에 열린 한일 정상회담에서 노무현 대통령과 고이즈미 총리 사이에 북관대첩비 반환에 대한 합의가 있었고, 2005년 10월 한국으로 반환되었습니다. 한국에서 정밀한 보존처리를 마친 북관대첩비는 2006년 3월 북한으로 보내졌고, 3월 23일 원래 자리인 함경북도 옛 길주 땅인 김책시에 다시 세워져 북한의 국보로 지정되었습니다. 북관대첩비 반환은 일본의 양심 있는 시민들의 협조와 북한 측의 협력까지 더해져 남북이 협력한 문화재 환수의 중요한 사례가 되었습니다.

3) 시민단체의 노력으로 되찾은 도쿄대학교 소장 『조선왕조실록』

1913년 조선총독이었던 데라우치 마사다케는 오대산 사고에 보관되어 있던 철종까지의 『조선왕조실록』 761책, 의궤

▲ 『조선왕조실록』 오대산본
2006년 일본 도쿄대학교로부터 돌려받은 것으로 현재 서울대 규장각에 보관되어 있다.

380책, 기타 서책 2,469책 등 모두 3,610책을 연구 목적으로 도쿄제국대학에 기증하였습니다. 이때 넘어간 『조선왕조실록』 오대산 사고본은 1923년 관동대지진 때 대부분 불타 버리고 74책이 남았습니다. 이 중 27책은 1932년 서울의 경성제국대학으로 옮겨졌고 47책은 도쿄대학교에 그대로 남았습니다.

2004년 한국의 혜문스님이 일본에 머물면서 자료를 조사하던 중 『조선왕조실록』이 도쿄대학교에 소장되어 있는 것을 알았습니다. 약 1년 정도에 걸친 자료조사와 사실 확인을 끝내고, 2006년 3월 민간단체인 '『조선왕조실록』 환수위원회(이하 환수위원회)'를 조직하였습니다. 환수위원회는 유네스코 협약을 근거로 도쿄대학교에 실록의 반환을 요청하였습니다. 처음에는 별다른 반응을 보이지 않던 도쿄대학교 측은 환수위원회가 법적 소송을 언급하며 압박하자 여론과 언론을 의식하며 환수위원회와 협상을 시작하였습니다. 일본을 대표하는 지성의 산실이라는 도쿄대학교가 문화재 약탈자로 지목받는 것이 부담스러웠기 때문입니다.

환수위원회는 이미 우리나라에 2,077책이나 있기 때문에 오대산본 47책이 더 보태지는 것이 학술적으로 새로운 연구성과를 가져오는 것이 아니라는 것을 잘 알고 있었습니다. 그래서 '빼앗긴 민족의 자존심'과 '실록에 기록된 역사정신'을 기초로 한 '약탈 문화재 반환'에 협상의 초점을 맞추었습니다. 도쿄대학교 측은 '반환'이라는 형식이 문화재를 불법적으로 반출하여 소장하고 있었다는 것을 인정하는 것이기 때문에 곤란해하던 중 이미 오대산본 27책을 소장하고 있던 서울대학교에 '기증'하기로 하였습니다. 비록 '반환'이 아니라 '기증'의 형식을 띠었지만 민간단체의 관심과 적극적인 문제제기 덕분에 『조선왕조실록』을 돌려받을 수 있었습니다.

4) 정부가 참여하여 환수한 일본 궁내청 보관 도서

1965년 서울대학교 중앙도서관에서 자료 정리를 하던 도서관 열람과장은 1911년 4월에 엮은 조선총독부 서류철에서 이토 히로부미가 규장각 도서를 일본으로 반출해 간 사실을 발견했습니다. 서류철의 공문은 일본의 궁내청에서 조선총독부로 보낸 것으로 "이토 히로부미가 한일관계 사항을 조사하기 위해 일본으로 가져온 조선 서적들이 있는데 이토가 죽은 뒤 궁내청에 보관되어 있음. (중략) 이 책들이 아주 양도되기를 바람."이라고 적혀 있었습니다. 2002년 추가로 밝혀진 공문에

▼ 일본에서 돌려받은 의궤

서는 "이토가 가져간 77종 1,208책 중 24종 200책은 양도할 수 있지만 53종 828책은 내어줄 수 없다."라고 총독부가 궁내청에 통보한 사실도 있었습니다. 이토 히로부미가 언제 어떤 방법으로 반출했는지 정확하지는 않지만 대량으로 규장각 도서를 일본으로 가져간 뒤 일제강점기에 일본 궁내청과 조선총독부가 자기들 마음대로 행정절차를 거쳐 궁내청 도서관에 보관한 셈입니다.

도쿄대학교의 『조선왕조실록』 환수 과정에서, 오대산사고에 실록과 함께 있던 조선왕실의궤가 일본 궁내청에 소장되어 있음을 알게 된 환수위원회는 2006년 『조선왕조실록』 반환 이후 '조선왕실의궤 환수위원회'로 변경하여 활동을 계속하였습니다. 환수위원회는 2007년 일본 외무성과 반환을 위한 회담을 하였고, 2009년에는 외교통상부와 문화재청이 협력하여 반환 문제를 검토하였습니다. 2010년 2월 한국 국회에서는 반환을 촉구하는 결의안을 채택하였습니다.

마침내 한일강제병합 100년이 되던 2010년 8월 일본의 간 나오토 총리는 한일강제병합 100년 담화를 통해 "일본이 통치하던 기간에 조선총독부를 경유하여 반출돼 일본 정부가 보관하고 있는 조선왕실의궤 등 한반도에서 유래한 도서와 문화재를 가까운 시일 내에 인도하고자 합니다."라고 밝혔습니다. 그 결과 2010년 11월 양국 외상회담을 통해 인도 협정이 체결되고, 2011년 12월 조선왕실의궤 81부 167책과 함께 이토 히로부미가 일본으로 가져갔던 규장각 도서 66종 938책, 『증보문헌비고』 99책, 『대전회통』 1책 등 총 150부 1,205책이 한국으로 반환되었습니다.

궁내청 도서 환수는 민간이 주도하여 반환을 시도하였고, 일본의 간 나오토 총리의 담화가 결정적인 역할을 하였지만 1965년 한일협정 이후 처음으로 정부가 참여하여 문화재를 환수했다는 데에 큰 의의가 있습니다.

5) 국민모금으로 매입한 김시민 장군 선무공신교서

'김시민 장군 선무공신교서'는 임진왜란 때 진주대첩을 지휘하고 전사한 김시민 장군을 선무2등 공신으로 추증하고 그 자손에게 상을 내린다는 내용을 적은 공식문서로, 오늘날의 훈장증서나 국가유공자 증서에 해당하는 것입니다. 이 공신교서는 이순신, 권율, 김시민 등 총 18명이 받은 문서 중 하나로 역사적 가치가 높은 문화재입니다.

이 문서는 일제강점기에 일본으로 반출된 것으로 추정되는데 2005년 11월 도쿄 고서점가 경매에 나와 일본의 고서적상이 매입하였고 이것을 다시 판매할 움직임을 보였습니다. 이

▼ **김시민 장군 선무공신교서**
국민모금으로 매입하였으며 현재 국립진주박물관이 소장하고 있다.

사실이 재일한국인 2세인 교토대 김문경 교수에 의해 국내에 알려지자 당시 우리 문화재 환수 캠페인을 벌이고 있던 MBC 방송국의 '느낌표-위대한 유산 74434'라는 프로그램에서 공신교서와 관련된 내용을 소개하였습니다. 이후 진주대첩이 일어났던 진주 지역의 시민이 중심이 되고 '느낌표' 프로그램 제작진이 협조하여 전국민모금운동이 벌어졌습니다. 그 결과 2006년 7월 문서를 소유하고 있던 고서적상에게 1억 2000만 원을 주고 매입하여 국내로 들여왔습니다. 이 문서는 현재 보물 제1,476호로 지정되어 국립진주박물관에 소장되어 있습니다.

일본 소재 한국문화재 환수가 어려운 이유는 무엇일까?

대부분의 국제조약 규정과 국제재판소의 판례는 전쟁 시 문화재 약탈과 훼손을 불법으로 간주하고 반출의 경우 반환을 원칙으로 규정하고 있습니다. 그러나 식민지배 상황에서 비롯된 문화재 유출, 약탈은 전쟁 시와는 달리 문화재 반환이 큰 성과를 거두지 못하고 있습니다. 이는 식민지 시기에 발생했던 문화재 반출에 대한 법적 또는 규범적 평가에 대해 식민지배 국가와 피식민지 국가 간에 시각 차이가 존재하기 때문입니다.

19~20세기에 식민지로부터 문화재를 약탈해 갔던 당시의 제국주의 국가들은 현재 보편주의적 관점에서 많은 사람들이

볼 수 있도록 약소국에서 약탈해 간 문화재를 계속 소장해야 한다고 주장하고 있습니다. 그리고 후진국인 피약탈국들보다 선진국인 자신들이 문화재를 더 잘 보존할 수 있다는 논리를 내세웁니다. 이미 백 년 가까이 지났기 때문에 '귀화문화재'로 봐야 한다며 반환을 거부하는 경우도 있습니다. 실제로 한국의 시민단체인 문화연대가 제기한 '외규장각 도서 및 약탈 문화재 반환 소송'에 대해 2009년 프랑스 법원은 "약탈은 인정하지만 현재 프랑스 재산이므로 돌려줄 수 없다."라며 기각한 사례가 있습니다.

식민지배 국가들이 문화재 반환 요청을 묵인하거나 거절하는 현실적인 이유는 약탈 문화재를 반환했을 경우 벌어질 '박물관 공동화(空洞化)'와 전세계로 급속하게 확산될 '약탈 문화재 반환의 도미노 현상'을 우려하기 때문입니다. 또한 문화재 반환이 국가재정 및 문화관광에 미칠 부정적인 영향을 걱정하기 때문이기도 합니다.

하지만 무엇보다 일본 소재 한국문화재 환수가 어려운 까닭은 1965년 당시 정치적 상황에 따라 불완전하게 체결된 한일문화재협정 때문입니다. 한일협상 과정에서 일본 측은 문화재 반환의 3원칙으로 '첫째, 국유재산은 원칙적으로 돌려준다. 돌려준다고 해도 그것은 반환이 아니라 기부다. 둘째, 사유문화재는 인도할 수 없다. 셋째, 문화재 인도는 어디까지나 정치적, 문화적 배려에 기인한 것이지 법률적 의무에 의한 것이 아니다.'를 내세웠고, 한일문화재협정은 이 원칙에 입각하여 체결되었습니다. 일본은 문화재 반환 문제가 제기될 때마다 한일협정으로 약탈 문화재 반환 문제는 종결된 것이라는 입장을 고수함으로써 한국 정부가 문화재 환수에 적극적으로 나서서 문제 해결을 주도하기 어렵게 하였습니다.

1970년에 유네스코가 문화재의 불법적 수출, 수입, 소유권 양도를 금지하고 방지하기 위한 '유네스코 협약'을 채택하여 현재까지 96개국이 가입하였지만 약탈문화재를 다수 소장하고 있는 주요 국가들은 거의 가입하지 않았습니다. 30년 이상 버티던 일본은 2003년 12월에야 가입하였습니다. 하지만 일본이 가입했다고 해도 이 협약은 소급하여 적용되지 않기 때문에 일제강점기 약탈 문화재의 강제적 반환은 어렵습니다. 단지 협약에서 식민지배에 의하여 직간접적으로 발생한 강제적 문화재 반출과 소유권 이전에 대해 불법임을 선언한 점과 가입국은 협약의 제정 취지와 목적을 존중해야 한다는 조항을 근거로 일제강점기 약탈 문화재에 대해 협약 내용을 준수하라고 일본에 권고할 수밖에 없습니다.

일본 국내법에 따르면 미술품과 문화재는 토지, 가옥처럼 사업용 유형자산으로 간주되어 고정자산세가 부과됩니다. 단 중요문화재로 지정된 미술품은 고정자산세, 특별토지보유세, 도시계획세 등이 면제됩니다. 일본 내 한국문화재의 약 90%는 개인 수집가가 소장하고 있다고 알려져 있습니다. 개인 소장

고정자산세
토지나 가옥 같은 고정 자산을 대상으로 세금을 부과하는 명목상의 재산세.

미술품은 문화재 공개에 따른 세제상의 우대조치가 없기 때문에 소유자가 소장품을 공개함으로써 얻는 금전적 이익이 거의 없습니다. 또 공개하여 중요문화재로 지정되더라도 전시, 공개, 이동에 관해 문화청의 허가를 받아야 하는 등 까다로운 문제가 있기 때문에 소유자는 소장품 공개를 꺼리고 있습니다. 이에 따라 일본 내 한국문화재의 규모와 소장처, 유물 종류 등을 파악하는 데 상당한 어려움을 겪고 있습니다.

2014년 7월 일본 시민단체인 '한일회담 문서 전면공개를 요구하는 모임'이 단체의 홈페이지에 한일회담 문서 비공개를 판결한 일본 도쿄고등법원의 판결문을 올리면서 문화재 반환에 대한 일본 정부의 입장이 드러났습니다. 일본 외무성이 도쿄고등법원에 제출한 진술서에 따르면 "시민단체가 공개를 요구한 문서에는 그동안 한국 정부에 제시하지 않았던 문화재 목록이 포함돼 있다."며 "이를 공개할 경우 한국이 반환을 요구할 수 있다."고 우려하고 있습니다. 또한 "공개 대상 문서에는 한국에 양도한 일부 서적에 대해 학술적 평가가 낮다는 일본 관계자의 발언도 있다."고 밝혀 한일 문화재협정 당시 가치가 낮은 문화재를 중심으로 반환이 이루어졌음을 시사했습니다. "반출경위가 공개될 경우 한국 정부와 국민이 일본에 대해 강한 비판적 감정을 갖게 될 것"이라는 구절은 불법적으로 강탈해 간 문화재가 있음을 암시합니다.

이와 같이 일본 내 한국문화재는 불완전하게 체결된 한일협정, 국제법의 미비, 문화재 공개를 어렵게 하는 일본 국내법, 일본 정부의 소극적 태도로 현재 반환은 고사하고 문화재의 수량과 소재 파악도 어려운 실정입니다.

문화재를 환수하기 위해 할 수 있는 일에는 무엇이 있을까?

일본 소재 한국문화재 환수 문제를 해결하기 위해서는 한국문화재가 어디에 얼마나 있는지, 어떤 경로로 유출되었는지에 대한 정확한 조사가 먼저 진행되어야 합니다. 그러나 일본 정부가 이미 조사된 한국문화재 목록의 공개조차 꺼리는 상황에서 한국문화재의 소재, 소장자, 수량 등을 정확히 파악하는 것은 쉽지 않은 일입니다.

1965년 불합리하게 맺어진 한일문화재협정은 현재까지도 문화재 환수를 어렵게 하고 있습니다. 그러나 당시 체결된 문화재협정에 대해서는 그동안 약탈 문화재에 관한 연구 결과로 새롭게 밝혀진 사실이나 문화재 유출 경로에 대한 증언, 국제협약의 체결 등 양국의 국내사정과 국제사회의 환경이 크게 변화하였기 때문에 개정을 하거나 새로운 협정으로 대신해야 한다는 목소리가 양국에서 나오고 있습니다. 정부는 행정과 재정적 지원을 통해 문화재 연구자들이 활발하게 연구할 수 있는 환경을 만들고, 문화재 반환이 양국 간의 문화 협력에 기여할 것이라는 분위기를 만들어야 합니다. 그리고 이를 통해 일본 정부가 공개하지 않고 있는 문화재 관련 문서들을 공개할 수 있도록 여건을 조성하고 일본에 있는 한국문화재에 대한 실태 조사에 협력할 수 있도록 해야 합니다.

문화재 반환을 국가가 주도하는 것은 외교마찰로 비화되어 어려울 수 있습니다. 북관대첩비나 『조선왕조실록』의 반환 사례에서 보듯이 현재 문화재 환수를 활성화하기 위해서는 정부나 관련 기관이 앞장서기보다 행정과 예산을 뒷받침해 주면서 민간차원의 환수 운동을 지원하는 것이 훨씬 현실적이고 효과적입니다.

일본 유출 한국문화재 전문가인 하야시 요코 교수에 따르면 일본 소재 한국문화재의 90%가 민간 소유 문화재라고 합니다. 한국문화재를 소장하고 있는 민간단체나 개인소장가들이 기증할 수 있는 여건을 마련하는 일은 정부나 공공기관이 할 수 있는 일입니다. 박물관에 기증자의 이름을 딴 특별 갤러리를 만든다든지 기증 유물 특별전을 개최한다든지 정부가 기증자에게 문화훈장을 수여하는 등 기증자에 대한 배려를 정책적으로 추진해야 합니다. 이를 통해 한국에 문화재를 기증한 일본 소장가가 호의적으로 평가되고 한국민이 진심으로 감사하는 마음을 갖고 있다는 것을 일본국민에게 널리 알려 기증이 활성화될 수 있는 여건을 만들 필요가 있습니다.

문화재 환수에 대한 우리의 시각도 좀 더 전향적일 필요

어재연 장군 수자기
'수자기'란 조선시대 군대의 대
장이 있는 본영임을 표시하면
서 대장을 상징하는 '수(帥)' 자
가 크게 새겨져 있는 거대한 깃
발을 말한다. 어재연 장군의 수
자기는 2007년에 10년 장기
대여 방식으로 돌려받았다. 그
러나 다시 협상을 통해 기간을
연장하거나 영구대여 형식으로
바꿀 수도 있다.

가 있습니다. 불법 반출과 약탈된 문화재에 대한 환수
노력은 계속적으로 이루어져야 하지만 일본 내 한국
문화재가 모두 약탈 문화재라는 시각은 바뀌어야 할
것입니다. 또한 소유권 이전에만 집착할 것이 아니라
대상 문화재에 대한 영구임대나 장기대여 형식을 통
한 실질적 반환, 상호 교류전시 등을 통해 문화재 반
환의 의의를 살릴 수도 있습니다. 실제로 2005년 독
일의 오틸리엔 수도원이 소장하고 있던 겸재 정선의 그림 21점
은 80년 만에 영구임대 방식으로 돌아왔고 2007년 미국의 해
군사관학교가 소장하고 있던 신미양요 당시 어재연 장군의 '수
자기(帥字旗)'는 136년 만에 장기대여 방식으로 돌아왔습니다.

오사카에 있는 시립동양도자미술관은 세계적인 도자기
명품을 소장하고 있는 미술관으로 유명합니다. 1992년 재일한
국인 이병창 씨는 이곳에 자신이 수집한 한국 도자기 301점을
비롯하여 351점의 도자기를 기증하였고 동양도자미술관 측은
이병창 기념실을 따로 운영하고 있습니다. 이병창 씨는 기증품
을 소재로 한 미술관 특별전 도록에서 "(제가 기증한 도자기를
통해) 5천 년에 걸친 민족문화의 흐름을 엿볼 수 있고 관련된
도자연구가 한층 심화될 것이라고 확신합니다. (중략) 한일 문
화교류, 친선과 발전에 유익한 도움이 될 것을 기원합니다. 고
국을 떠나 살고 있는 한국인 2, 3세 여러분도 오랜 전통과 풍요
로운 역사와 문화의 모국을 자랑스럽게 여기면서 용기를 갖고

밝은 신세기를 맞이해 주시기 바랍니다."라고 하였습니다. 이것은 현지에서 한국문화재와 한국문화의 우수성을 알릴 수 있는 좋은 사례입니다. 또한 한국문화재가 단지 한국 국민에게만 의미가 있는 것이 아니라 오랜 세월 동안 한국과 일본이 공동의 문화권에서 교류해 왔다는 것, 한국문화가 일본문화의 형성과 발전에 영향을 주었다는 것 등을 알릴 수 있는 좋은 기회입니다.

문화재 환수 운동은 식민지배 역사를 극복하는 중요한 작업입니다. 그러나 민족감정을 앞세워 추진하다 보면 양국 간의 갈등의 골은 더 깊어지고 소기의 목적을 달성하기도 어려울 수 있습니다. 따라서 문화재 환수의 의미를 폭넓게 생각하여 일본 시민들도 자발적으로 동참할 수 있게 된다면 역사 갈등을 해소하고 동아시아 평화공동체를 만드는 중요한 계기로 자리매김할 수 있을 것입니다.

쟁점8

: 독도

독도와
다케시마

대나무도 없는 독도가
왜 다케시마(竹島)일까?

동해바다 망망대해에 우뚝 솟은 독도는 커다란 두 개의 돌섬과 작은 암초들로 이루어져 있습니다. 이 섬을 한국은 독도(獨島)라 부르고 일본은 다케시마(竹島)라 부르고 있습니다. 왜 한국은 두 개의 큰 섬을 홀로 '독' 자를 써서 '독도'라고 부를까요? 일본은 왜 온통 바위뿐인 독도를 대나무섬이라는 뜻의 '다케시마'라고 부를까요?

이름은 대상에 대한 인식에서 출발합니다. 그리고 이름에는 의미와 의도가 담겨 있습니다. 역사 속에서 독도는 무려 20개가 넘는 이름으로 불렸습니다. 그만큼 여러 나라가 독도를 서로 다르게 인식하고 있었음을 알 수 있습니다.

한국에서 독도는 조선 태종 17년(1417) '우산도(于山島)'라는 이름으로 처음 문서에 등장합니다. '우산'은 원래 울릉도를 가리키는 지명이었는데, 울릉도가 우릉, 울릉, 무릉 등으로 불리면서 '우산'은 그 부속섬인 독도만을 가리키는 지명이 되었습니다. 이후 우산도의 '우(于)'를 잘못 표기하면서 '자산도(子山島)', '간산도(干山島)', 천산도(千山島) 등으로 불리기도 했습니다. 조선 성종 때는 독도를 먼 곳에서 보면 마치 세 개의 봉우리로 보인다고 하여 삼봉도(三峰島)라고 부르기도 했고, 조선 정조 때는 독도에 가지어(可支魚, 강치)가 많이 산다고 하여 '가지도(可支島)'라고 한 적도 있습니다.

'독도'라고 부르기 시작한 것은 19세기 후반 울릉도가 본격적으로 개척되어 전라도·경상도 사람들이 울릉도로 건너오면서부터였습니다. 1882년 검찰사[*] 이규원의 조사에 따르면 당시 울릉도에는 육지에서 건너온 거주인 140명 중 전라남도 출신이 115명으로 압도적으로 많았습니다. 이들은 돌로 이루어진 독도를 전라남도 사투리를 써서 '독섬(=돌섬)'이라고 불렀습니다. 대한제국 정부는 1900년 공포한 '대한제국 칙령 제41호'에서 이들이 부르던 '돌섬', '독섬'을 한자로 표기하면서 '석도(石島)'라고 하였습니다. 그런데 민간에서는 '독'을 그대로 한자 '독(獨)'으로 표기하면서 '독도(獨島)'라는 명칭이 쓰이기 시작하였습니다. 공식문서로는 1906년 울릉군수 심흥택의 보고서에 처음 등장합니다. 그러나 이보다 2년 앞선 1904년 9월 러시아 함대의 동태를 감시하기 위해 예비탐사를 실시한 일본군함 니타카호의 항해일지에 '한인은 리앙쿠르암을 '독도'라고 쓰고 일본 어부들은 '량고도'라고 부른다.'라고 하여 이미 '독도' 명

검찰사(檢察使)
현지조사를 위해 조선 정부에서 파견한 관리.

칭이 보입니다.

17세기 일본 시마네 현과 돗토리 현 사람들이 남긴 문서에 의하면 그들은 독도를 '마쓰시마(松島)', 울릉도를 '다케시마(竹島)'라고 불렀습니다. 다케시마(竹島)는 고려 말 조선 초 왜구가 울릉도를 침략할 때 울릉도를 '이소다케시마(磯竹島, 해안가에 대나무가 많은 섬)'라고 불렀던 것에서 유래하였습니다. 울릉도에서 대나무가 많이 자랐기 때문입니다.

마쓰시마(松島, 소나무섬)는 다케시마에서 유래하였습니다. 옛날부터 일본에서는 대나무와 소나무인 송죽(松竹)을 경축(慶祝)을 의미하는 관용어로 사용해 왔습니다. 그래서 울릉도를 다케시마라고 부르면서 옆에 있는 독도를 자연스럽게 마쓰시마로 부르게 된 것입니다. 원래 섬 이름은 섬의 특징이나 형태, 위치, 산물 등을 따서 붙이기 때문에 울릉도를 다케시마라고 한 것은 자연스럽지만 독도를 마쓰시마라고 한 것은 일반적인 명명법에 맞지 않습니다. 이것은 일본이 독도를 울릉도의 부속섬으로 인식하고 있었다는 증거입니다.

서양에서 독도를 처음 발견한 것은 1849년 1월 프랑스 포경선 리앙쿠르(Liancourt)호였습니다. 프랑스 해군성은 리앙쿠르호의 항해보고서에서 독도 발견 내용을 파악하고 1851년 발간한 수로지(水路誌, 항해를 위한 수로 안내서)와 해도에 독도를 '리앙쿠르'로 표기하였습니다. 1854년 러시아의 수송선 올리부차호는 독도를 발견하고 동도를 '올리부차', 서도를 '메넬라이'라고 명명하였습니다. 1855년 영국군함 호네트호도 독도를 발견하고 '호네트'로 명명하였습니다. 이후 영국이 수로지 1861년 판에서 프랑스와 러시아의 독도 발견 사실을 기록하면서 독도를 '리앙쿠르'로 통일하여 표기하였고, 이때부터 독도는 서양에 '리앙쿠르'로 알려지게 되었습니다.

서양에서 울릉도를 최초로 발견한 것은 1787년 프랑스의 라페루즈 탐험대였습니다. 탐험대는 당시 울릉도를 가장 먼저 목격한 천문학자 다즐레의 이름을 따서 '다즐레'라고 명명하였습니다. 1789년에는 영국도 울릉도를 발견하고 '아르고노트'라고 명명하였습니다. 그러나 프랑스와 영국이 지도에 '다즐레'와 '아르고노트'의 위치를 다르게 표시하여 다른 섬으로 인식하는 일이 벌어졌습니다. 이로 인해 18세기 후반부터 19세기 전반까지 서양의 배가 동해를 거쳐 일본으로 들어올 때 해도에는 없던 울릉도와 독도를 발견하고 울릉도를 아르고노트, 독도를 다즐레라고 표기하는 오류가 생겼습니다.

1840년에는 일본에서 의사로 생활하던 독일인 시볼트가 서양에 일본을 소개하기 위해 일본전도(日本全圖)를 제작하면서 다즐레(울릉도)를 마쓰시마(松島), 아르고노트(독도)를 다케시마(竹島)로 바꿔 표기하였습니다. 그런데 시볼트의 지도를 기초로 서양에서 만들어진 지도가 다시 일본으로 들어오면서 마쓰시마와 다케시마 명칭에 혼동이 생겼습니다. 아르고노트가 잘못된 위치라는 것이 알려지면서 혼란을 피하기 위해 원래 울릉도를 가리키던 다케시마도 아르고노트와 함께 사라져버리고 리 앙쿠르의 일본식 발음인 '량고도'와 영국식 명칭인 호네트, 러시아식 명칭인 올리부차·메넬라이, 과거에 쓰던 마쓰시마 등이 한동안 함께 쓰였습니다. 결국 1905년 1월 내각회의에서 '독도'를 '다케시마(竹島)'로 명명하면서 현재에 이르게 되었습니다. 일본에서 독도 명칭이 이렇게 혼란스러웠던 것은 일본인들 사이에 울릉도와 독도에 대한 정확한 인식이 부족했음을 보여주는 사례라고 할 수 있습니다.

독도는 언제부터 한일 간 역사 갈등의 중심에 놓이게 되었을까?

1) 샌프란시스코 강화조약과 독도

1945년 8월 15일 일본이 항복하자 도쿄에 연합군총사령부가 설치되어 통치를 시작하였습니다. 연합군총사령부는 일본에 항복을 요구했던 카이로 선언과 포츠담 선언의 여러 규정을 집행하기 위한 지령의 하나로 1946년 1월 19일 'SCAPIN(연합군최고사령관 각서) 제677호'를 공포하였습니다. 이 지령은 일본의 영토와 주권행사의 범

▼ 'SCAPIN(연합군최고사령관 각서) 제677호'에 포함된 지도

독도는 일본 영토에서 제외되어 한국 영토로 표시되어 있다.

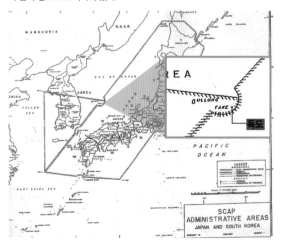

위를 정한 것으로 '3. 이 지령의 목적을 위하여 일본의 4개 본도와 쓰시마 섬 및 북위 30° 이북의 류큐(오키나와의 옛 지명)를 포함하는 약 1천 개의 더 작은 인접 섬들을 포함한다. 그리고 울릉도, 독도, 제주도를 제외한다.'라고 하였습니다. 뒤이어 1946년 6월 22일 'SCAPIN 제1033호'에서는 일본인의 어업과 포경업의 허가구역(일명 맥아더 라인)을 설정하면서 '일본인의 선박 및 승무원은 북위 37°15′, 동경 131°53′에 있는 독도의 12해리 이내에 접근하거나 동 도서에 어떠한 접촉도 해서는 안 된다.'라고 하였습니다. 이 포고령의 말미에는 '이 지령의 어떠한 부분도 최종적인 결정에 관한 연합국의 정책을 표시하는 것으로 해석되어서는 안 된다.'라고 하여 이 내용이 일본에 관한 최종적인 결정은 아니라는 단서를 달았지만 일본의 영토와 정치·경제적 권리행사에서 독도가 명백하게 제외되어 있음을 알 수 있습니다.

위와 같은 연합군총사령부의 지령을 바탕으로 1947년부터 미국을 중심으로 한 연합국은 전후 일본과의 관계를 재정립하기 위해 강화조약을 추진하였고, 이 조약에는 영토조항도 포함되었습니다. 1951년 8월 최종 초안이 만들어지기까지 조약은 20여 차례의 수정을 거쳤습니다. 1949년 후반기까지의 초안에서는 '일본은 한국 및 퀠파트(제주도), 포트 해밀튼(거문도), 다즐레(울릉도)와 리앙쿠르암(독도)을 포함하여 한국 연안의 모든 보다 작은 섬에 대한 권리 및 권원을 포기한다.(1차 초안)'와 같이 독도를 한국의 영토로 명시하였습니다. 그러나 일본은 당시 일본 정부 고문이었던 시볼트를 통해 적극적으로 로비를 하였습니다. 1949년 11월 주일 미정치고문 겸 연합군총사령부 외교국장인 윌리엄 시볼드는 "리앙쿠르암에 대한 재고를 요청함. 이 섬에 대한 일본의 주장은 오래되었고 정당한 것으로 여겨짐. 이 섬을 한국의 연안으로부터 떨어진 섬이라고 보기는 어려움. 안보적 측면에서 이 섬에 기상과 레이더 기지를 설치하는 것이 가능해 미국의 국가 이익 측면에 부합할 것으로 보임."이라는 의견서를 제출하였습니다. 한국 연안에서 떨어진 섬으로 보기는 어려우나 일본 영토로 할 경우 미국의 안보 정책에 유리할 것이라는 의견이었습니다.

1949년 12월 제6차 초안에서는 독도를 일본 영토로 표기하면서 혼란이 야기되었습니다. 이후 미국은 영국 측 초안과의 조율을 통해 1950년 8월 제7차 조약문 초안에서 독도를 아예 빼버렸습니다. 이후 10여 차례 이상 수정되었던 강화조약 초안에서는 일본영토를 적극적으로 열거한 조항이 사라지고 일본영토의 포기 조항만 기록되었습니다. 한국영토에 관한 조항도 구체적으로 열거한 지명이 삭제되거나 간략하게 표기되었습니다. 결국 1951년 8월 13일 완성된 샌프란시스코 강화조약 최종안은 제2조 (a)항에 "일본은 한국의 독립을 승인하고 제주도, 거문도 및 울릉도를 포함한 한국에 대한 모든 권리, 권원, 그리고 청구권을 포기한다."라고 규정하였습니다.

샌프란시스코 강화조약은 1951년 9월 8일 48개국이 서명에 참가하여 체결되었고 1952년 4월 28일 발효되었습니다. 이때 일본은 다시 정식 국가로 인정받아 국제사회의 일원으로 복귀하였습니다. 그러나 미국과 영국 등 연합국들의 견해 차이로 인해 한국을 비롯한 북한, 중국, 타이완은 강화조약 체결과정에 참여하지 못했습니다.

2) 한국 정부의 해양주권선언과 독도

한국 정부는 샌프란시스코 강화조약이 체결되고 나면 자연스럽게 소멸될 'SCAPIN 제1033호'에 근거하여 맥아더 라인을 시급히 정비해야 했습니다. 발달한 일본 어선들이 한국 근해의 황금어장을 싹쓸이했기 때문입니다. 실제로 일본은 패전 이전 최고 연간어획량이 1936년 433만 톤이었는데 1952년에는 482만 톤으로 세계 제1위의 수산국 지위를 회복했습니다. 특히 한국 근해의 동해와 서해 어장은 일본 어선들이 저인망어업*과 트롤어업*을 하기에 여건이 좋은 최고의 어장이었기 때문에 한국 정부는 근해의 어장을 보호하기 위해 보호관할수역*을 확정할 필요가 있었습니다. 게다가 1949년 말부터 강화조약 초안에 한국의 영토에서 독도가 빠지게 된 것을 계기로 독도영유권을 확인할 필요도 있었습니다. 이에 따라 샌프란시스코 강화조약이 발효되기 전인 1952년 1월 '대한민국 인접해양의 주권에 대한 대통령 선언(약칭 해양주권선언, 일명 이승

저인망어업, 트롤어업
저인망어업은 그물의 아랫깃이 해저에 닿도록 한 후 수평방향으로 끌어 해저에 사는 어족을 잡는 방법이다. 트롤어업은 어선이 자루 모양의 그물을 끌고 다니면서 주로 바닷속 중층의 물고기를 잡는 어업 방법이다.

보호관할수역
한반도와 그 부속도서의 해안을 기준으로 설정된 경계선 안쪽 해양의 어업자원을 보호하기 위해 설정한 영역.

만 라인)'을 선포하였습니다.

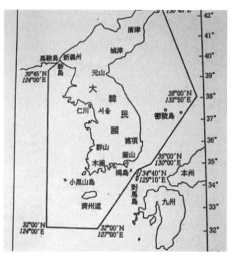

이승만 라인
대한민국과 주변국가 간의 어업 수역 구분과 자원보호를 위한 경계선으로 대한민국 영토 안에 독도가 포함되어 있다.

남조선과도정부
한반도에 정식 정부가 들어서기 전까지 치안과 행정을 맡기기 위해 1947년 2월 미군정이 설치한 기구로 1948년 8월 15일 남한에서 대한민국 정부가 수립되자 행정권을 이양하고 폐지하였다.

일본은 패전 이후 강화조약이 체결되기 전까지 대내외적으로 독도에 대한 영유권을 주장한 적이 없었습니다. 남북한 정부 수립 이전인 1947년 남조선과도정부*에서 대대적인 독도조사사업을 할 때도 반응이 없었고, 단지 1947년 6월 일본 외무성이 작성한 팸플릿에 독도와 울릉도가 일본령이라는 주장이 실렸을 뿐입니다. 그러나 1951년 9월 강화조약이 체결될 때 조약문에서 독도가 빠지자 일본은 독도가 일본령으로 인정되었다는 상황판단을 하였고, 1952년 1월 한국 정부가 해양주권선언을 하자 '한국 정부가 다케시마(독도)에 대한 영토권을 주장하더라도 이를 인정하지 않겠다.'라는 항의 외교문서를 보냈습니다. 이때부터 독도영유권을 둘러싼 한일 간의 논쟁이 본격화되었습니다.

1953년 7월 일본 정부는 '다케시마에 관한 일본 정부의 견해'라는 공식문서를 통해 '다케시마가 일본영토인 것은 국제법상에서도 의문의 여지가 없다.'라고 하였고, 한국은 9월 회답을 통해 '진실된 역사적 사실은 독도가 한국영토의 일부임을 보여 주고 있다.'라고 하여 역사적 사료에 근거하여 독도영유권을 주장하였습니다. 일본의 반론과 한국의 재반론 등 서한을 주고받으며 벌인 논쟁은 1959년까지 계속되었습니다.

일본은 외교 문서를 통한 논쟁에서 독도영유권을 오로지 몇몇 문헌을 증거로 주장하였고 식민지배 과정에서의 영토편입과 강제병합에 따른 역사적 문제에 대해서는 언급하지 않았습니다. 이에 대해 한국 측은 다음과 같은 발표를 통해 독도와 일제의 식민지배 역사와의 연관성을 언급하고 독도주권의 역사적 의미를 밝혔습니다. '독도는 일본의 한국 침략에 대한 최초의 희생자다. 일본의 패전과 함께 독도는 우리의 품에 안겼다. 독도는 한국독립의 상징이다. 이 섬에 손을 대는 자는 우리 민족의 완강한 저항을 각오하라. 독도는 다만 몇 개의 바윗덩어리가 아니라 우리 민족의 영예의 닻이다. 이것을 잃어버리고 어떻게 독립을 지켜낼 수 있을 것인가. 일본이 독도를 탈취하려는 것은 곧 한국에 대한 재침략을 의미하는 것임을 잊어서는 안 된다.(1954.9. 외무부장관 성명)'

▲ 일본이 독도에 세운 말뚝을 제거하고(위) 독도 표석을 놓는 모습(아래)

6·25 전쟁 때 일본인들이 설치한 말뚝에는 '시마네켄 오치군 고카무라 다케시마'라는 일본식 주소가 적혀 있었다. 이 사실이 알려지자 1953년 10월 울릉도 독도 학술조사단은 독도에 가서 이 말뚝을 뽑아내고, 그 자리에 '독도 獨島 Liancourt'를 새긴 표석을 설치했다.

한일 간의 외교논쟁 와중에 일본선박의 독도해역 침범과 독도 불법상륙이 1953년 5월부터 시작하여 1954년까지 지속되었습니다. 일본은 이때 순시선을 파견하여 한국의 어업상황을 감시하거나 독도에 상륙하여 독도가 일본령이라는 표지 말뚝을 세우기도 하였습니다. 이에 대해 한국 측에서는 울릉도 경찰서에서 독도 순찰반을 조직하여 대응하였고 독도 인근에 접근하는 일본선박에 경고사격을 하여 영토수호의 의지를 보였습니다.

일본은 1947년 선포한 평화헌법 제9조에 '국권발동으로서 전쟁과 무력에 의한 위협 또는 무력의 행사는, 국제분쟁을 해결하는 수단으로서는 영구히 포기한다.'라는 조항으로 인해 독도 문제 해결에 무력을 사용하는 것이 불가능해지자 1954년 9월 한국 정부에 독도영유권 문제를 국제사법재판소에 회부하자고 제안하였으나 한국 정부는 이를 거부하였습니다.

한일협정 체결 당시 독도 문제는 어떻게 처리하였을까?

독도 문제가 한일국교정상화를 위한 회담의 의제로 빈번하게 언급되기 시작한 것은 1962년 이후입니다. 1962년 한국의 대일청구권문제가 김종필·오히라 메모에 의해 합의된 이후 일본은 끊임없이 한국 정부에 독도 문제를 제기하였습니다. 일본은 독도가 한일 간의 분쟁이슈이며 이 문제를 회담의 정식주제로 채택하여 해결방침을 정해야 한다는 입장이었고, 한국은 독도가 대한민국의 영토이며 분쟁은 존재하지 않는다는 것이 기본입장이었기 때문에 양국은 첨예하게 대립하였습니다.

일본은 회담기간 내내 "독도를 국제사법재판소에 제소하자.", "독도 문제가 해결되지 않는 한 국교정상화는 있을 수 없다."라고 주장했고, 한국은 "독도는 한국의 영토", "국교정상화 이후 별개 사안으로 처리하자."라고 맞서면서 독도를 분쟁지역화하려는 일본의 의도를 회피하고자 하였습니다.

1962년 9월 일본 외무성에서 열린 한일 예비절충 4차 회담에서는 "독도를 폭파해 없애버리자."라는 말이 나오기도 했습니다. 당시 회의록에 따르면 일본 측 대표단 중 한 사람이 "사실상 독도는 무가치한 섬이다. 크기는 도쿄에 있는 '히비야' 공원 정도인데 폭파라도 해서 없애 버리면 문제가 없을 것이다."라고 하였고, 한국 측에서는 "중요하지도 않은 섬이니 한일 회담의 의제도 아니므로 국교정상화 후에 토의한다는 식으로 별개 취급함이 어떤가?"라고 했습니다. 독도가 양국 협상의 커다란 걸림돌이었음을 알 수 있습니다.

한일 양국은 팽팽하게 의견 공방을 벌이다가 1965년 조약 타결 직전에 '분쟁 해결에 관한 교환 공문'으로 합의하였습니다. 공문은 "달리 규정이 있는 경우를 제외하고 양국 간의 분쟁은 우선 외교상의 경로를 통하여 해결하는 것으로 하고, 이에 의하여 해결할 수 없을 경우에는 양국 정부가 합의하는 절차에 따라 조정에 의하여 해결을 도모한다."라는 문안으로 확정되었습니다. 분쟁해결에 관한 교환 공문에 나타난, 독도를 분쟁지역으로 명기하려던 일본의 의도는 실패했습니다. 그러나 한국 측도 독도에 대한 영유권 주장을 문안에 적극적으로 끌어들이지 못했습니다.

한편 공식 외교문서로는 확인되지 않았지만 한일협정 체결 5개월 전인 1965년 1월 한일 간에 '미해결의 해결'을 대원칙

독도밀약

한일협정 체결 5개월 전인 1965
년 1월 당시 일본 정부의 특명을
받은 우노 소스케 의원과 정일
권 국무총리 간의 독도에 관한
비밀합의사항. 이 사안은 박정
희 대통령의 재가를 받고 일본
사토 수상에게도 전달되었다.
독도밀약에 관한 내용은 당시
회담을 수행했던 김종필 전 총
리의 친형인 김종락 당시 한일
은행 전무와 『요미우리 신문』
서울특파원이었던 시마모토 겐
로의 증언으로 밝혀졌다.

으로 모두 4개항으로 구성된 '독도밀약*'이 합의되었다는 주장
이 나왔습니다. 2011년 출판된 『독도밀약』에 따르면, 한일 양국
은 "앞으로 해결해야 한다는 것으로써 일단 해결한 것으로 간
주한다. 따라서 한일기본조약에서는 언급하지 않는다."라는 2개
문장을 핵심으로 "① 독도는 앞으로 한일 양국 모두 자국의 영
토라고 주장하는 것을 인정하고, 동시에 이에 반론하는 것에
이의를 제기하지 않는다. ② 장래에 어업구역을 설정하는 경
우 양국이 독도를 자국 영토로 해서 어업구역 선을 긋고, 두선
이 중복되는 부분은 공동수역으로 한다. ③ 현재 한국이 점거
한 현상을 유지한다. 그러나 경비원을 증강하거나 새로운 시설
의 건축이나 증축은 하지 않는다. ④ 양국은 이 합의를 계속 지
켜나간다."라는 '독도밀약'을 체결했다고 합니다.

　　'독도밀약'이 사실이라면 한일협정 당시 독도 문제는 한
국의 실효지배를 일본 정부가 인정하고 한국 정부는 일본을 자
극하는 조치를 자제하는 한편, 양국이 자국의 영토라고 주장하
는 것에 대해서는 서로 허용하는, 유보적인 정치적 타협으로
매듭지은 것으로 보입니다. 독도에 관한 밀약이 사실인지에 대
해 한일 양국 정부는 공식적인 언급을 피하고 있습니다. 그러
나 당시 한일기본조약 체결과정을 기록한 외교문서, 국교정상
화 이후 독도에 관한 양국의 정책은 당시에 체결된 독도밀약
내용을 충분히 뒷받침하고 있습니다. 또한 한일기본조약 체결
당시 관계자의 증언, 이에 따른 학자들의 연구, 현장을 취재했

던 기자 등에 따르면 독도밀약은 매우 신빙성 높은 사실로 여겨지고 있습니다.

독도가 다시 논란이 된 이유는?

1965년 한일국교정상화 이후 한동안 잠잠했던 독도 문제는 1990년대 들어서서 다시 수면 위로 부상하였습니다. 1982년 UN 해양법 협약[*]이 합의되어 영해와 배타적 경제수역에 관한 국제적 기준이 새롭게 제정되었습니다. 1994년 11월에 배타적 경제수역에 대한 해양법 협약이 발효되면서 한국과 일본은 1996년 해양법 협약을 비준하였습니다. 이로 인해 1965년 한일기본조약 당시 체결하였던 한일어업협정을 개정할 필요성이 생겼고,

UN해양법 협약
전통적으로 해양에 관한 국제 법질서는 국제관습법의 형태로 존재하여 선진해양국가들과 기타국가들 간에 영해 기준, 국가 관할수역 등 해양에서의 갈등이 증폭되었다. UN은 1958년 부터 국가 간 협의를 시도하여 1982년 국제적인 해양협약을 체결하였다. UN해양법협약은 인류 역사상 최초로 완성된 국제적인 '바다의 대헌장'이라는 평가를 받았다.

▲ 1998년 신한일어업협정에 따른 수역

▲ 신한일어업협정에 따라 중간수역 안에 독도가 있다

1998년 11월 새로운 한일어업협정(신한일어업협정)을 체결하였습니다.

신한일어업협정 체결은 국내에서 엄청난 비판을 받았습니다. 한국 측은 어족자원이 풍부한 것으로 알려진 독도 북동쪽 부근 대화퇴* 어장의 50%를 확보하였지만, 독도가 한일 중간수역(일본에서는 잠정수역이라고 함) 안에 포함되었기 때문입니다. 양국 간의 어업협정은 어업에 관한 협정이기 때문에 영토와는 아무런 관련이 없다는 국제법의 판례에 근거하여 독도에 관한 기존의 지위와 독도 주변 12해리 영해를 인정하는 등 영토에 관해서는 별다른 영향을 미치지 않았습니다. 그러나 신한일어업협정 당시 독도 영유권에 관한 문제는 의견 조정이 어려워 차후에 해결하기로 하고 독도를 명확한 영토 표기 없이 좌표로만 표기하여 결론적으로 일본이 독도에 대한 영유권 문제를 제기할 여지를 남겨두었습니다.

일본에서는 새롭게 설정된 중간수역으로 인해 동해에서의 어획량이 급감한 것에 대해 큰 비판이 있었습니다. 독도와 가까운 일본의 시마네 현에서는 신한일어업협정 체결 이전과 비교하여 동해에서의 전체 어획량이 1/4로 감소하였고, 특히 홍게 통발조업*에서 36%(1996년 대비 2004년 결과)나 어획량이 줄어서 어민들이 큰 타격을 입게 되었다는 것입니다. 또한 중간수역에서 한국과 일본 어선의 어구수와 그물코의 크기, 조업시기의 차이 등으로 피해가 늘어나고 있다면서 일본 정부에 대

대화퇴(大和堆)
동해 중부에 위치한 해저 산지. 동해 평균수심은 1,400미터 정도이지만 대화퇴 지역은 수심이 300~500미터로 비교적 얕기 때문에 퇴적물이 많이 쌓여 영양염류가 풍부하고 플랑크톤이 많아 황금어장으로 불리는 곳이다.

통발조업
통발을 이용한 어로 방법. 통발은 물고기를 잡는 도구의 하나로 떡밥이나 미끼를 안에 넣고 물속에 넣어두면 미끼에 꼬인 물고기가 그 안으로 들어가 다시 나오지 못하게 만든 틀이다.

책을 요구하기도 하였습니다.

　2005년 3월 16일 일본 시마네 현 의회는 1905년 독도를 일본영토로 편입한 '시마네 현 고시 40호'를 기념하여 매년 2월 22일을 '다케시마의 날'로 정하는 조례를 통과시켰습니다. 조례는 "현민, 시·정·촌 및 현이 하나가 되어 '다케시마'의 영토권 조기 확립을 지향하는 운동을 추진하고 '다케시마' 문제에 대한 국민여론의 계발을 도모하기 위해 다케시마의 날을 지정한다. 다케시마의 날은 2월 22일로 한다."라고 규정하고 있습니다.

　한국에서는 다케시마의 날 제정에 즉각 반발하였습니다. 경상남도 마산시(현 창원시) 의회는 독도를 비롯한 우리 영토에 대한 애착심을 환기시킨다는 뜻에서 2005년 3월 18일 상징적으로 대마도의 한국영유권을 주장하는 '대마도의 날' 조례를 제정하였고, 6월에는 경상북도 의회가 10월을 '독도의 달'로 지정하는 조례를 제정하였습니다. 지리적 인접성으로 시마네 현과 활발하게 교류하던 경상북도는 '다케시마의 날' 조례 제정 이후 교류를 단절하였습니다.

　한국의 반발이 불 보듯 뻔한데도 불구하고 시마네 현이 '다케시마의 날'을 만든 이유는 독도 인근 바다에서의 자유로운 어업활동을 보장받고, 신한일어업협정 이후 어획량이 감소하는 시마네 현 어민들에 대한 중앙정부의 지원을 요구하기 위해서였습니다. 시마네 현 지사는 2006년 「竹島, かえれ島と海(다케

현·시·정·촌
일본의 행정구역 명칭. 현은 광역자치단체로 한국의 도나 특별시에 해당하며 시·정·촌은 기초자치단체로 한국의 시나 군에 해당한다.

시마, 돌아오라 섬과 바다)」라는 홍보용 팸플릿에서 다케시마의 날 조례제정의 이유를 이렇게 밝히고 있습니다. "다케시마의 영토권 확립에 대해 시마네 현이 장기간 국가에 요청했음에도 불구하고 진전되지 않았습니다. 이 상태대로라면 '다케시마 문제'는 그대로 관심에서 멀어질 것이라고 생각했기 때문에 국민 여론을 환기시키고 국가의 적극적인 행동을 요청하기 위해 다수의 현민들의 염원을 담아 이 조례를 제정하였습니다."

시마네 현 어민들은 독도 인근 바다가 신한일어업협정에 의한 중간수역으로 양국의 조업이 모두 허가된 지역이라고 생각하고 있기 때문에 이 지역에서 한국어선이 일본어선을 쫓아내는 것은 부당하다고 주장하고 있습니다. 이들은 일본 정부가 독도를 일본 땅으로 선포하여 관리해 줄 것을 꾸준히 요구해 왔습니다. 조례제정으로 일본국민들이 독도 문제를 북방영토 반환 운동의 연장선으로 생각하게 되고, 여론의 지지를 얻으면 시마네 현의 위상이 올라가고, 지역 어민들의 이익도 얻을 수 있다는 생각도 조례 제정을 강행한 이유입니다.

일본 교과서에서는 독도를 어떻게 기술하고 있을까?

일본 교과서의 독도 기술은 고등학교에 비해 중학교 교과서에 상세하게 나와 있습니다. 왜냐하면 중학교의 경우 교과서 서술의 기준이 되는 『중학교 학습지도요령해설서』에 독도에 대한 교육의 필요성을 직접적으로 명기하고 있는 반면, 고등학교는 '중학교 학습을 토대로'라고 하여 독도에 대한 기술의 필요성을 간접적으로 언급하고 있기 때문입니다.

일본의 사회과 교과서 발행체제는 교과서 기술의 기준이 되는 『학습지도요령해설서』가 약 10년을 주기로 개정되고 이를 기초로 각급 학교의 교과서를 4년 주기로 검정하여 개정하는 형태입니다. 중학교의 경우 2008년 『학습지도요령해설서』가 개정된 이후 2008년, 2011년, 2015년 4월에 교과서 검정이 실시되었습니다. 2015년 검정을 통과한 교과서는 2016년부터 4년간 학교현장에서 사용됩니다.

일본 중학교 교과서에서 영토 문제를 다루는 과목은 지리, 공민(한국의 '일반사회' 과목), 역사입니다. 독도 관련 기술이 처음 등장하는 것은 1955년 지리교과서로 지도에 독도를 다케시마(竹島)라고 표기하였습니다. 이후 산발적으로 기재되다가 1994년 UN해양법 협약에 의해 배타적 경제수역이 등장하고 1999년 신한일어업협정이 발효된 이후인 2001년부터 본격적으로 교과서에 독도 관련 기술이 늘어났습니다.

2011년 검정 통과된 교과서를 보면 지리교과서 4종 중 4종, 공민교과서 7종 중 7종 모두에 독도가 일본영토로 기술되거나 표기되었고, 이전에는 독도 기술이 없었던 역사교과서에도 7종 중 3종에 처음으로 독도 관련 내용이 포함되었습니다. 이 중 독도를 '한국이 불법으로 점거하고 있다'고 기술한 교과서가 사

竹島

▲ 2011년 검정 합격한 지유샤 지리교과서 독도 관련 내용

"다케시마는 에도시대부터 우리 나라가 영유하고 있었지만, 1952년 한국 이승만 정권에 의해 한국령으로 편입되어 현재도 한국에 의해 불법점거되고 있습니다."라고 서술되어 있다.

회과 전체 18종 교과서 중 4종, '일본 고유의 영토'라고 표기한 교과서가 8종이었습니다.

　2015년 4월 검정 통과된 교과서는 10년 주기로 개정되는 『학습지도요령해설서』를 아베 정권이 7년 만인 2014년 1월에 성급히 개정한 뒤 처음 통과된 검정교과서였기 때문에 더욱 관심을 끌었습니다. 당시 일본 정부는 개정 『학습지도요령해설서』에 '역사적 사실을 기술할 때는 정부의 통일된 견해를 따를 것'과 '독도 등 영토 문제에 대해서는 일본 고유의 영토이지만 한국이 불법점거하고 있고, 한국에 누차에 걸쳐 항의하고 있다는 사실을 정확히 다룰 것'을 요구하였습니다. 그 결과 검정을 통과한 지리교과서 4종, 공민교과서 6종, 역사교과서 8종 등 모든 교과서에서 독도를 일본영토로 기술하였고 '한국이 불법점거하고 있다'고 기술한 교과서도 전체 18종 중 13종으로 2011년에 비해 크게 증가하였습니다.

일본 중학교 교과서의 독도 관련 기술의 변화

독도 기술 내용	교과목	2005년 검정	2011년 검정	2015년 검정
독도는 일본영토	지리	6/6	4/4	4/4
	공민	4/8	7/7	6/6
	역사	0/9	3/7	8/8

한국이 불법점거	지리	0/6	1/4	4/4
	공민	1/8	3/7	5/6
	역사	0/9	0/7	4/8

(독도 관련 기술 교과서 수/총교과서 수)

고등학교 교과서의 경우에도 중학교 교과서와 마찬가지로 1957년 지리교과서의 지도에 '다케시마(竹島)' 표기가 처음 등장한 이래 1990년대까지는 산발적으로 기술되다가 2000년대 들어서서 급격하게 독도에 관한 기술이 증가하였습니다. 2012년 교과서를 보면 세계사 교과서에 처음으로 독도 관련 기술이 포함되고, 4종의 교과서에 처음으로 독도 기술이 추가되는 등 전반적으로 독도 관련 기술이 확산되고 있습니다. 또한 중학교 교과서가 '독도는 일본영토'라고 기술하고 있는 것과 달리 '다케시마는 한국과 영유권 문제가 있고'(『지리』), '러시아와 북방영토 반환 문제가 미해결인 것 외에, 한국이 다케시마 영유권을, 중국이 센카쿠제도 영유권을 각각 주장하고 있다.'(『현대사회』), '일본의 영토에 대해서는 러시아와는 북방영토, 한국과는 다케시마를 둘러싼 문제가 있고'(『정치·경제』) 등과 같이 '영유권 문제가 있다.'라는 식의 기술이 주를 이루고 있습니다. 한편 지도와 사진을 게재한 교과서가 증가하고 국가 영역이나 배타적 경제수역 지도뿐만 아니라 행정구역지도 등에 독도를 시마네 현으로 표기하는 등 생활 속에서 독도를 자연스럽게 일본영토로 인식시키려는 시도도 보입니다.

초등학교는 가장 최근에 실시한 검정이 2014년에 4월 검정입니다. 이때 4종의 사회과 교과서가 통과되었는데 2010년에는 1곳에 불과하던 독도 기술(지도 표기 3곳)이 4곳 모두로 확대되었습니다. 특히 2010년 검정을 통과한 미쓰무라(光村) 도서출판 초등 6학년 사회교과서에는 한국에 대해 "1965년 일한기본조약을 맺은 뒤 국교가 시작됐다. 2002년 양국이 협력해 아시아에서 처음으로 축구 월드컵을 개최했다."라는 구절이 있었으나, 이번에 통과되어 2015년부터 사용되는 교과서에는 월드컵과 관련된 기술은 빠지고 "무역뿐 아니라 사람과 문화 교류도 활발해졌다. 그러나 일본의 영토인 독도를 한국이 불법점거하고 있는 것에 일본이 강하게 항의하고 있다."라는 내용으로 대체되었습니다.

독도에 대해서 양국 국민들은
어떻게 생각하고 있을까?

2010년 8월 한일병합 100년을 맞이하여 한국의 KBS방송국과 일본의 NHK방송국은 양국 국민 약 2,500명을 대상으로 '한일 공동 국민의식조사'를 실시했습니다. '한국과 일본 관계를 진전시키기 위해 무엇이 필요합니까?'라는 질문에 대한 양국 국민의 대답은 극명하게 달랐습니다. 두 가지를 선택할 수 있는 질문에 한국 국민은 '독도를 둘러싼 영유권 문제의 해소'

를 62%로 가장 많이 언급했고 '역사인식을 둘러싼 문제의 해소'가 34%로 그 뒤를 이었습니다. 일본국민의 응답은 '정치적 대화'가 37%로 가장 높게 나왔고, '경제교류'와 '문화·스포츠 교류'가 27%로 그다음이었습니다. '독도'를 꼽은 일본국민은 24%로 다섯 번째였습니다.

한일관계의 과제(연령별 5위까지, %)

		20대		30대		40대		50대		60대		70대	
한국		독도	54	독도	63	독도	62	독도	72	독도	56	독도	65
		역사인식	35	역사인식	41	역사인식	31	역사인식	32	역사인식	39	전후 보상	39
		정치적 대화	25	정치적 대화	26	전후 보상	27	전후 보상	25	전후 보상	30	역사인식	26
		전후보상	24	전후 보상	20	정치적 대화	23	정치적 대화	19	정치적 대화	20	정치적 대화	17
		문화 스포츠 교류	19	경제교류	13	경제교류	15	경제교류	16	무역 불균형 해소	17	경제교류	14
일본		정치적 대화	34	문화 스포츠 교류	32	역사인식	39	정치적 대화	39	정치적 대화	43	정치적 대화	34
		문화 스포츠 교류	34	정치적 대화	32	정치적 대화	37	경제교류	32	경제교류	32	경제교류	28
		역사인식	34	독도	30	문화 스포츠 교류	32	문화 스포츠 교류	28	역사인식	27	문화 스포츠 교류	23
		경제교류	25	역사인식	30	독도	22	역사인식	26	독도	25	독도	23
		독도	21	경제교류	27	경제교류	21	시민교류	22	시민교류	23	역사인식	15

이와 같은 인식은 학생들의 경우에도 큰 차이가 없었습니

다. 필자는 2010년 9월 오사카 소재 고등학교에서 2학년 학생들을 대상으로 독도 수업을 한 적이 있습니다. 수업 전에 학생들이 독도에 대해서 얼마나 알고 있는지 알아보기 위해 설문조사를 실시했습니다. 40명의 학생을 대상으로 한 조사에서 '잘 알고 있다.'고 대답한 학생은 4명(10%), '지명(다케시마)은 들어봤다.'고 대답한 학생은 11명(25%)이었고 '모른다'라고 답한 학생은 26명(65%)이었습니다. 인원이 많지 않아 일본 학생 전체를 대신한다고 할 수는 없지만 일본 학생들의 독도에 대한 인식은 한국 학생들에 비해 현저히 낮았습니다.

그런데 2012년 8월 이명박 대통령의 독도 방문을 기점으로 일본국민들의 독도에 대한 인식은 크게 변화하였습니다. 이명박 대통령의 독도 방문에 대해 당시 노다 요시히코 일본 총리는 직접 유감성명까지 발표하면서 격렬히 반발하였고, 일본 정부는 주일한국대사를 소환하여 항의하였으며 주한일본대사에게 소환령을 내려 본국으로 일시 귀국시키는 등 크게 반발하였습니다. 일본의 우익들은 복수를 해야 한다며 강경한 조치를 요구하였고, 이로 인해 한동안 일본 언론에서도 독도의 영유권 문제를 다루었습니다. 이명박 대통령은 "목숨 바쳐 지켜야 할 우리 영토"라고 하면서 일본의 독도침탈과 역사왜곡 시도에 대한 경고의 의도로 독도를 방문하였습니다. 그러나 1965년 한일 국교정상화 이후 독도에 대한 조용한 외교를 통해 독도를 거의 인식하지 못하고 있던 일본국민이 오히려 독도를 분쟁지역으로 주목하고 일본 정부의 독도 영유권 주장에 관심을 갖게 되는 역효과를 가져왔습니다.

2012년 11월 히로시마 시립대학교에서는 시마네 현과 오이타 현 주민, 리쓰메이칸 대학 학생 440명을 대상으로 독도에 관한 설문조사를 실시하였습니다. 이명박 대통령의 독도 방문 이후 이루어진 조사인 데다 '다케시마의 날'과 관련 있는 시마네 현 주민들이 포함되어 독도에 대한 인식이 높을 것이라고 예상하긴 했지만, 결과는 예상보다도 더 높았습니다. '독도분쟁에 대해 알고 있나?'라는 질문에 '알고 있다'고 응답한 사람이 400명(91%), 독도의 위치를 알고 있다고 답변한 사람도 336명(76%)이나 되었습니다.

2013년부터 한일 양국 국민을 대상으로 상대국에 대한 여론조사를 실시해 오고 있는 한국의 동아시아연구원과 일본의 언론NPO는 2015년 5월 제3회 '한일공동인식조사' 결과를 발표하였습니다. 한일 양국 국민 약 2,000명을 대상으로 실시한 여론조사에서 현재의 한일관계가 나쁘다고 응답한 한국 국민은 2013년에 비해 10.9% 증가한 78.3%였고, 일본국민은 10.3% 증가한 65.4%였습니다. 한일관계의 발전을 방해하는 요인으로 양국 국민 모두 독도 문제를 첫손에 꼽았습니다. 그러나 영토문제에 대한 해결책을 묻는 설문에서 한국국민들은 첫 번째로 '양국의 대화를 통한 평화적 해결'을 꼽았지만 일본 국민은 '국제사법재판소 제소'를 첫손에 꼽았습니다.

위와 같은 결과를 놓고 보면 한국 국민들은 예전부터 현재까지 독도 문제를 한일 양국관계에서 첫 번째로 해결하여야 할 문제로 생각하고 있음을 알 수 있습니다. 일본국민들은 한국국민에 비해 상대적으로 독도 문제를 크게 생각하고 있지 않다가 2012년 8월 이명박 대통령의 독도 방문을 계기로 독도에 대한 인식이 높아졌음을 알 수 있습니다. 또한 한국국민들처럼 독도 문제를 식민지 지배와 관련이 있는 '역사 문제'로 생각하기보다는 단순한 '영토 문제'로 생각하면서 러시아와의 북방4도 문제, 중국과의 센카쿠열도 문제 등과 같은 형태로 인식하고 있었습니다.

문제 해결을 위해 어떤 노력을 해야 할까?

일본이 오래전부터 주장해 온 독도 문제 해법은 '국제사법재판소에 의뢰하는 것'으로 1954년, 1962년, 2012년, 이와 같은 제안을 계속 해오고 있습니다. 국제법상 분쟁에 대한 국제사법재판소 회부는 당사국 모두가 승낙해야 재판을 할 수 있기 때문에 한국이 응하지 않는 한 불가능합니다. 한국은 독도가 한국의 영토이고 독도 문제를 식민지배 역사와 관련 있는 '역사 문제'로 보고 있기 때문에 국제사법재판소에 판단을 맡기는 것은 전혀 고려하고 있지 않습니다.

2005년 3월 시마네 현의 '다케시마의 날' 조례제정 이후 한국과 일본에서 독도 문제로 갈등이 고조되자 당시 노무현 대통령은 '최근 한일관계에 대한 특별담화'(2006.4.25.)를 통해 독도 문제에 대한 한국의 기본입장을 다음과 같이 명확하게 밝혔습니다.

"존경하는 국민 여러분, 독도는 우리 땅입니다. (중략) 독도는 일본의 한반도 침탈 과정에서 가장 먼저 병탄된 역사의 땅입니다. 일본이 러일전쟁 중에 전쟁 수행을 목적으로 편입하고 점령했던 땅입니다. (중략) 지금 일본이 독도에 대한 권리를 주장하는 것은 제국주의 침략전쟁에 의한 점령지 권리, 나아가서는 과거 식민지 영토권을 주장하는 것입니다. 이것은 한국의 완전한 해방과 독립을 부정하는 행위입니다. (중략) 우리에게 독도는 단순히 조그만 섬에 대한 영유권의 문제가 아니라 일본과의 관계에서 잘못된 역사의 청산과 완전한 주권확립을 상징하는 문제입니다."

한국은 독도에 대한 '실효적 지배'를 지속함으로써 독도가 한국의 영토라는 인식을 계속 심어주는 방법으로 독도 문제를 해결하려고 합니다. '실효적 지배'란 영토에 대해서 입법·사법·행정 등의 국가 권리를 평화적이고 지속적으로 행사하는 것을 말합니다. 일본인 69명이 '시마네 현 다케시마'에 본적을 두고 있지만 한국에서는 김성도 씨 부부가 실제로 거주하면서 경제활동을 하고 있습니다. 주민이 거주하고 경제활동을 지속하는 것은 실효적 지배의 중요한 증거가 됩니다.

▲ 독도에 설치된 투표소

영토문제는 양보나 타협의 가능성이 적은 문제입니다. 게다가 한국 측은 역사적 진실과 정의에 초점을 맞추고 있는 반면, 일본 측은 국제법적 사실과 증거에 초점을 맞추는 등 같은 층위의 고민을 하고 있지 않기 때문에 양국의 합의는 더욱 어렵습니다. 현재 한국 정부와 일본 정부가 제시하는 각각의 해법은 마치 평행선을 달리는 기차처럼 상대방의 의사를 존중하면서 갈등을 해결하기는 어려운 방법입니다.

양국의 지식인들은 독도 문제를 평화적으로 해결하기 위해 여러 가지 해법을 제시하였습니다. 2005년 3월 다케시마의 날 선포 이후 일본 『아사히 신문』의 논설주간인 와카미야 요시부미는 「독도와 다케시마, '우정도'로의 '몽상'」이라는 제목의 칼럼(2005.3.27.)에서 이렇게 말했습니다. "예를 들어, 독도를 한일공동관리로 할 수 있으면 좋겠지만, 이에 한국이 응하리라고는 생각지 않는다. 그렇다면 차라리 독도를 한국에 양보한다면 어떨까 하고 몽상을 해본다. 그 대신 한국은 이 결단을 높이 평가하여 독도를 '우정도'라고 부른다. 주변의 어업권을 장기간에 걸쳐 일본에도 인정해줄 것을 약속하고 (다른) 영토문제에 대해서 일본을 전면적으로 지원한다. FTA교섭 역시 단숨에 정리하여 한일제휴에 탄력을 붙인다."

와다 하루키 도쿄대학교 명예교수는 「동북아시아 영토 문제, 어떻게 해결할 것인가」(2013)에서 이렇게 주장하였습니다. "한국이 실효 지배하는 독도에 대한 주권 주장을 일본이 단념하는 것밖에는 다른 길이 없다. 이 결단은 빠르면 빠를수록 좋다. 전망이 없는 주장을 계속해서 한일관계, 일본인과 한국인의 감정을 점점 더 악화시키는 것은 어리석음의 극치이다. 한일 양국민의 이해와 조화를 이루기 위해 독도=다케시마 주변 해역의 어업에 시마네 현 어민이 참가하는 권리를 보장하는 것과 독도가 한국령이지만 이 바위섬을 경제수역의 기점으로 하지 않음을 합의해야 할 것이다."

위 주장들은 독도 문제를 해결할 수 있는 대안일 수도 있겠지만 일본 정부가 쉽사리 독도를 포기할 리도 없고 한국 정부가 독도 주변의 해역에서 일본 어선의 조업을 허가해 줄 리도 없기 때문에 현재로서는 '망상'에 가깝습니다. 평행선을 달리는 독도 문제는 정말 해법이 없는 것일까요?

이런 상황에서는 먼저 상대방의 생각을 이해하는 것이 필요합니다. 2015년 제3회 '한일공동인식조사'에서 '한국과 일본의 역사 문제와 관련하여 어떠한 문제를 해결하는 것이 중요하다고 생각합니까?'라는 질문이 있었습니다. 이에 대해 한국은 '일본의 과거사에 대한 반성', '일본 역사교과서 문제', '침략전쟁에 대한 일본의 인식', '일본군위안부에 대한 인식' 등을 많이 거론하였습니다. 일본은 '한국의 반일교육', '일본의 역사 문제에 대한 한국인의 과도한 반일행동'을 문제 해결의 우선순위로 선택하였습니다.

　이 결과를 보면 일본국민들은 한국국민들이 겉으로 드러내는 반일행동에는 반감을 갖고 있으면서도 왜 일본에 대해 반일행동을 하는지에 대해서는 깊이 고민하는 것 같지 않습니다. 한편 한국국민들도 일본의 과거사에 대한 반성이나 침략전쟁에 대한 인식이 낮다고 생각하면서 그들이 왜 그런 생각을 갖게되었는지에 대해 깊이 고민하는 모습은 보이지 않습니다. 평행선을 치닫고 있는 독도 문제에 대해서도 한일 양국은 왜 상대방이 '역사 문제', '영토 문제'로 생각하는지를 알아보려는 노력을먼저 해야 할 것입니다. 서로의 입장을 이해해야 대화가 가능하고, 대화가 가능해야 해결의 실마리가 보이기 때문입니다.

　결국 정부가 나서서 문제를 해결하려고 하기보다는 한일양국이 지향하는 평화 공존의 가치를 훼손시키지 않으면서 민간 차원에서 양측의 인식차이에 대한 의견을 교환하고, 서로를알아가려는 노력을 해야 합니다. 양국 모두 지나친 민족주의적, 애국주의적 관점과 주장은 시민사회의 감정과 여론을 악화시키고 극우세력을 더욱더 자극하는 도구로 활용되어 문제 해결에 도움이 되지 않는다는 사실도 알려야 합니다. 특히 일본에는 '독도-다케시마'문제가 장기화될수록 시마네 현 어민들의이익과는 거리가 멀어진다는 사실과 한국인들이 왜 이 문제를

역사적 문제로 인식하고 있는지 알려
야 할 것입니다.

▲ 『마주 보는 한일사』

　　양국의 양심적인 학자와 교사들
사이의 다양한 연구와 학술적 교류도
중요합니다. 당장은 여론에 직접적으
로 영향을 끼치지 못하더라도 공동의
논의 기반을 마련하기 위해 객관적인
연구의 축적과 토론이 계속되어야 합니다. 2014년 한일 양국
의 교사들이 주축이 되어 발간한 한일역사공동교재(『마주 보는
한일사 3』)에 실린 「독도와 다케시마」 원고는 양국의 교사들이
이메일만 40번 이상 주고받으며 7년 넘게 썼다 고치기를 반복
하면서 공동으로 완성하였습니다. 필자들은 기존의 연구결과
와 교사들의 의견을 들어가면서 문제의 해결방안을 찾아보려
고 노력하였지만 영토귀속에 대한 서로의 입장 차이를 좁히기
가 어려웠습니다. 따라서 성급하게 해결방안을 제시하기보다
현재 양국의 주장과 첨예하게 대립하고 있는 지점을 밝혀 두
나라 주장의 차이점은 무엇이고 왜 그런 차이가 생겨났는지
를 알리는 것이 이후 발전적인 해법이 나오는 데 도움이 될 것
이라는 데 의견 일치를 보았습니다. 서로의 입장과 차이를 정
확하게 인식하는 것에서부터 논의를 시작할 수 있을 것이라고
생각했기 때문입니다.

　　일본 교과서에 독도 관련 내용이 포함된 것에 대해서도

냉정하게 대응할 필요가 있습니다. 2011년 이후 독도 기술이 모든 교과서에 들어간 만큼 왜곡 교과서 불채택운동을 전개하는 것은 현실적으로 불가능합니다. 지난 2011년 교과서 검정이 통과될 때 교과서 문제를 비판하면서도 동일본 대지진으로 피해를 입은 일본에 대한 지원은 계속하였듯이 성숙한 시민의식을 보여준다면 일본 시민들의 자발적 인식변화를 유도할 수도 있습니다.

2015년 여론조사에서 현재의 한일관계에 대해 물었을 때 일본국민의 65.4%, 한국국민의 78.3%가 '나쁘다'고 응답하였지만 '한일관계가 어느 정도 중요한가' 하는 질문에 대해서는 일본국민의 65.3%, 한국국민의 87.4%가 '중요하다'고 응답하였습니다. 이와 같이 양국 국민들은 상대국에 대해 좋지 않은 감정을 갖고 있으면서도 미래의 한일관계를 위해 문제를 해결해야 한다는 생각도 갖고 있습니다. 따라서 독도 문제는 이제 독도가 어느 나라 영토인지를 규명하는 것에 앞서 이 문제를 '어떻게 하면 슬기롭게 극복해 나갈 수 있을까'에 초점을 맞춰 해결을 모색해야 할 것입니다. 한일 양국의 갈등해소는 미래 한일관계뿐만 아니라 동아시아 평화와 번영에도 커다란 영향을 미친다는 인식을 바탕으로 양국의 지식인, 시민사회가 협력하여 충분히 논의한다면 독도 문제를 지금과는 다른 차원에서 바라볼 수 있을 것입니다.

1900.10.24.	대한제국 칙령 제41호, 울릉도와 독도를 대한제국의 영토로 정식 공포.
1905.2.22.	시마네 현 고시 제40호, 일본이 독도 편입을 일방적으로 고지.
1945.8.	제2차세계대전 종전.
1946.1.	연합군총사령부 각서(SCAPIN) 제677호 - 독도의 한국령 표기, 일본의 영토와 주권행사 범위를 설정한 규정과 지도 포함.
1946.6.	연합군총사령부 각서(SCAPIN) 제1033호. 일본인의 어업과 포경업의 허가구역(맥아더 라인), 독도 주변 접근금지 명문화.
1952.1.	'대한민국 인접해양의 주권에 대한 대통령 선언(이승만 라인)' 선포. 독도를 한국령으로 공포.
1952.4.	샌프란시스코 강화조약 발효. 조약문에서 일본이 포기해야 하는 영토 조항 중 독도가 빠짐.
1954.9.	일본 정부가 독도영유권 문제를 국제사법재판소에 회부할 것을 제안, 한국 정부 거부.
1965.1.	독도밀약 합의. 한국 정부와 일본 정부는 공식적으로 밀약 사실을 인정하지 않고 있음.
1965.6.	어업에 관한 협정(어업협정)을 포함한 한일협정 체결.
1998.11.	한일 간 신한일어업협정 체결. 1982년 UN해양법 협약 제정 이후 1996년 한국과 일본이 해양법 협약에 비준한 이래 새롭게 체결한 어업협정.
2005.3.	일본 시마네 현 '독도의 날(2월 22일)' 조례 제정.
2006.4.	노무현 대통령 '최근 한일관계에 대한 특별담화' 발표. 독도문제에 대한 한국의 기본입장 천명.
2012.8.	이명박 대통령 독도 방문.

쟁점9

: 역사교과서

왜곡된
역사교과서로
강요하는 애국심

알고 있나요?

관동대지진
1923년 9월 1일 도쿄를 중심으로 한 관동지방에서 발생한 지진. 리히터규모 7.0이 넘는 강진이 점심시간인 12시경 몇 차례에 걸쳐 발생하였고 화재가 동반되었다. 이로 인해 15만 명이 넘는 사망자가 발생하고 주택 20만 채 이상이 파괴되거나 반파되었다.

2012년 8월 일본 지바 현의 한 고등학교에서 한국인 교사가 일본학생들과 함께 특별 수업을 했습니다. 한국인 교사가 물었습니다. "1923년 관동대지진°을 알고 있지요?" 일본학생들이 40만 명의 희생자가 발생한 이 참사를 모를 리는 없었습니다. "그럼 그때 6,000명이 넘는 한국인들이 학살당한 사실도 알고 있나요?" 학생들은 처음 듣는 소리라는 표정을 지었습니다. 대지진으로 인해 흉흉해진 민심을 무마하기 위해 일본 정부가 "한국인들이 폭도로 변해 우물에 독을 풀고 방화와 약탈을 하면서 일본인들을 습격하고 있다."라는 유언비어를 퍼뜨리고, 주민들 스스로 조직한 자경단이 한국인을 무차별 학살한 사실은 일본학생들에게 낯선 역사였습니다.

2013년 10월 서울의 한 고등학교에서 일본인 교사가 한국학생들에게 물었습니다. "1945년 히로시마의 원자폭탄 투하를 어떻게 생각하나요?" "제2차세계대전이 끝나게 된 계기요." 학생들이 대답했습니다. "그럼 이 사건으로 20만 명이 죽고 그 중 2만 명은 조선인이었다는 것도 알고 있나요?" 학생들은 어리둥절해서 서로를 쳐다봤습니다. 선생님은 이야기를 이어갔습니다. "원폭피해자의 후손들은 지금도 고통을 받으면서 살고 있어요. 한국의 합천에는 그런 피해자들이 많이 모여 살고요." 수업이 끝날 무렵 학생들 사이에는 "전쟁의 피해자는 결국 민간인일 수밖에 없다."라는 공감이 퍼졌습니다.

2014년 한국과 일본의 교사들은 12년간의 교류활동 끝에 한일역사공동교재를 출간했습니다. 양국을 오가며 회의하기를 수십 번, 이메일로 원고를 주고받으면서 검토하고 수정한 것은 횟수를 헤아릴 수도 없습니다. 공동교재에서 일본군위안부는 '인간에 대한 국가의 전쟁범죄'라고 규정하고 사죄와 반성, 배상이 있어야 한다는 데 의견일치를 보았습니다. 양국의 의견이 가장 엇갈렸던 '독도'는 수십 번의 만남과 원고수정 끝에 서로의 주장을 각각 제시하는 것으로 합의를 보았습니다. 기획과 집필에 참여한 한국인 교사는 이 교재에 대해 "두 나라의 시각이 상반되는 역사적 사실을 중심으로 양국이 처한 시대적 상황과 시각을 보여주는 교재"라고 하였고 이를 통해 "한일 양국의 학생들이 자국의 시각에서 벗어나 인권과 평화의 측면에서 동아시아, 더 넓게는 세계시민으로서 역사를 바라보고 교훈을 얻길 바란다."라고 했습니다.

2015년 4월 집필에 참가한 한국인 교사가 일본군위안부 원고를 바탕으로 한국 고등학생들에게 수업을 하였습니다. 수업에 앞서 일본에 대한 이미지를 묻는 교사의 질문에 학생들은 "일본에 혐오감이 든다. 일본 사람들은 정말 뻔뻔하다. 쓰레기 같다."라고 했습니다. 수업이 끝난 후에는 "일본이 아니라 일본 정부를 비판해야 하는 것을 알았다.", "수요시위에 참여하고 홈페이지에 응원의 글을 남기는 등 내가 할 수 있는 일이 있다는 것을 알았다.", "단순히 과거의 일을 해결하는 것이 아니라 인권과 관계되는 일이므로 세계가 알아야 한다."라는 감상을 남겼습니다.

양국 교사들이 오랜 시간에 걸쳐 이와 같은 작업을 한 데에는 일본의 '교과서 공격*'이 극에 달했던 2001년 일본 후소샤에서 역사적 사실을 왜곡한 교과서가 출간된 것이 계기가 되었습니다. 일본학생들이 역사를 통해 자부심과 애국심을 갖기를 바란다면서 만든 교과서였지만 왜곡된 정보와 잘못된 시각으로 역사를 서술하여 학생들이 비뚤어진 역사인식을 갖게 될 우려가 있었기 때문입니다. 2011년에는 또 다른 왜곡 교과서가 등장하고 일본의 우익정치인들이 이 교과서 채택에 압력을 행사하는 등 교과서를 통한 일본의 우경화* 정책은 점점 더 심해지고 있습니다. 2012년 아베 신조 내각이 들어선 이후 새롭게 검정을 통과한 교과서들은 동아시아의 평화와 안정보다는 한국과 중국 등 주변국과의 갈등을 심화시키고 있습니다.

교과서 공격
일본의 우익세력이 제국주의 시기 일본이 저지른 침략의 역사를 정당화하고 미화하기 위해 우익정치인들과 문부과학성의 교과서 검정제도를 이용하여 출판사와 교과서 저자에게 압력을 가하여 교과서 서술을 왜곡하려는 일련의 시도들을 말한다.

우경화
보수세력의 목소리가 높아지는 현상. 일본의 우경화는 일본이 저지른 과거 침략의 역사를 정당화하거나 미화하는 경향으로 나아가고 있다.

일본의 '교과서 공격'은 어떻게 진행되었을까?

1955년 8월 당시 여당이었던 민주당이 『うれうべき教科書の問題(걱정스러운 교과서 문제)』라는 소책자를 발행하면서 첫 번째 교과서 공격이 시작되었습니다. 소책자에서는 당시 사용 중이던 사회과 교과서가 소련과 중국을 찬미하고, 공산주의 사상을 고취시킨다고 비판하면서 일본교직원조합(일교조, 日敎組)이 학교현장에서 편향된 교과서로 좌편향적 정치 교육을 하고 있다고 주장하였습니다. 1956년 문부과학성은 학교용 교과서를 심사하는 검정제도를 강화하였고, '태평양전쟁에 대해서 일본의 나쁜 면은 많이 쓰지 말고, 그게 진실이라고 해도 로맨틱하게 표현할 것'이라고 하면서 기존의 교과서들을 대거 탈락시켰습니다. 이에 영향을 받은 교과서 집필자들은 '중일전쟁'을 서술하면서 '일본이 침략했다.'를 '중국에 진출했다.'로 바꾸는 등, 1950년대 후반부터 초·중·고등학교 사회과 교과서 기술이 현저하게 달라졌습니다. 게다가 1963년 초·중학교 교과서를 무상화하면서 학교별로 교과서를 채택하던 방식을 전국적으로 약 500개인 시·군 규모의 광역 채택 방식으로 변경함에 따라 현장 교사가 교과서를 선택할 권리를 빼앗았습니다.

1972년 중일국교회복과 '중일공동선언'으로 잠깐 역사교과서의 침략전쟁 서술이 개선되는 조짐을 보이기도 했지만, 1979년 또다시 집권여당인 자민당이 『걱정스러운 교과서 문제』 개정판을 발행하면서 제2차 교과서 공격이 시작되었습니다. 자민당은 1980년 1월 기관지『자유신보』에 「지금 교과서는-교육정상화를 위한 제언」이라는 연재기사를 싣고, 7월 오쿠노 법무대신이 '현재 교과서는 나라를 사랑한다는 말을 피하고 있는 등 큰 문제가 있다.'라는 내용의 기자회견을 하면서 공격을 점점 확대해 나갔습니다.

1982년 6월 고등학교 교과서 검정결과는 국제적인 외교문제로 비화하였습니다. 이때의 교과서는 8·15해방에 대해서 "일본이 지배권을 상실했다."로 표현하고, '침략'을 '진출'로, '수탈'을 '양도'로, '3·1운동'을 '데모와 폭동'으로, 강압적인 신사 참배는 '신사 참배도 장려되었다.'로 왜곡하여 기술하였습니다. 한국 정부의 항의가 잇따르자 7월 국토청 장관은 "한국의 역사교과서에도 오류가 있는 것 같다. 예를 들면 한일합병의 경우 한국에서는 일본이 침략한 것으로 되어있는 듯하지만 한국의 당시 정세 등을 고려하면 어느 쪽이 올바른 것인지 알 수 없다."라고 하였습니다. 또한 "한국이 일본의 교과서 기술 내용에 관해 주문을 달고 있다는 신문보도가 있으나 경우에 따라서는 내정간섭이 된다고 생각한다."라고 하여 한일관계가 긴장국면을 맞기도 했습니다.

일본 정부는 교과서 왜곡과 정치가들의 망언으로 국제적 비판여론이 고조되자 1982년 11월 교과서 검정기준에 "근린 아시아 여러 나라와의 사이에 있었던 근현대 역사적 현상을 다룰 때는 국제적 이해와 협조의 견지에서 필요한 배려를 하도록 한다."라는 조항(이른바 '근린제국조항')을 추가하여 교과서 기술의 기준으로 삼았습니다. 근린제국조항을 근거로 이후 발행된 교과서에는 '침략'이라는 표현이 부활하였고, '난징대학살'이 기술되었습니다.

1991년 자민당은 안전보장문제간담회에서 자위대를 '전쟁이 가능한 군대'로 만들기 위해 국민의 역사인식을 바꾸고 국가에 대해 긍지를 갖게 해야 한다고 주장하였습니다. 이를 위해서 교과서의 수정이 필요하다고 생각한 자민당은 1993년 '역사검토위원회'를 통해 교과서를 비판하고 시정을 요구하면서 또다시 교과서 공격을 시작했습니다.

특히 1993년 일본군위안부 제도 운영에 일본 정부와 일본군의 관여를 인정한 '고노담화'의 발표, 1995년 식민지배와 침략에 대한 사죄와 반성을 담은 무라야마 담화의 발표 등으로 중·고등학교 교과서에 일본군위안부 문제가 기술되고, 검정 과정에서의 과도한 정부 개입에 대해 법원이 최종 위법 판결을 내리자 우익세력들은 긴장하기 시작했습니다.

정치권에서도 1955년부터 독주해온 자민당의 일당체제가 끝나고 1993년에 비자민당 연립정부가 들어서자 우익정치인들은 자신들의 의도대로 정치를 이끌어갈 수 없고 국민의 역사인식을 바꾸려는 시도가 어려워졌다는 판단 아래 공세를 강화하였습니다. 우익세력들은 자민당 소속 국회의원들을 중심

난징대학살
중일전쟁 당시 중화민국의 수도였던 난징을 점령한 일본군이 민간인을 무차별 학살한 사건. 1937년 12월 중순부터 1938년 2월 초까지 약 6주간에 걸쳐 30만 명이 넘는 중국 민간인이 무참히 학살되었다.

으로 자신들의 입맛에 맞는 교과서로 수정하기 위한 다양한 단체를 조직하였고, 1996년 12월에는 '새로운 역사교과서를 만드는 모임(이하 새역모)'을 결성하였습니다. 새역모는 기존 교과서의 내용을 수정하는 것을 넘어 의무교육단계인 중학교 학생들에게 아예 자신들의 역사인식을 담은 교과서를 만들어 교육하기 위해 결성된 단체입니다.

'새로운 역사교과서를 만드는 모임'이란?

1986년 천황 중심의 일본을 꿈꾸고 평화헌법을 개정하여 재무장 조항을 삽입하려는 '일본을 지키는 국민회의'가 고등학교 교과서인 『신편 일본사』를 제작하였습니다. '한일병합'의 강제성을 부인하고 창씨개명과 신사참배를 강요한 사실을 삭제하는 등 일제강점기 침략사실을 왜곡·은폐한 교과서였습니다. 그러나 전국에서 0.6%인 8,000부만 채택되어 고등학생의 역사인식을 왜곡하려는 시도는 실패로 끝났습니다.

1993년 8월 조직한 자민당의 '역사검토위원회'는 "① 대동아전쟁*(아시아·태평양전쟁)은 침략전쟁이 아니라 아시아 해방을 위한 전쟁이었다. ② 난징대학살, 위안부 등 가해는 허구이다. ③ 최근의 교과서에는 있지도 않은 침략과 가해를 기술하고 있기 때문에 새로운 '교과서 싸움'이 필요하다. ④ ①·②와 같은 역사인식을 국민의 공통인식, 상식으로 만들기 위해서는

대동아전쟁
제국주의 시기 일본은 '아시아·태평양전쟁'을 '대동아전쟁'이라고 불렀다. 동아시아 지역을 유럽과 미국의 식민지배로부터 해방시키고 동아시아의 질서를 새롭게 건설한다는 명목을 내세워, 침략전쟁을 정당화하려는 의도가 담긴 이름이다.

학자를 이용해 '국민운동'을 전개할 필요가 있다."라고 주장하면서 기존의 교과서를 비판하기 시작하였습니다.

'국민운동'을 이끈 중심은 당시 일본군위안부나 난징대학살을 비롯한 가해사실을 '반일적·자학적·암흑적'이라고 비방하면서 '교과서에서 삭제하라'고 주장하던 '자유주의사관 연구회'였습니다. 이들의 운동이 1996년 12월 '새역모' 결성으로 귀결되었습니다. 2001년 후소샤 교과서 검정 통과 후 새역모는 성명을 통해 "1996년 중학교 역사교과서에 '종군위안부'의 기술이 등장한 사실은 의식 있는 국민에게 역사교과서의 비상식 정도가 극에 달했다는 것을 깨닫게 해주었다. 우리 모임이 등장한 것은 그런 상황이었다."라고 등장 배경을 밝혔습니다.

그러나 역사교과서를 새로 만들겠다고 나선 새역모의 중심인물들은 정작 역사연구자들이 아니었습니다. 회장 니시오 간지는 독일문학 전공자, 당시 자유주의 사관의 전도사 역할을 한 후지오카 노부카쓰는 교육학 전공자였고, 우익이념을 전파하며 선전 역할을 맡은 고바야시 요시노리는 만화가였습니다. 초기 구성원들 중 역사전공자는 단 한 명으로, 나머지 회원들은 대부분 국제정치학자, 변호사, 기업인 등이었습니다.

새역모 설립 이후 이들은 강연회와 심포지엄, 『쇼쿤(諸君)』, 『세이론(正論)』, 『분게이슌주(文藝春秋)』, 『SAPIO』 같은 우익계열 잡지와 『국민의 역사』 같은 출판물, 『산케이신문』 등을 통해 "현재의 교과서는 자학적이다. 일본인의 긍지를 되찾기 위한 교과서가 필요하다. 일본군위안부·난징대학살의 기술은 교과서에서 삭제되어야 한다. 일본역사는 위대하다."라고 선동에 가까운 주장을 끊임없이 선전하면서 일본군위안부의 교과서 기술 삭제를 위한 진정과 청원을 지속해왔습니다.

새역모는 우익세력의 적극적인 지지를 받으면서 세력을 키웠습니다. 자민당 내부에서는 1996년 '밝은 일본 국회의원 연맹', 1997년 '일본의 앞날과 역사교육을 생각하는 젊은 의원 모임' 등을 잇달아 결성하여 정부와 문부과학성에 정치적 압력을 행사하고 있습니다. 또한 당파를 초월하여 '일본회의 국회의원 간담회', '역사교과서 문제를 생각하는 모임' 등을 조직하여 지원했습니다. 극우 보수 성향을 띠고 있는 『산케이신문』과 극우파 잡지 등 언론은 새역모에 유리한 기사를 게재하며 자신들에게 유리한 여론을 조성하려 하였습니다. 새역모 기관지 『사(史)』에 게재된 명단을 보면 새역모를 지지하는 임원은 미쓰비시 중공업이나 스미토모 기업 등 일본 유수의 기업 대표나 임원을 역임한 사람들입니다. 이것으로 보아 기업체의 지원도 상당할 것으로 보입니다.

'새로운 역사교과서'는 어떻게 제작되었을까?

새역모는 중학교용 교과서 제작을 목표로 하였습니다. 그 이유는 첫째, 고등학교 교과서로 출간했던 『신편 일본사』가 검정은 통과했지만 학교에서 채택되지 못했기 때문입니다. 고등학교는 각 학교별 교과서 채택제도를 취하고 있어서 실제로 교사들이 『신편 일본사』를 선정하지 않았습니다. 둘째, 중학교 교과서는 고등학교 교과서에 비해 학문적 비판에서 상대적으로 자유롭다고 생각했고 검정 교과서 채택권한이 개별학교가 아니라 각 자치단체의 교육위원회에 있기 때문에 우익 정치인들과 언론 등을 통해 다각도로 압력을 행사할 수 있다고 판단했기 때문입니다.

새역모는 1997년 1월 발기인 성명에서 당시 사용 중이던 중학교 역사교과서를 "일본 근현대사 전체를 범죄의 역사로 단죄"한 자학사관으로 기술된 교과서라고 성토하였습니다. 그리고 "자국의 정사(正史)를 회복하기 위해 다음 세대에 자신 있게 전할 수 있는 양식 있는 역사교과서를 작성하여 제공"하겠다고 발표하였습니다.

2000년 4월 이들은 후소샤(扶桑社) 출판사를 통해 역사와 공민 두 과목의 교과서를 발행했습니다. 이 역사교과서가 바로 '새로운 역사교과서'입니다. 역사교과서의 경우 검정 신청본에서 무려 137곳이나 되는 오류에 대해 수정을 거친 '누더기' 교과서였음에도 불구하고 우익들의 지지와 정치인들의 압력에 힘입어 2001년 문부성의 검정을 통과하였습니다. 그러나 일본은 물론 한국과 중국까지 가세한 안팎의 거센 비판과 시민·학자들의 연대활동에 직면하여 채택률 0.039%(전국에서 13개교 채

▲ 후소샤 역사교과서 시판본

2001년 검정 통과된 후소샤 역사교과서의 시판본.

▲ 후소샤 역사교과서 개정판

2000년 4월 처음 발행된 새로운 역사교과서의 개정판.

▲ 지유샤 역사교과서

새역모가 후소샤와 결별한 후 지유샤에서 발간한 역사교과서.(2012년 판)

택)라는 저조한 성과에 그쳤습니다.

채택률 10%를 목표로 제작했던 2001년 검정 역사교과서가 학교에서 외면당하자 새역모는 큰 충격을 받았습니다. 2005년도 검정교과서도 0.39%의 저조한 채택률을 보이자 후소샤는 재정 악화로 더 이상 왜곡교과서를 출판할 수 없다는 입장을 밝혔습니다. 새역모는 저조한 채택률과 출판 중지의 책임을 묻는 과정에서 둘로 갈라졌습니다. 새역모의 지속을 주장한 세력은 후소샤와 결별하고 지유샤(自由社)를 새로운 파트너로 삼아 계속해서 교과서를 출간하였고, 새역모의 재편을 주장하며 결별한 세력은 2007년 이쿠호샤(育鵬社)에서 또 다른 왜곡 교과서를 출간하였습니다.

이쿠호샤

보수 우익계 신문인 『산케이신문』 계열인 후지TV가 재정을 지원한 출판사.

2016년 현재 새역모 계열 교과서는 새역모가 후소샤와
결별한 후 지유샤에서 발간하는 교과서 1종, 새역모와 결별한
'일본교육재생기구'와 '교과서개선모임'이 이쿠호샤에서 발간
한 교과서 1종이 발행되고 있습니다. 새역모 계열 역사교과서
의 채택률은 2001년 0.039%, 2005년 0.39%, 2009년 1.7%,
2012년 3.8%, 2015년 약 6.4%로 다른 교과서에 비해 낮은 편
이지만 점점 채택률이 증가하는 추세입니다.

새역모 계열 교과서 등장 이후 중학교 역사교과서 채택률의 변화(단위: %)

검정연도	도쿄서적	교육출판	제국서원	일본문교출판	오사카서적	일본서적신사	청수서원	마나비샤	후소샤	이쿠호샤	지유샤
2001	51.3	13.0	10.9	2.3	14.0	5.9	2.5		0.039		
2005	51.2	11.8	14.2	1.4	15.4	3.1	2.4		0.39		
2009	50.5	11.4	14.0	17.0		3.1	2.3		0.6		1.1
2012	52.8	14.6	14.1	12.6			2.1			3.7	0.1
2015	51.0	14.1	17.9	9.4			0.8	0.5		6.3	0.05

(출판노련 「교과서리포트」 참고. 붉은색이 새역모 계열 교과서.)

새역모 계열 역사교과서의 채택률이 높아지고 있는 첫 번
째 이유는 일본사회가 보수화되고 있기 때문입니다. 특히 국기
국가법(1999), 교육기본법(2006) 등 법률제정을 통해 국기(히노
마루)와 국가(기미가요)에 대한 사랑, 전통문화에 대한 교육 강조
라는 미명 아래 과거 제국주의 침략을 미화하면서 애국심을 강
요하는 등 교육현장에서의 보수화 경향이 두드러지고 있습니

남쿠릴열도
일본과 러시아는 1875년 일본
이 사할린 영유권을 러시아에
넘기는 대신 쿠릴열도의 모든
영유권을 갖기로 조약을 맺었
다. 그러나 1905년 러일전쟁에
승리한 일본은 북위 50도 이하
의 사할린남부를 차지했다. 이
후 1945년 일본이 패전하자 러
시아는 일본이 차지했던 사할
린남부와 함께 남쿠릴열도까
지 점령하였다. 일본은 원래 자
국의 영토인 남쿠릴열도를 패
전으로 인해 러시아에 강탈당
했다고 주장하고 있다. 하지만
러시아는 이전까지의 역사로
볼 때 남쿠릴열도가 반드시 일
본 고유의 영토는 아니었다는
입장이다.

다. 또한 2012년 8월 이명박 대통령의 독도 방문에 더하여 11월 메드베데프 러시아 대통령의 남쿠릴열도˚ 방문은 일본의 영토였던 남쿠릴열도가 패전으로 인해 부당하게 러시아에 강탈당했다는, 전쟁에 대한 일본인들의 피해 의식을 자극하면서 비뚤어진 애국심을 강요하는 분위기가 조성되었습니다. 게다가 2011년 3월 동일본대지진이 발생함에 따라 위기극복을 위한 '국민통합'이 강조되면서 국가에 대한 정당한 비판조차 어려워진 측면이 있습니다.

두 번째 이유는 교과서 채택권한이 교육위원회(한국의 교육청에 해당)에 있기 때문입니다. 한국이 학교 교사와 학부모를 중심으로 한 운영위원회에서 교과서를 채택하는 것과 달리 일본은 초·중학교 교과서를 학교 단위가 아니라 교육위원회에서 채택하여 학교로 통보합니다. 그래서 교육현장의 목소리는 배제되고 지자체 단체장이 임명하는 교육위원회 위원장과 위원들의 성향에 따라 교과서가 결정됩니다. 2012년 이쿠호샤 교과서의 채택률이 이전 지유샤 교과서에 비해 4배 가까이 증가한 이유도 도쿄를 제외하고 시 단위에서 인구가 가장 많은(2015년 현재 약 372만 명) 요코하마 시가 18개 채택지구를 1개로 단일화하여 한꺼번에 이쿠호샤 교과서를 채택했기 때문입니다.

세 번째 이유는 새역모 계열의 교과서들이 2001년 이후 3번의 검정을 거치면서 교과서로서의 수준을 갖춰가고 있기 때문입니다. 이들은 문부성의 검정기준을 어느 정도 지키면서 자신들의 역사인식을 교묘하게 드러내는 서술로 검정을 통과하고 있습니다. 교과서 집필자들은 검정 과정에서의 의견을 반영하여 난징대학살, 황민화정책, 강제동원 등 침략전쟁과 식민지배로 인한 가해 사실을 기술하고는 있지만 '침략전쟁과 식민지배에 대한 정당화'라는 틀을 유지하면서 가해 사실을 최소화하거나 애매한 단어를 사용하여 기술하고 있습니다.

새역모 계열과 다른 교과서의 내용을 비교해 보면 구체적인 사실의 기술과 서술 분량에 많은 차이가 있음을 알 수 있습니다.

새역모 계열 교과서의 문제점은 무엇일까?

새역모는 2001년판 『새로운 역사교과서』의 서문에서 역사를 배우는 이유에 대해서 이렇게 주장하고 있습니다. "역사를 배운다는 것은 현 시대를 기준으로 과거의 부정과 불공평을 판결하거나 고발하는 것과는 다르다. 과거 각각의 시대에는 그 시대 나름의 선악이 있고, 특유의 선악이 있고, 특유의 행복이 있다.", "역사를 선악에 꿰어 맞춰 현재의 도덕으로 판결하는 재판의 장으로 만드는 일도 그만두자." 2005년판에서 일본은 "구미열강제국의 힘이 동아시아를 삼키려고 한 근대" 이후 여러 외국과의 긴장과 마찰을 수반한 험한 역사 속에서 근대국가를 이루고 독립을 지켜왔다고 하였습니다.

일제강점기 조선인 강제동원에 대한 교과서 기술 비교

○ 새역모 계열인 〈이쿠호샤 교과서〉

"전쟁 말기에는 조선과 타이완에도 징병과 징용이 적용되어 사람들에게 고통을 강요하였습니다. 일본의 광산 등으로 끌려가서 가혹한 노동을 강요당한 조선인과 중국인도 있었습니다."(2015년판, 218쪽)

○과거 역사에 대한 반성을 촉구하는 교사들이 제작하여 출판한 〈마나비샤 교과서〉

"전쟁이 장기화되면서 일본 정부는 패전 때까지 약 70만 명의 조선인을 국내의 탄광 등에 보냈습니다. 장기간의 중노동으로 식사도 불충분했기 때문에 병에 걸리고 도망친 사람도 많았습니다. 또한 지원과 징병으로 다수의 사람들이 일본군으로 동원되었습니다. 군속으로 일본의 점령지에 있는 포로수용소의 감시인이나 공사작업을 명령받기도 했습니다. 조선인은 군인 20만 명 이상, 군속 약 15만 명, 타이완인은 군인 약 8만 명, 군속 약 12만 명이 넘었습니다. 한편 조선과 타이완의 젊은 여성들 중에는 전쟁터에 끌려간 사람들도 있었습니다. 이 여성들은 일본군과 함께 이동해야 했고 자신의 의사대로 행동할 수 없었습니다."(2015년판, 239쪽)

역사를 철저하게 과거의 입장에서 당시 사람들이 행하고 생각했던 것을 중심으로 파악해야 한다는 이러한 주장은 과거 침략의 역사를 당시 시대흐름에서 어쩔 수 없이 이루어진 일로 정당화하기 위한 논리입니다. 일본이 근대에 이웃 나라를 침략하고 전쟁을 일으킨 것에 대해 현재의 기준으로 비판하는 것은 온당치 못하니 과거 침략전쟁을 일으켰다는 죄의식에서 벗어나서 일본인의 자신감을 회복하자는 것입니다. 그러면서 과거 일본이 자행했던 역사상의 과오를 반성하고 비판적으로 계승하려는 역사연구 동향을 '자학사관'이라고 비판하고 있습니다.

2001년부터 시작된 새역모 계열 교과서는 학생들에게 자랑스러운 일본 역사를 가르친다는 미명 아래 주변 국가와 관련된 역사를 왜곡하거나 삭제하고 침략전쟁을 미화하였습니다. 2종의 새역모 계열 교과서가 출간된 해인 2012년판 교과서들의 아시아·태평양전쟁과 일본군위안부에 대한 서술만 보아도 이러한 의도를 충분히 알 수 있습니다.

아시아·태평양전쟁 중 일본의 침략과 관련한 부분을 보면, "첫 전투에서 일본의 승리는 동남아시아와 인도 사람들에게 독립에 대한 꿈과 희망을 주었다. 일본군의 파죽지세와 같은 진격은 현지사람들의 협력이 있었기 때문에 가능했다.", "백인에게 이길 수 없다고 포기했던 아시아 민족에게 경이로운 감동과 자신감을 주었다."(지유샤), "전쟁 초기 우리 나라(일본)의 승리는 동남아시아와 인도 사람들에게 독립에 대한 희망을 주었다."(이쿠호샤)라고 씌어 있습니다. 일본에 의한 침략전쟁은 일본인 300만 명, 아시아인 2000만 명 이상을 죽음으로 내몰았지만 이러한 전쟁에 대한 책임을 느끼기는커녕, '아시아 해방전쟁'으로 아시아 국가들에게 독립에 대한 희망을 주었다며 왜곡, 미화를 서슴지 않고 있는 것입니다.

일본군위안부에 대해서도 미국을 비롯한 각국 의회와 유엔인권위원회 등 국제사회가 반인륜범죄로 인정하고 학생들에게 가르쳐야 한다고 권고하였음에도 불구하고 '수치스러운 역사', '자학사관'이라는 자의적 판단 아래 다음과 같이 기술하고 있습니다.

"대동아전쟁(아시아·태평양전쟁)으로 (중략) 다수의 학생들이 근로동원되고 미혼여성은 여자정신대로서 공장에서 일하게 되었다. (중략) 조선반도와 타이완에서는 (중략) 전쟁 말기에 징병과 징용도 적용되어, 현지 사람들에게 여러모로 희생을 강요했다."(지유샤) "전쟁 말기에는 조선이나 타이완에서도 징병이나 징용이 적용되어 사람들에게 고통을 강요하게 되었다. 일본의 광산 등에 끌려와 혹독한 노동을 강요당한 조선인이나 중국인이 있었다."(이쿠호샤)

식민지 여성들이 일본군의 성노예로 강제동원되었고 비참한 삶을 살게 되었다는 표현은 어디에서도 찾아볼 수 없습니다.

새역모 계열 이외의 역사교과서는 괜찮을까?

2006년 9월 제1차 아베 신조 내각이 출범하였습니다. 아베 총리는 전후 최초로 '임기 중에 헌법을 개정하겠다.'라고 선언하고 교육기본법부터 개정하였습니다. 2006년 12월 개정된 교육기본법에서는 애국심 육성을 강조하였고, 학교현장에서 기미가요(일본 국가) 제창과 히노마루(일본 국기) 게양 시 기립 등을 강요할 수 있는 근거를 마련하였습니다. 2008년과 2009년에는 초·중·고『학습지도요령해설서』를 개정하면서 학교현장에서 독도 교육을 할 것을 명시하였습니다. 2014년 개정판『학습지도요령해설서』에서는 사회과 교과서에 '독도는 일본 고유의 영토'라는 것을 명기하고 '역사적 사실을 기술할 땐 정부의 통일된 견해를 따를 것'과 '독도 등 영토문제에선 일본 고유의 영토를 한국이 불법점거하고 있다는 내용을 포함시킬 것'을 주문하는 등 독도 교육 관련 지침을 더욱 구체화하였습니다. 2015년 1월에는 새로운 교과서 검정기준을 관보에 게시하면서 '정부의 통일적인 견해 또는 최고재판소의 판결이 있는 경우에는 그에 기초하여 기술할 것'이라고 명시하였습니다.

이와 같은 조치로 인해, 2015년 검정을 통과한 역사교과서 8종은 모두 독도를 '일본 고유의 영토'라고 표기하였고 일본 제국주의의 침략사실을 가능한 한 배제하거나 모호하게 표현하였습니다. 그 결과 과거 새역모 계열의 교과서처럼 노골적

『학습지도요령해설서』
일본 문부성이 발행하는 책자로 한국의 교육과정에 해당한다. 일본의 교과서 저자들은 검정교과서를 집필할 때 이것을 필수자료로 참고한다. 교사들이 학교현장에서 수업할 때 참고하는 주요자료이기도 하다.

으로 왜곡된 사실을 기술하진 않았지만 대다수 교과서들이 검정 기준에 맞춰 우익들의 입장을 대변하고 정부의 입장을 전폭적으로 반영하는 쪽으로 변모하였습니다.

임진왜란에 대한 서술을 보면 새역모 계열의 교과서(이쿠호샤, 지유샤)는 '조선출병'이라는 표현을 사용하여 노골적으로 침략성을 희석하고 있습니다. '조선침략'이라고 표현한 대부분의 다른 교과서도 실제 본문에서는 '조선에 군대를 파견하였다.'(도쿄서적), '15만 명의 병력을 조선으로 보냈다.'(교육출판)라고 하여 침략 사실을 모호하게 서술하고 있습니다.

1984년 청일전쟁에 대해서도 '조선이 러시아 등 구미열강의 세력하에 들어가면 자국(일본)의 안전이 위태롭게 된다는 위기감이 강해졌다. 그래서 조선을 세력하에 둔 청에 대항하기 위해 군사력 강화에 노력하였다.'(이쿠호샤), '열강의 아시아 진출에 대항하여 일본도 조선에 진출하지 않는다면 위험하다는 주장이 국내에 강해졌다.'(도쿄서적) 등 일본의 위기감으로 인해 전쟁을 일으켰다는 명분론을 내세우고 있습니다. 1904년의 러일전쟁도 만주를 침략하는 러시아에 대한 조국방위전쟁으로 설명하였습니다. 또한 1910년 한국병합의 경우에는 조약체결의 불법성과 무력을 동원한 강제 체결 사실 등을 언급하지 않아 조선을 식민지화하려는 일본의 의도와 제국주의적 속성을 감추고 있습니다.

일제강점기에 대해서도 '조선에서 근대화가 추진되어 철

도 등이 정비'(제국서원), '조선인도 전쟁에 동원되었다.'(도쿄서적)라고 서술하는 등 침략을 근대화로 포장하는 한편 일본군위안부는 아예 단어 자체를 모든 교과서에서 삭제하였습니다. 전후의 현대사와 관련해서는 '전승국의 전범재판'이라는 것을 강조하여 마치 일본인이 부당한 재판을 받기라도 한 듯 서술함으로써 전쟁의 피해자라는 인식을 갖게 하였고, 식민지 배상과 전후보상에 대해서는 그것의 문제점과 피해자들의 목소리는 배제한 채 정부의 입장만을 서술하였습니다.

이와 같이 현재의 일본 교과서들은 검정기준에 따라 책임소재를 흐리거나 표현을 약화시켜 제국주의 침략 시기 일본의 잘못된 행동을 당시 세계의 보편적인 현상인 것처럼 서술하고 있습니다. 이것은 어느 특정한 사실을 왜곡하는 것보다 훨씬 더 심각한 문제입니다. 과거 제국주의 시기 일본의 침략과 식민지배에 따른 가해를 인정하고 반성하는 대신 그 자체를 보편적인 것, 어쩔 수 없었던 일로 가르쳐 학생들에게 그릇된 역사인식을 심어주고 있기 때문입니다.

잘못된 교과서 확산을 막기 위해
일본 시민들은 어떤 노력을 하였을까?

1960년 미일안보조약이 개정되고 평화헌법을 무시하는 재군비 움직임이 보이자 일본국민들은 또다시 전쟁의 시대가

도래할지 모른다는 불안감을 느꼈습니다. 이때 일본노동조합 총평의회는 군사기지 반대·재군비 반대와 같은 평화원칙을 내세우고, 일본교직원조합은 '제자들을 또다시 전쟁터에 내보내지 말라.'라는 슬로건을 내세우며 평화헌법을 옹호하는 시민운동의 선두에 섰습니다. 이런 분위기 속에서 1965년 도쿄교육대학의 이에나가 사부로 교수는 직접 집필한 고등학교용 교과서 『신일본사』가 검정수정요구와 불합격 처분을 받은 것에 대해 교과서 검정제도가 헌법과 교육기본법을 위반하는 '검열'에 해당한다고 법원에 소송을 제기하였습니다.

1955년 문부성은 이에나가 교수의 『신일본사』에 실린 '원자폭탄으로 인해 상처입고 갈팡질팡하는 히로시마의 부인과 아이들'이라는 사진에 대해 '삭제하는 편이 좋음'이라는 등의 수정요구를 하였고, 이에나가 교수가 이에 불응하자 1957년 불합격 판정을 내렸습니다. 불합격 판정 사유는 '과거의 사실로부터 반성을 추구하려는 열의가 지나쳐, 일본인으로서의 자각을 높여 민족에 대한 풍부한 애정을 키운다는 일본사의 목표와 거리가 멀다.'라는 것이었습니다. 이에나가 교수는 이에 대한 항의서에서 '과거의 사실로 부터 반성을 추구하려고 하는 게 아니라, 과거의 사실을 맹목적, 무비판적으로 미화하는 일이 일본인으로서의 자각을 높이고 민족에 대한 애정을 키우는 것이라면 이것은 헌법과 교육기본법의

▼ 이에나가 사부로(家永三郎, 1913~2002)

도쿄교육대학 교수. 이에나가 교수가 제기한 3차례에 걸친 교과서재판은 교과서 왜곡의 심각성을 일본의 시민사회에 널리 알리는 계기가 되었다.

정신에 반하는 것이다.'라고 비판하였습니다.

1963년과 1964년 검정 때 제출된 교과서에 대해서도, '본토공습', '원자폭탄과 그 때문에 폐허가 된 히로시마'라는 사진은 전쟁을 부정적으로 인식하게 하고, '일본군의 잔학행위'에 대한 기술은 '소련군의 폭행도 기술해야지 일본군만 기술하는 것은 일방적'이라는 검정의견을 달아 수정을 요구하였습니다. 전범재판에 대한 서술에서는 '당시의 재판은 일방적으로 전승국이 재판하는 형식이었다고 보충하는 것이 좋다."라고 지적하였고, '무모한 전쟁'이라는 소제목에 대해서는 "세계적인 시점에서 생각하면 일본에게만 책임을 묻는다는 건 심하다. 교육적 배려를 가미한다면 '무모'라는 말은 삭제하는 것이 좋다."라고 지적하기도 하였습니다.

정부의 이러한 통제에 대해서 1956년과 57년에는 교과서 집필자들이, 1960년에는 역사 관련 학회가 학문의 자유 침해에 대한 우려를 표명하였고, 이어서 1965년 이에나가 교수가 '교과서 검정 위헌·위법 소송(교과서재판 제1차 소송)'을 제기하게 된 것입니다. 이에나가 교수는 법정에서 소송을 제기한 이유를 이렇게 말하였습니다. "나는 패전 이전 세대 사람인데, 우리 세대의 사람들은 무모한 전쟁 때문에 몇백만 명이나 비참한 죽음을 맞이했다. 그러나 나는 그 무모한 전쟁을 막으려는 노력을 하지 못했고, 지금은 조국의 비극을 방관한 죄를 깊이 반성하고 있다. 나는 전쟁에 저항하지 못한 죄의 만분의 일이라도 갚아야 한다는 심정으로 감히 이 소송을 시작하게 되었다."

이에나가 소송이 알려지자 소송을 지지하는 시민운동이 전국에서 일어났습니다. 먼저 '교과서 검정 소송을 지원하는 전국연락회'가 결성되었고, 광역자치단체인 47개 도도부현 전 지역에 지부가 만들어져 전국적인 시민운동으로 확산되었습니다. 1970년 7월 제2차 소송에서 스기모토 료키치 도쿄지방재판소 재판장은 교과서 검정제도가 일본국의 헌법과 교육기본법 위반이라며 이에나가 교수의 주장을 받아들이는 획기적인 판결을 하였습니다. 이 판결에서 "국가의 기능은 교육의 외적 제 조건을 정비하는 것으로, 교육의 내용에 개입하는 것은 허용할 수 없다."라며 검정이 헌법과 교육기본법에 위반한다는 판결을 내렸습니다. 이 판결을 계기로 관동대지진 때 군대와 경찰, 자경단에 의한 조선인 학살사건과 희생자 숫자, 아시아·태평양전쟁 중의 조선인·중국인 강제연행 등이 교과서에 기술되기 시작하였습니다.

그러나 보수진영과 우익정권의 교묘한 압력으로 2015년 4월 중학교 역사교과서 검정에서는 모든 역사교과서에 우익의 주장과 정부의 입장을 대변하는 서술이 강화되었습니다. 이에 '아이들과 배우는 역사교과서 모임*'(こどもと学ぶ歴史教科書の会, 이하 마나비카이)은 교과서에서 사라진 일본군위안부 기술을 부활시키고 과거 역사에 대한 반성을 촉구하는 내용을 담은 교과

아이들과 배우는 역사교과서 모임(마나비카이)
2009년 도쿄 사회과 연구회 모임 교사 27명으로 시작해 홋카이도에서 오키나와까지 전 현직 교사 70여 명이 발기인으로 참여하여 시작한 단체. 새역모 계열 교과서의 채택률이 점차 상승하고 있는 현실에 대한 비판적 인식에서 출발하여 왜곡교과서에 대한 불채택운동을 전개하였다. 교사들이 직접 역사교과서를 제작하여 현장에서 활용하는 것이 목표이다.

서를 제작하였습니다. '마나비카이'는 '이에나가 소송'의 정신을 계승하여 역사교육이 더 이상 정치적 영향으로 자주성과 자율성을 침해받지 않도록 하겠다는 목적에서 2010년 8월 결성된 단체입니다. 이들은 자신들의 생각을 담은 교과서를 직접 제작하여 현장에서 사용하도록 하기 위해 새로운 출판사인 '마나비샤(学び舎)'를 설립했습니다. 일본 전역에서 모인 마나비카이 교사들은 평화 교육을 학습목표로 두고 '동아시아의 시선, 세계의 시선'을 의식하면서 역사교과서를 서술하였습니다. 마나비샤 역사교과서는 새역모 교과서의 채택률이 해마다 높아지고, 왜곡된 역사를 주입시키려는 일본 정부의 압력이 강해지는 현실에 심각한 문제의식을 갖고 전후 일본의 역사교육 실천을 새로운 방식으로 이끌어가고 있습니다.

문제 해결 위해 한국과 일본은 어떻게 연대하였을까?

한국에서 일본의 역사교과서 왜곡문제가 처음으로 제기된 것은 1982년이었지만 본격적으로 관련된 활동이 시작된 것은 1997년 이후였습니다. 1990년대 중반까지 고노담화, 무라야마담화, 1997년 이에나가 교과서재판의 승리, 교과서에 일본군위안부 기술 등장 등으로 개선되어 가던 일본의 역사교과서 서술이 1997년 1월 새역모가 결성되면서 새로운 국면을 맞이했기 때문입니다.

일본에서는 이에나가 교과서재판 지원 모임의 정신을 이어받아 1998년 6월 '어린이와 교과서 전국네트21(子どもと教科書全国ネット21, 이하 교과서네트21)'이 결성되었고, 새역모의 활동과 교과서 제작에 대해 저항하면서 교과서 운동이 본격적으로 진행되었습니다.

2001년 3월, 새역모에서 제작한 후소샤 교과서가 문부성 검정을 통과하자 일본에서는 새역모 교과서를 반대하는 일본 역사학자 889명의 성명이 발표되었습니다. 한국에서는 국회차원에서 '일본의 역사교과서 왜곡 중단 촉구 결의안'을 채택하고 김대중 대통령이 3·1절 기념행사에서 강력한 경고 메시지를 전했습니다. 이를 계기로 교과서 운동은 새로운 전기를 맞이하였습니다. 2001년 4월에는 우리나라에서 90여 개의 시민단체가 상설연대기구인 '일본교과서 바로잡기 운동본부'(이하 운동본부)를 결성하여 활동을 시작하였습니다. 운동본부는 교과서 운동이 주로 일본에서 진행되기 때문에 일본의 교과서네트21과 연대하여 운동을 전개하였습니다. 운동방식은 한일연대를 넘어 아시아연대를 위한 국제캠페인, 자매결연 도시를 시작으로 지방자치단체에 새역모 교과서 불채택을 요구하는 공문보내기와 직접 방문하기, 일본 언론매체에 광고하기 등이었습니다. 이와 함께 학술심포지엄, 캠페인활동, 교육강좌 개최를 통한 지속적인 학술활동과 대중활동을 병행하면서 새역모 교과서 불채택 운동을 전개하였습니다.

▶ 후소샤 교과서를 비판하는
박재동 화백의 만평
(일본 『마이니치신문』 2005.8.14.)
아이들이 후소샤 역사교과서를
보고 있다.
'전쟁이란 훌륭한 것이구나!
(戦争ってカッコいいよなあ!)'
'또 한번 해보고 싶은데….
(ちょっとまたやってみたい
な…)'
'역시 전쟁이란 훌륭한 것이구나!
(やっぱり戦争ってカッコい
いよなあ!)'

2005년 2차 검정에 의한 교과서 채택 작업이 진행될 때
는 교과서운동을 각 지역으로 확산시키기 위해 민-관-정 네트
워크를 결성하였습니다. 한일자매결연도시를 중심으로 한국
의 지역시민단체와 지방자치단체가 참여하여 일본 14개 지역
에 불채택을 요청하고, 일본 내 12개 지역에서는 한국의 50여
개 시민단체가 직접 참여하여 한일 연대 일본캠페인을 전개하
였습니다.

하지만 2006년 교육기본법, 2008년 『학습지도요령해설
서』의 개정을 통해 독도 관련 내용이 모든 교과서에 실리고 새
역모 계열의 교과서뿐만 아니라 다른 교과서에도 우익들의 주
장과 정부의 견해가 기술되자 왜곡 교과서를 불채택하자는 운
동은 현실적으로 어려워졌습니다. 이에 따라 한중일 역사인식
을 공유하기 위한 한일 연대활동을 강화하고 독도 기술 문제를

분리하여 새역모 계열 교과서의 문제점을 집중적으로 부각하는 쪽으로 운동 방향을 바꾸었습니다.

2011년 6월 한일 역사학자들과 시민단체들은 함께 교과서 분석회의를 진행하고 동아시아 각국과의 새로운 연대를 요구하는 전국집회를 도쿄에서 개최하였습니다. 이와 연계하여 교과서네트21을 비롯한 일본의 32개 시민단체는 '이쿠호샤·지유샤 교과서를 아이들에게 주지 않아'라는 주제로 집회를 개최하였고, 한국과 일본의 시민단체가 연대하여 교토에서 '학생을 위한 한일 역사교과서 문제' 강좌를 갖기도 하였습니다.

올바른 역사인식을 갖기 위해 어떻게 해야 할까?

새역모 교과서의 등장은 한국·중국·일본을 비롯한 세계 각국의 지식인·시민들에게 동아시아의 안정과 평화를 위해 역사인식을 공유해야 할 필요성을 느끼게 하였습니다. 역사교과서 문제로 3국 사이에 갈등만 반복할 것이 아니라 대안을 마련하는 노력이 필요하다는 공감대도 확산되었습니다.

2002년 3월 난징에서 열린 제1회 '역사인식과 동아시아 평화포럼'에서 한중일 3국의 참가자들은 동아시아 공동의 역사인식 정립을 위해 공동역사교재를 출간하기로 결정하고 '한중일 3국 공동역사편찬위원회'(이하 편찬위원회)를 조직하였습니다. 편찬위원회는 3년간 11회의 국제회의와 38회의 국내회의를

거쳐 2005년 5월 한중일 공동역사교재『미래를 여는 역사』를 출간하였습니다. 일본에서는『未来をひらく歷史』, 중국에서는『東亞三國的近現代史』라는 이름으로 동시에 출간하였습니다.

『미래를 여는 역사』는 한중일 3국의 학자·교사·시민들이 참여하여 자국 중심의 역사인식을 극복하고 평화와 인권, 민주주의 등 보편적 가치를 기준으로 만든 동아시아 최초의 공동역사교재입니다. 편찬위원회는 공동연구와 교류를 계속 진행하여 2012년에는『한중일이 함께 쓴 동아시아 근현대사 1, 2』를 발간하였고, 2016년 현재 3번째 한중일 공동교재를 제작하기 위해서 지속적으로 교류를 이어오고 있습니다.

2005년에는 한국의 전국교직원노동조합 대구 지부와 일본의 히로시마 현 교직원노동조합의 역사교사들이 중심이 되어 임진왜란과 양국의 교류에 대한 수업을 진행한 후『조선통신사』를 발간하였습니다. 2007년에는 한국 역사교과서연구회와 일본의 역사교육연구회가 10여 차례의 공동 심포지움을 통해 한일관계사를 집중적으로 연구하고『한일 교류의 역사』를 출간하였습니다.

2001년에는 새역모 교과서의 검정합격을 계기로 한국의 전국역사교사모임과 일본의 역사교육자협의회 교사·학자들이 양국의 역사인식 차이를 극복하기 위한 노력으로 수업 실천 교류를 시작하였습니다. 양국 교사들은 2014년까지 13차례에 걸

▲ 한중일 공동 역사교재인 『미래를 여는 역사』

한중일 3국에서 동시에 출간되었다. 왼쪽부터 차례대로 일본판, 한국판, 중국판.

▲ 『한중일이 함께 쓴 동아시아 근현대사』

동아시아 3국의 개별적인 근현대사를 넘어서 동아시아 지역의 관계사에 주목함으로써 역사인식을 확대하는데 기여하였다.

쳐 수업 사례를 교류하였고, 이를 바탕으로 2006년 『마주 보는 한일사 1, 2』(전근대편), 2014년 『마주 보는 한일사 3』(근현대편)을 출간하였습니다.

　『마주 보는 한일사』를 완간하면서 집필자들은 이 책의 출간 의의를 이렇게 말했습니다. "갈등을 겪는 서로가 마주 보고 이해한다는 것은 쉽지 않다. 하지만 역사를 함께한 양국 시민들이 지나온 길을 함께 되돌아보는 것은 미래를 함께 설계한다는 의미가 있다. 이 책을 통해 한일 양국의 역사와 관계, 우리 앞 세대의 꿈과 희망, 고통과 절망을 다시 보면서 양국 학생들이 화해와 공존의 가능성을 찾아나서는 데에 용기와 희망을 얻었으면 한다."

현재까지 출간된 공동역사교재

	교재명	출간시기	범위
1	조선통신사	2005.4.	조선·에도시대
2	미래를 여는 역사	2005.5.	근현대
3	여성의 눈으로 본 한일 근현대사	2005.10.	근현대
4	마주 보는 한일사 1, 2(전근대편)	2006.8.	전근대
5	한일 교류의 역사	2007.3.	전시기
6	한중일이 함께 쓴 동아시아 근현대사 1, 2	2012.5.	근현대
7	한국과 일본 그 사이의 역사	2012.11.	근현대
8	마주 보는 한일사 3(근현대편)	2014.6.	근현대

2002년 새역모 교과서 출간을 계기로 시작된 한일 간의 교과서 운동은 청소년 교류로도 이어졌습니다. 동아시아 청소년 교류를 통해 역사 갈등의 원인과 배경, 전개과정 등에 대해 정확히 인식하고 이웃 나라 역사 및 문화에 대한 이해를 높이는 계기를 마련하자는 취지로 2002년에 열린 '한일 청소년 역사체험캠프'는 지금도 진행되고 있습니다. 한국과 일본 청소년들의 교류로 시작된 캠프는 2004년부터 중국 청소년들도 함께 참여하는 교류로 확대되었습니다. 2014년에는 타이완과 북한 학생의 참가도 성사되었으며 진정한 동아시아 청소년 교류로 나아가자는 뜻에서 캠프 명칭을 '동아시아 청소년 역사체험 캠프'로 변경하였습니다. 2015년에는 중국 상하이에서 제14회 캠프를 진행하였고, 2016년 7월에는 일본 홋카이도에서 제15회 캠프가 열릴 예정입니다.

1년에 한 번 한중일 삼국에서 번갈아가며 열리는 이 캠프

▲ 제13회 동아시아 청소년 역
사체험캠프(2014년 한국 천안)

는 청소년들이 과거 식민지와 전쟁에 대한 역사적 사실을 공유
하고 동아시아 평화공동체의 필요성을 인식하는 평화와 인권
교육의 현장이 되고 있습니다. 캠프에 참가하는 각국의 청소년
들은 반일감정을 넘어 동아시아의 평화와 공존이라는 폭넓은
시각을 갖고 이를 위한 청소년의 역할을 함께 고민합니다. 한
국 천안에서 청일전쟁을 주제로 열린 2014년 동아시아 청소년
역사체험캠프에 참가했던 학생들은 캠프를 통해 동아시아 역
사에 대해 새롭게 생각하게 되었다며 다음과 같은 소감을 밝혔
습니다.

"우리는 현장답사를 바탕으로 토론하여 공동 교과서를 작
성하였습니다. 그 과정에서 의견이 충돌하고 대립하기도 하였
습니다. 긴 시간의 토론이었지만 우리는 결국 타협하고 화합하

면서 자기 나라의 입장만이 아닌 삼국의 입장을 최대한 존중하여 공동 교과서를 작성하였습니다. 대립과 충돌은 어쩌면 당연한 것일지도 모릅니다. 하지만 우리는 그 모든 것을 뛰어넘고 서로 화합할 수 있다는 것을 두 눈으로 보았습니다."

"청일전쟁에 대해서 다른 나라 친구들의 생각을 듣고 토론을 하면서, 내가 '당연하다'라고 생각한 것이 나에게만 '당연한 것'이었고, 다른 사람의 생각과 같지 않다는 것을 새삼 느끼게 되었습니다. 보통 일본의 교과서에서 일본의 관점으로밖에 배우지 않았고, 그것이 '당연하다'라고 생각했었습니다. (그러나) 이번 토론에서 다른 나라의 교과서와 시선으로 일본을 알게 되어서, 이전의 나 자신보다 시야가 조금 더 넓어진 느낌이 들었습니다."

학생들은 상대의 눈으로 자신을 보면 좀 더 객관적으로 볼 수 있고, 이를 통해 상대를 알면 서로 이해하게 되고 대화를 시작할 수 있다고 말합니다. 일본 정부와 우익세력의 교과서 공격은 더욱 거세지고 있습니다. 그렇지만 한일 양국의 학자, 교사, 학생들이 만나고 서로 이해하면서 동아시아 평화공동체라는 틀에서 문제를 해결해나가려고 한다면 교과서 공격은 오히려 양국의 평화로운 미래를 앞당기는 쓴 약이 될 수 있을 것입니다.

1955.8.	일본 민주당 『걱정스러운 교과서 문제』 소책자 발행, 제1차 교과서 공격.
1956.	일본 문부성이 학교용 교과서를 심사하는 검정제도 강화.
1965.6.	이에나가 사부로 도쿄교육대학 교수의 교과서 재판, 교과서 우경화에 대한 저항운동 시작.
1979.	일본 자민당 『걱정스러운 교과서 문제』 개정판 발행, 제2차 교과서 공격.
1982.11.	교과서 왜곡에 대한 동아시아 국가의 반발에 따른 조치로 일본 정부가 교과서 검정기준에 '근린제국조항' 삽입.
1996.12.	새로운 역사교과서를 만드는 모임(새역모) 결성
1998.6.	새역모 교과서 저지를 위한 일본 시민단체 '어린이와 교과서 전국네트21' 결성. 새역모 교과서 반대를 위한 시민운동 시작.
2000.4.	최초의 왜곡교과서인 후소샤판 역사교과서(중학생용) 검정 통과로 새역모 계열 왜곡교과서 등장.
2001.4.	한국 '일본 교과서 바로잡기 운동본부(현재 '아시아평화와 역사교육연대'로 명칭 변경) 결성. 일본 왜곡교과서에 대항하는 한국의 시민운동 시작.
2002.8.	한일 청소년 역사체험캠프(현재 '동아시아 청소년 역사체험캠프'로 명칭 변경) 시작. 동아시아 공동의 역사인식을 위한 청소년 활동 시작.
2005.5.	한중일 공동역사교재 『미래를 여는 역사』 출간. 일본의 왜곡 교과서에 맞선 동아시아 공동의 역사인식 정립을 위한 최초의 시도.
2006.12.	제1차 아베 내각에서 교육기본법 개정. 애국심 강조, 기미가요(일본 국가) 제창, 히노마루(일본 국기) 게양 시 기립 등 교육 현장에서의 우경화 강화.
2008.	『초·중·고 학습지도요령해설서』 개정. 독도 교육 명시.
2009.	아이들과 배우는 역사교과서 모임(마나비카이) 결성, 출판사 '마나비샤' 설립.
2015.1.	검정 통과한 역사교과서 8종 모두 독도를 '일본 고유의 영토'라고 표기.

참고문헌

프롤로그

김광열 역·공저, 『일본 시민의 역사반성 운동』, 선인, 2013.

아사히신문취재반 저, 『동아시아를 만든 열가지 사건』, 창비, 2013.

아라이 신이치 지음, 김태웅 옮김, 『역사 화해는 가능한가』, 미래M&B, 2006.

쟁점1: 일본군위안부

강제동원구술기록집 12, 『들리나요? 열두소녀의 이야기』, 대일항쟁기 강제동원피해조사 및 국외 강제동원 희생자
        등 지원위원회, 2013.

안신권, 「일본군 '위안부'」 『당신이 알아야 할 한국사 10』, 엔트리, 2013.

전국역사교사모임·역사교육자협의회, 『마주 보는 한일사 3』, 사계절, 2014.

동북아 역사재단, 『알기 쉬운 문답 일본군 '위안부'』, 동북아 역사재단, 2014.

女たっちの戦争と平和資料館(wam)編著, 『日本軍「慰安婦」問題すべての疑問に答えます』, 合同出版, 2014.

쟁점2: 강제동원

김호경 외, 『일제 강제동원, 그 알려지지 않은 역사: 일본 전범기업과 강제동원의 현장을 찾아서』, 돌베개, 2010.

김광열 번역·공저, 『일본 시민의 역사반성 운동』, 선인, 2013.

우쓰미 아이코 저, 김경남 역, 『전후보상으로 생각하는 일본과 아시아』, 논형, 2010.

태평양전쟁피해자보상추진협의회, 『끌려간 사람들의 이야기』, 2013.

쟁점3: 사할린 한인

최상구, 『사할린. 얼어붙은 섬에 뿌리내린 한인의 역사와 삶의 기록』, 미디어 일다, 2015.

일제강점하강제동원피해진상규명위원회, 『검은대륙으로 끌려간 조선인들: 강제동원 구술기록집』, 일제강점하강
        제동원피해진상규명위원회, 2006.

국가기록원, 『동토에서 찾은 통한의 기록 — 사할린 한인 관련 세미나』, 서울역사박물관, 2012.

사할린 희망 캠페인 http://www.sahallin.net

지구촌 동포 연대 http://www.kin.or.kr

여성주의 저널 일다 http://blogs.ildaro.com

쟁점4: B·C급 전범

제3회 동아시아 평화를 위한 한일공동기획 특별전, 『전범이 된 조선청년들 — 한국인 포로감시원들의 기록』, 서울
        역사박물관 특별전시회, 2013.

우쓰미 아이코·무라이 요시노리 저, 김종익 역, 『적도에 묻히다』, 역사비평사, 2012.

대일항쟁기강제동원피해조사및국외강제동원희생자등지원위원회, 「조선인 B·C급 전범에 대한 진상조사」, 2011.

김효순, 『역사가에게 묻다』, 서해문집, 2011.

우쓰미 아이코 저, 김경남 역, 『전후보상으로 생각하는 일본과 아시아』, 논형, 2010.

우쓰미 아이코 저, 이호경 역, 『조선인 B·C급 전범, 해방되지 못한 영혼』, 동아시아, 2007.

〈KBS스페셜, 해방되지 못한 영혼 – 조선인 B·C급 전범〉, 2006.8.12.

쟁점5: 야스쿠니 신사

동북아 역사재단, 『야스쿠니에 묻는다』, 동북아 역사재단, 2014.

남상구, 「한국·한국인과 야스쿠니 신사 문제」, 『한일관계사연구』 35, 한일관계사학회, 2010.

민족문제연구소, 『동아시아 평화를 위한 한일공동기획 침략신사, 야스쿠니』, 민족문제연구소, 2009.

다카하시 데쓰야 저, 현대송 옮김, 『결코 피할 수 없는 야스쿠니 문제』, 역사비평사, 2005.

쟁점6: 재일한국인

지구촌동포연대, 『조선학교 이야기』, 선인, 2014.

야스다 고이치 저, 김현욱 역, 『거리로 나온 넷우익』, 후마니타스, 2013.

서경식, 『역사의 증인 재일조선인』, 반비, 2012.

도노무라 마사루 저, 신유원·김인덕 역, 『재일조선인 사회의 역사학적 연구』, 논형, 2010.

신무광, 『우리가 보지 못했던 우리 선수』, 왓북, 2010.

역사교과서 재일코리언의 역사 작성위원회 저, 신준수·이봉숙 역, 『역사교과서 재일한국인의 역사』, 역사넷, 2007.

한일민족문제학회, 『재일조선인 그들은 누구인가』, 삼인, 2003.

쟁점7: 문화재 환수

아라이 신이치 저, 이태진·김은주 역, 『약탈 문화재는 누구의 것인가』, 태학사, 2014.

혜문, 『빼앗긴 문화재를 말하다』, 작은숲, 2014.

국외소재문화재재단 편, 『우리 품에 돌아온 문화재』, 눌와, 2014.

황평우, 「약탈 문화재 반환」, 『당신이 알아야 할 한국사 10』 엔트리, 2013.

쟁점8: 독도

전국역사교사모임·역사교육자협의회, 『마주 보는 한일사 3』, 사계절, 2014.

와다하루키 저, 임경택 역, 『동북아시아 영토문제, 어떻게 해결할 것인가』, 사계절, 2013.

전국사회교과연구회, 『독도를 부탁해』, 서해문집, 2012.

홍성근 대표집필, 『우리 땅 독도를 만나다』, 동북아 역사재단, 2011.

정병준, 『독도 1947』, 돌베개, 2010.

쟁점9: 역사교과서

전국역사교사모임·일본역사교육자협의회, 『마주 보는 한일사 3 – 근현대편』, 사계절, 2014.

다와라 요시후미 저, 일본교과서바로잡기운동본부 역, 『위험한 교과서』, 역사넷, 2001.

일본교과서바로잡기운동본부, 『문답으로 읽는 일본교과서 역사왜곡』, 역사비평사, 2001.

사진 및 그림 소장, 제공처

37쪽 위안소 방 안 일본군위안부 피해자 e-역사관

41쪽 위안부 모집광고 위키피디아

45쪽 일본 대사관 앞에 세워진 평화비(소녀상) 필자 제공

46쪽 〈책임자를 처벌하라 평화를 위하여〉 나눔의 집 / 일본군'위안부'역사관

　　　〈만남〉 나눔의 집 / 일본군'위안부'역사관

65쪽 징용고지서 일제강제동원역사관

71쪽 조선인 노동자 급여명세서 일제강제동원역사관

72쪽 조세이 탄광 환기구 일제강제동원역사관

77쪽 양금덕 할머니 99엔 시위 근로정신대 할머니와 함께하는 시민모임 / 연합뉴스

89쪽 하시마 탄광 위키피디아 / kntry

98쪽 사할린 브이코프 탄광마을 조선인 노동자들 KIN(지구촌동포연대)

99쪽 사할린 도요하타 탄광의 조선인 노동자들 일제강제동원역사관

105쪽 사할린 미즈호에서 학살당한 조선인 시신 일제강제동원역사관

110쪽 박노학 수신편지 일제강제동원역사관

113쪽 〈기다림〉 KIN(지구촌동포연대) 최상구

129쪽 노구치 부대 조선인 훈련병들 동진회

131쪽 인도네시아 자와 섬에서 근무했던 군속들 안용근

133쪽 연합군 포로들 Australian War Memorial

　　　연합군의 폭격으로 끊어진 콰이강의 다리 Australian War Memorial

155쪽 야스쿠니 신사에서 출정식하는 군인 민족문제연구소

　　　야스쿠니 신사의 배전 위키피디아 / wiiii

156쪽 야마구치 현에 있는 호국신사 필자제공

161쪽 야스쿠니 신사를 참배하는 아베 총리 연합뉴스

　　　도조 히데키 위키피디아

169쪽 가미카제 특공대 동상, 군견위령상, 전몰마위령상, 구혼탑, 유슈칸 내부 전시물 필자제공

170쪽 〈결코 뒤를 돌아보지 않는다〉 필자제공

172쪽 〈죽은 아들을 안은 어머니〉 노이에 바헤 소장, Michael Klinec / Alamy Stock Photo / 이도

179쪽 차도리가후치 전몰자 묘원 필자제공

188쪽 외국인등록증 在日韓人歷史資料館

198쪽 일본 소재 한국학교 체육대회, 일본 소재 한국학교 수업시간 필자제공

199쪽 조선고급학교 교실, 조선학교 게시판 필자제공

205쪽 지문날인 하지 않은 외국인등록증 在日韓人歷史資料館

206쪽 외국인등록법 개정과 지문날인 거부 주장 재일한국인들의 행진 在日韓人歷史資料館

220쪽 동조여래입상, 금동관세음보살좌상 연합뉴스

233쪽 데라우치 문고 환수 조인식 경남대학교 박물관

　　　 데라우치 총독 위키피디아

234쪽 북관대첩비 북앤포토

236쪽 『조선왕조실록』 오대산본 문화재청

237쪽 일본에서 돌려받은 의궤 연합뉴스

239쪽 김시민 장군 선무공신교서 국립진주박물관 소장 / 문화재청

246쪽 어재연 장군 수자기 강화역사박물관

248쪽 독도 전경 동북아 역사재단

254쪽 SCAPIN 제677호 지도 위키피디아

259쪽 독도에 세운 말뚝, 독도 표지석 김한용 사진 작가

268쪽 지유샤 지리교과서 필자제공

276쪽 독도에 설치된 투표소 연합뉴스

279쪽 『마주 보는 한일사』 필자제공

294쪽 일본 역사교과서 표지들 필자제공

298쪽 이쿠호샤 교과서 필자제공

299쪽 마나비샤 교과서 필자제공

310쪽 박재동 화백 만평 박재동

315쪽 동아시아 청소년 역사체험캠프 필자제공

* 이 책에 사용한 사진은 박물관과 저작권자의 허가를 받아 게재한 것입니다. 허가를 받지 못한 일부 사진에
  대해서는 저작권자가 확인되는 대로 게재 허가를 받고 사용료를 지불하겠습니다.

찾아보기

ㄱ

가라후토 억류 귀환자동맹 109, 110

가미시스카 학살사건 105

가미카제 특공대 156, 169

가이진 신사 216, 218, 219, 220

가이텐 156

간 나오토 238, 239

간논지 216, 217, 218, 219, 220

강제동원 16, 29, 34, 58~89, 94, 97, 99,
　　102, 114, 116, 117, 118, 145, 149, 163,
　　164, 165, 191, 297, 298, 301

강제동원 진상규명 네트워크 78, 84

강제동원 진상규명 시민연대 86

개인청구권 16, 43, 82, 117

고노담화 41, 42, 44, 45, 50, 57, 289, 308

고바야시 요시노리 291

곤도 요시로 231

공동역사교재 311, 312, 314, 317

공출 26, 32, 98

공탁 61, 79, 85, 86

관 알선 62, 64, 65, 67, 97

교과서 공격 286, 287, 288, 289, 316, 317

교육기본법 198, 295, 302, 305, 307, 310,
　　317

교육위원회 293, 296

구보타 간이치로 15

구보타 망언 230

국가신도 158, 176

국가총동원법 62, 97

국민직업능력신고령 64

국민징용령 64

일본을 지키는 국민회의 290

국사순난자 159

군표 28

귀화문화재 241

근로보국대 63, 65

근린제국조항 289, 317

(금동)관세음보살좌상 216, 217, 218, 219,
　　220

기림비 52, 53, 54, 57

기미가요 295, 302, 317

김경득 203, 204

김대중 309

김성도 275

김시민 장군 선무공신교서 239

김영길 100

김종필 260, 262

김학순 32, 41, 43, 48, 51, 57

김희종 164, 165

ㄴ

나눔의 집 46, 54, 56, 57

나비 필레이 51

나카소네 야스히로 166

나카쓰카 아키라 21

난민조약 189

남조선과도정부 258

내지호적 187, 188

냉전체제 13, 15, 18, 103, 108, 168

노구치 부대 123, 127, 129

노동자연금보험 61, 78

노무현 235, 275, 281

노이에 바헤 171, 172

뉴커머 186, 196

니시오 간지 291

니어스바흐 172, 173

ㄷ

다즐레 253, 255

다카시마 탄광(탄전) 74, 75, 76

다카하시 데쓰야 175

다케시마 250, 252, 253, 254, 258, 259, 265, 266, 267, 268, 269, 272, 275, 276, 277, 278, 279

다케시마의 날 265, 266, 273, 274, 276

다코베야 70

대동아전쟁 170, 290, 301

대한제국 칙령 제41호 251, 281

덜레스 13

데라우치 마사다케 232, 233, 235

데라우치 문고 232, 233, 234

도만상 111

도요하타 탄광 93, 99

도조 히데키 125, 134, 159, 161

도쿄재판(극동국제군사재판) 18, 125, 134, 159, 161

독도 16, 248~281, 285, 296, 302, 310, 317

독도밀약 262, 263, 281

독섬 251

독일연방보상법 19

동아시아연구원 173, 273

동아시아 청소년 역사체험캠프 22, 314, 315, 317

동양도자미술관 224, 246

동조여래입상 216, 219, 220

동진회 142, 143, 145, 146, 147, 148, 149

ㄹ

라페루즈 탐험대 253

량고도 251, 254

리앙쿠르(암) 251, 252, 253, 254, 255, 256

ㅁ

마나비샤 295, 299, 308, 317

마쓰시마 252, 253, 254

마쓰이 가즈미 17

만주사변 29, 66, 160

맥두걸 보고서 51, 57

맥아더 라인 255, 257, 281

메넬라이 252, 254

메이지 천황 128, 156, 231

모집 31, 41, 42, 60, 62, 63, 64, 65, 67,
　　73, 97, 119, 123, 124, 126, 127, 129,
　　144, 149

무라야마 담화 57, 149, 289

무라야마 총리 42, 168

문공휘 204

문화재제자리찾기 219

문화재협정 14, 16, 230, 231, 232, 241,
　　242, 243, 244

『미래를 여는 역사』 21, 312, 313, 314, 317

미불임금 79, 80, 81, 85, 86

미쓰비시 74, 75, 76, 77, 83, 84, 292

미이케 탄광(탄전) 66, 74, 76

미일안보조약 13, 304

미즈호, 미즈호 학살사건 105, 106

민족문제연구소 88

민족학교 183, 186, 188, 195, 198, 199,
　　200

ㅂ

바우넷 재팬 47

박노학 109, 110

박정희 15, 195, 223, 262

박종석 202, 203

별격관폐사 156

보호관할수역 257

북관대첩비 234, 235, 245

B·C급 전범 16, 120~149, 159, 161

빈탄부사르 131

빌리 브란트 20

ㅅ

사할린 16, 63, 68, 90~119, 296

사할린동포지원을 위한 특별법안 116

사할린 잔류자 청구소송 112

산미증식계획 190

새로운 역사교과서를 만드는 모임(새역모)
　　290, 291, 292, 293, 294, 295, 296,
　　297, 298, 300, 302, 303, 308, 309,
　　310, 311, 312, 314, 317

샌프란시스코 강화조약(강화조약) 12, 13,
　　14, 79, 103, 118, 138, 141, 161, 163,
　　166, 167, 188, 254, 255, 256, 257, 258,
　　281

서경식 190

서승 177

서정길 94, 95

석도 251

성노예, 군대성노예 29, 30, 47, 52, 301

소련지구 인양에 관한 미소협정 102

송신도 37, 43

쇼와순난자 159

수요시위 41, 45, 54, 55, 56, 57, 286

스가모 형무소 124, 138, 149

시마네 현 252, 264, 265, 266, 269, 273, 274, 275, 277, 278, 281

시모다 조약 95

시볼트 253, 256

신도 153, 154, 155

『신일본사』 305

신일본제철(일본제철) 60, 62, 74, 76

『신편 일본사』 290, 292, 293

신한일어업협정 263, 264, 265, 266, 267, 281

심흥택 251

아르고노트 253, 254

아베 신조, 아베 총리 17, 43, 44, 49, 50, 160, 161, 167, 168, 176, 286, 302

아소 탄광, 아소 기업 75, 76

아시아 여성기금 42, 44

아시아연대회의 41, 45, 57

아시아·태평양전쟁 29, 43, 57, 79, 122, 125, 146, 149, 156, 160, 161, 162, 168, 169, 170, 290, 300, 301, 307

아우슈비츠 88, 172

안명복 92, 94

안산 고향마을 92, 113, 114, 115

앙겔라 메르켈 20

야마구치현립대학 233

야스다 고이치 212

야스쿠니 국영화 운동 158

야스쿠니 반대 공동행동 177

야스쿠니 신사 19, 150~179, 234, 235

양금덕 77, 78, 83

어린이와 교과서 전국네트21(교과서네트21) 309, 311, 317

어업협정 14, 16, 263, 281

언론NPO 173, 174, 273

A급 전범 125, 136, 159, 161, 162, 166, 167, 168

여성국제전범법정 47, 57

여운택 60, 62, 83

역사검토위원회 289, 290

역사교과서 267, 268, 277, 282~317

역사화해 19, 20, 22, 23

연합군총사령부 12, 14, 75, 79, 158, 187, 192, 194, 198, 199, 254, 255, 256, 281

영새부 157, 165

오구라 컬렉션 222, 223, 224

올드커머 186

올리부차 252, 254

와다 하루키 277

와카미야 요시부미 276

외국인등록령 187, 193

요시미 요시아키 34, 41

우산도 250, 251

우편저금 117

위안부 결의안 52, 57

위안소 27, 28, 29, 30, 31, 32, 33, 34, 35,

36, 37, 38, 39, 42, 46, 51, 57

유네스코 협약 227, 236, 242

유니드로아 협약 227

유슈칸 157, 168, 169, 170, 171, 177

UN해양법 협약 263, 267, 281

윤정옥 40

은급법 141, 149

이규원 251

이명박 272, 273, 274, 281, 296

이병창 246

이소다케시마 252

이승만 라인 257, 258, 281

이에나가, 이에나가 사부로 305, 306, 307, 308, 309, 317

이왕가박물관 225

이중징용 91, 94, 95, 99, 100, 101, 108

이쿠호샤 294, 295, 296, 298, 301, 303, 311

이토 히로부미 231, 237, 238

이학래 122, 128, 130, 133, 138, 146, 148, 149

이희자 152, 153, 154, 163

일반징용 65

일본교과서 바로잡기 운동본부 309

일본군위안부 16, 19, 24~57, 117, 277, 285, 286, 289, 291, 292, 300, 301, 304, 307, 308

일본인 납치 195, 210

일소공동선언 103, 109

임금반환 소송 61, 62

ㅈ

자이니치(재일) 182, 184, 186

자주학교 199

자학사관 293, 300, 301

재일본대한민국민단(민단) 185, 191, 195, 196, 197, 200, 201, 211

재일본조선거류민단(조선민단) 194, 195

재일본조선인연맹(조련) 194, 198, 199

재일본조선인총연합회(총련) 104, 183, 185, 189, 195, 196, 199, 200, 211

재일코리안 186, 187

재일한국인 13, 16, 37, 43, 81, 104, 109, 110, 112, 138, 142, 163, 180~213, 240, 246

재일한국인협정 14, 16

재특회(재일특권을 허용하지 않는 시민 모임) 209, 210

전범기업 62, 83, 85, 86

전쟁과 여성인권 박물관 47, 56, 57

전진훈 128, 134

전환배치 99

정대세 182, 183, 184

정대협(한국정신대문제대책협의회) 40, 41, 45, 47, 57

정신대 29, 32, 40, 41, 57, 84, 301

제2차세계대전 12, 18, 66, 96, 102, 105, 123, 147, 171, 177, 227, 281, 285

제네바 조약 123, 136

제신명표 165

조문상 128

조선부락 192

조선왕실의궤 224, 238

『조선왕조실록』 235, 236, 237, 238, 245

조선적 183, 185, 186, 189, 195, 200

조선총독부 41, 63, 64, 65, 126, 149, 190,
    222, 237, 238

조선학교 107, 183, 184, 197, 199, 200,
    209, 211

조세이 탄광 72, 74, 84

존 케리 18

종군위안부 29, 43, 291

중일전쟁 66, 73, 160, 287, 289

지문날인 거부운동 206

지방참정권 205, 206, 207, 208

지원위원회 100

지유샤 268, 294, 295, 296, 300, 301,
    303, 311

진상규명위원회 145, 149, 165

징용 63, 64, 65, 67, 68, 74, 77, 81, 85, 86,
    88, 92, 93, 94, 95, 97, 98, 99, 100,
    101, 108, 109, 116, 122, 123, 126, 137,
    142, 152, 159, 298, 301

ㅊ

청구권협정 14, 16, 43, 49, 78, 79, 81, 83,
    84, 85, 86, 87, 143, 146, 149

초혼사 155, 156, 157

최봉태 87

치도리가후치 전몰자 묘원 178, 179

ㅋ

케테 콜비츠 171, 172

쿠마라스와미 보고서 51, 57

ㅌ

태면철도 123, 130, 131, 132, 133, 134, 138

토마사 사리녹 34

토지조사사업 190

특례영주권 189

ㅍ

평화비(소녀상) 45, 49, 53, 54, 57

평화헌법 12, 260, 290, 304, 305

포로수용소 39, 125, 126, 130, 131, 138,
    139, 149, 164, 299

포츠담 선언 135, 254

프란시스 후쿠야마 168

프란치스코 교황 55

필립 람 172, 173

ㅎ

하시마 탄광(군함도) 68, 74, 75, 76, 88,
    89

하야시 요코 222, 245

『학습지도요령해설서』 266, 267, 268, 302, 310, 317

한국학교 197, 198, 200, 201

한신교육투쟁 199

한일국교정상화 14, 17, 43, 81, 145, 146, 185, 189, 260, 263

한일기본조약(한일협정) 14, 15, 17, 49, 50, 61, 81, 82, 110, 117, 143, 189, 195, 229, 232, 239, 242, 243, 260, 261, 262, 281

한일회담 14, 78, 243, 261

한종석 205

합사 148, 152, 153, 154, 159, 160, 161, 162, 163, 164, 165, 166, 167, 177, 179

핸더슨 컬렉션 223

헤이그 협약 227

헤이트 스피치(혐한시위) 209, 210, 211, 212, 213

현원징용 65, 99

현지징용 97

『혐한류』 210

협정영주권 189

혜문스님 219, 236

호국신사 156, 157

호네트 253, 254

후생연금 61, 77, 78

후소샤 286, 291, 293, 294, 295, 309, 310, 317

후지오카 노부카쓰 291

후지코시 68, 74, 76, 84, 85

히노마루 295, 302, 317

히로시마 17, 18, 192, 273, 284, 305, 306, 312

히로히토 47, 159